社会保障研究シリーズ

社会保障制度改革
―――― 日本と諸外国の選択

国立社会保障・人口問題研究所編

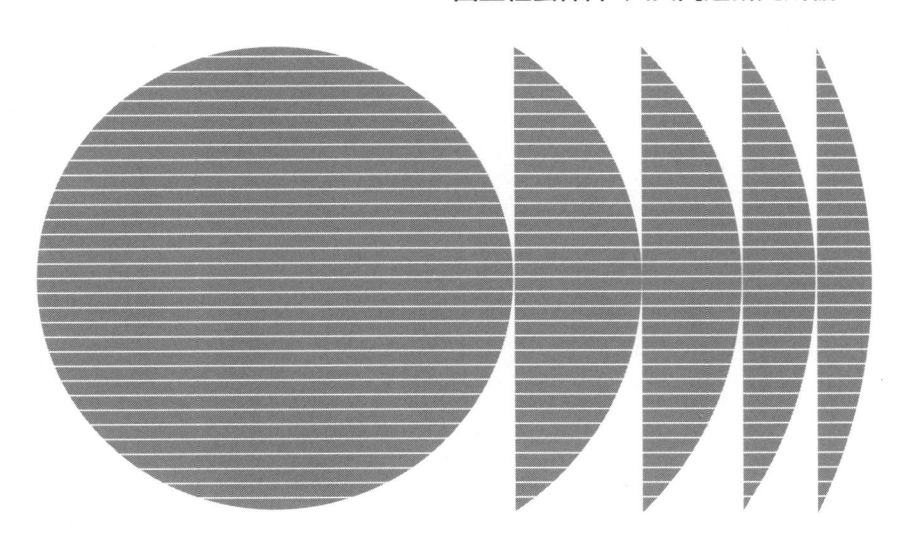

東京大学出版会

まえがき

　先進諸国の社会保障制度は，それぞれの国の歴史・経済・政治・文化・社会意識等を反映するため一様ではない．しかし，各国とも少子高齢化の急速な進行や経済が低成長基調で推移する中で，社会保障改革は各国共通の課題となっている．この2，3年，多くの国において年金制度や医療制度の改革が俎上にのぼっているのはその一例である．わが国も例外ではない．というより，日本は欧米諸国を遙かに上回る速度で少子高齢化が進んでおり，社会保障制度の持続可能性を確保しその再構築を図ることは喫緊の課題となっている．このため，年金，医療，介護，障害福祉などの改正が相次いで行われるとともに，人口構造の変化や経済との「折り合い」をどのようにつけながら社会保障制度全体の「舵取り」をいかに行うべきかが問われているのである．

　社会保障制度改革の課題と展望を考えるに当たっては，個別の制度ごとに分析・検討することもさることながら，財源選択や給付配分について制度横断的な観点から検討する必要がある．したがって，本書においては，できる限り制度横断的な視点を取り入れるとともに，制度ごとの分析の中でも，例えば医療と介護の関係や介護と障害の関係など他の制度との関係を考察するという視点を取り入れた．また，欧米諸国の動向を日本の文脈の中で咀嚼し，わが国の社会保障制度を比較・相対化し考察することも有益である．このため，欧米の研究者の協力も得て，欧米諸国の社会保障制度改革についての分析も行った．

　言うまでもなく，社会保障制度の裾野は広く，また，アプローチの仕方も多様である．したがって，この叢書一冊で全ての論点を網羅しあらゆる角度

から分析・検討を行うことは不可能である。また，本書の各章にはそれぞれの執筆者個人の責任において学術的な立場から執筆された貴重なものがあるが，各章の主張は同一の論点について必ずしも一致しているものではないことは，ご了解いただきたい。

本書の編集は，橘木俊詔教授（京都大学大学院経済学研究科），池上直己教授（慶應義塾大学医学部）のお二人と当研究所の府川哲夫（社会保障基礎理論研究部長）と金子能宏（社会保障応用分析研究部長）が当たった。特に橘木・池上両先生には本叢書の企画や執筆者の選定など大変ご尽力をいただいた。ここに記して深く感謝申し上げたい。また，快く執筆を引き受けていただいた執筆者各位にもこの場を借りて厚く御礼申し上げる。

今日，社会保障制度は国民の生活設計上欠かすことができない基盤的存在となっている。このため，社会保障に対する国民の関心は極めて高いが，その反面，ややもすれば「総論賛成・各論反対」の暗礁に乗り上げ，問題が先送りされがちである。それだけに，基本的な論点に関しデータに基づく学術的な議論は今後も益々重要となってくると考えられる。本書が持続可能な社会保障制度の再構築のために少しでも役立てば幸いである。

2005 年 10 月

国立社会保障・人口問題研究所

所長　京　極　高　宣

目　　次

まえがき

序　章 ………………………………………… 府川哲夫・金子能宏 ……… 1
　1　本書の企画趣旨　［1］
　2　各章の概要と全体の構成等との関係　［3］

第Ⅰ部　社会保障改革の視点
　　　　──先進諸国の動向と日本への示唆──

第1章　先進諸国の公的年金改革の展望
　　　　…………………………………… 金子能宏・Gary Burtless ……… 17
　1　高齢化の進展と年金改革の選択肢　［18］
　2　経済成長と公的年金改革　［21］
　3　給付水準の見直しとその限界　［25］
　4　所得格差に対する公的年金の役割　［27］
　5　積立方式への移行の可能性と限界　［31］
　6　考察　［33］

第2章　医療システム改革──西ヨーロッパ諸国の潮流──
　　　　………………………………………………………… 府川哲夫 ……… 39
　1　医療システムの現状　［40］
　2　需要サイドの改革　［46］
　3　供給サイドの改革　［50］
　4　保険者等の改革　［53］

5　考察　　［55］

第3章　社会保障の給付と財源——高福祉国家スウェーデンの経験と将来の方向——
　　　　　　　　　　………………Joakim Palme／訳：伊澤知法・稲田七海 …… 65
　1　はじめに：社会保障のスウェーデンモデルとは　　［65］
　2　給付パッケージ　　［69］
　3　社会保障支出　　［81］
　4　財源方式　　［82］
　5　社会保障の将来　　［85］

第4章　社会保障の担い手と負担のあり方
　　　　　　　　　　　　　　　　　　　　　　………………橘木俊詔 …… 99
　1　社会保障における哲学・倫理学的基礎　　［99］
　2　企業が福祉に寄与することの意義と政策　　［109］
　3　家計(家族)の負担のあり方　　［119］
　4　おわりに　　［122］

第5章　社会保障制度の行方——日本への含意——
　　　　　　　　　　　　　　　　　　　　………………府川哲夫 …… 125
　1　制度横断的に負担を考える　　［127］
　2　制度横断的に給付を考える　　［131］
　3　公的制度と私的仕組みのインターフェイスを通じて公的制度の機能を考える　　［135］
　4　社会保障制度のもつべきインセンティブ構造　　［139］
　5　まとめと結論　　［141］

目　　次　　　　　　　　ⅴ

第Ⅱ部　持続可能な社会保障をめざして

第6章　公的年金における保険料と税の役割
　　　　　　　　　　　　　　　　　　　　　　　　　　井堀利宏……149
1　給付と負担の関係に関する理論：保険料と税の共通点と相違点　［149］
2　経済活動に対する保険料と税の共通点と相違点　［153］
3　所得再分配における保険料と税の影響　［161］
4　年金改革とその負担　［163］
5　おわりに　［170］

第7章　生活保護改革・障害者の所得保障
　　　　　　　　　　　　　　　　　　　　　　　　　　駒村康平……173
1　はじめに　［173］
2　低所得・貧困世帯の測定　［174］
3　生活保護制度の現状と課題　［180］
4　障害者の社会保障　［189］

第8章　社会保障給付のサービスパッケージ
　　　　　　　　　　　　　　　　　　　　　　　　　　池上直己……203
1　はじめに　［203］
2　医療保険における基本課題　［205］
3　介護保険の構造と今後の展望　［220］
4　むすびに　［233］

第9章　医療保険制度改革の課題と展望
　　　　　　　　　　　　　　　　　　　　　　　　　　遠藤久夫……237
1　はじめに　［237］
2　公的医療保険は低所得層の医療アクセスを保障する　［238］

3 患者へのコストシフトが医療アクセスの公平性に及ぼす影響　[241]
4 公的医療保険の持続可能性　[248]
5 医療保険改革の厚生労働省案　[253]
6 今後の課題と展望　[258]
7 おわりに　[260]

第10章　介護保険制度の持続可能性──国と県レベルの分析──
　　　　　　　　　　　　　　　　　　　　田近栄治・油井雄二・菊池　潤……263
1 はじめに　[263]
2 介護保険の現状　[265]
3 介護保険の持続可能性：介護保険料のシミュレーション分析　[270]
4 青森県の介護保険：保険者別データによる分析　[273]
5 介護保険財政改善のための都道府県の役割　[280]
6 むすび　[282]

第11章　社会福祉と介護の制度改革と政策展開
　　　　　　　　　　　　　　　　　　　　　　　　　　平岡公一……287
1 はじめに　[287]
2 社会福祉政策の分析枠組み　[288]
3 「戦後型社会福祉」の構造的特性　[291]
4 1980年代～1990年代の制度改革と政策展開　[295]
5 2000年前後の制度改革と政策展開　[303]
6 まとめと今後の展望　[308]

索引……319

序　章

府　川　哲　夫
金　子　能　宏

1　本書の企画趣旨

　2002年の健康保険法等の改正，2004年の年金法改正，2005年の介護保険法改正に象徴されるように，この数年，社会保障制度改革が相次いで行われている．その背景には，少子高齢化が急速に進展するとともに，かつてのような高度経済成長が期待できない中で，社会保障制度の持続可能性が問われていることがある．社会保障は国民の生活設計に組み込まれており安易に給付カットすることはできないが，現行のまま推移すれば給付と負担のアンバランスが増大し，制度そのものが崩壊の危機に瀕することも事実である．また，社会保障制度は経済成長がなければ成り立たないが，同時に，社会保障のあり方が社会経済に大きな影響を及ぼすという双方向の関係にある．社会保障の負担が，国や地方の財政，企業収益や雇用動向，国民の費用負担能力等に及ぼす影響にも配慮せざるを得ない状況にある．このように社会保障と経済社会が双方向に影響しあう状況の下で，広く国民に支持され持続可能な社会保障制度を再構築していくためには，年金，医療，介護，福祉といった個別の制度改革を着実に行うとともに，制度横断的な視点から社会保障システム全体を再考する必要があろう．例えば，年金給付と医療や介護給付との間で重複はないのか，あるいは，社会保障給付の配分として年金・医療・介護・福祉給付のどのような組合せが望ましいのか，また，その財源構成はどうすべきなのかといった問題が重要になってくる．

もとより，社会保障制度改革のチャレンジはわが国だけで行われているわけではない．社会保障の理念や制度設計は各国の経済・政治状況や社会保障の歴史等に影響され一様ではないが，欧米先進諸国では，高齢者の増加に伴い負担が増える社会保障制度を，国民に受け入れられ，かつ，社会経済の発展と両立する方向へ展開していく試みが行われている．その経験から得られる含意は日本の社会保障改革にとっても大いに参考になろう．

　本書は，持続可能な社会保障制度の再構築を目指す日本の社会保障改革にとって欠かすことのできない論点を選び，給付の組合せやその財源選択等についてできるだけ制度横断的な視点から再考し，エビデンスをもとに考察することを目指して企画されたものである．ただし，社会保障制度の各分野にはそれぞれ固有の課題を抱えており，制度ごとに分析するというアプローチも重要である．このため，本書では，制度横断的な視点と個別制度ごとの視点を組み合わせるという，いわば複眼的なアプローチにより分析・考察を行うこととした．また，個別制度について分析する場合も，他の制度との比較を行うなど随所に横断的な視点を取り入れる工夫を行った．

　本書は2部で構成されている．第Ⅰ部は欧米先進諸国の社会保障改革にみられる改革の視点を日本への示唆を念頭に置き整理・分析したものであり，第Ⅱ部は日本の社会保障制度の課題を負担と給付の関係を考慮しながら考察したものである．各章はそれぞれの執筆者の分析手法・アプローチ・見解に基づいて記述されており，その意味では「論文集」の色彩をぬぐえないが，序章において，全体の構成と各章の関係など上記の企画編集方針に沿った補足的コメントを記すこととした．

　第Ⅰ部は第1章〜第5章の5章から成っている．第1章は欧米諸国における公的年金改革の方向性や論点について，主として年金制度の財政方式，年金制度が貯蓄率に及ぼす影響等から考察し，日本の年金改革に対する示唆を述べている．第2章は西ヨーロッパ諸国における医療システム改革について，医療システムの財源・需要面・供給面・インセンティブに関わる諸問題を切り口として展望し，日本の医療制度改革への示唆を考察している．第3章は典型的な福祉国家であるスウェーデンを取り上げ，スウェーデンの社会保障

制度やその理念がどこから由来し（歴史的展開），どのような課題を抱えつつ，どのような方向を目指そうとしているかを論述したものである．第4章は社会保障の担い手に負担を求める哲学的基礎を福祉国家論の展開に即して考察した上で，企業の福利厚生に関する見解が述べられている．第5章は先進諸国の社会保障改革に共通にみられる新しい方向に焦点をあて，日本への含意を考察したものである．

第Ⅱ部は第6章～第11章の6章から成っている．第6章と第7章は年金や生活保護など現金給付を扱い，第8章以降は医療や介護などサービス給付を扱っている．第6章はエコノミストの立場から年金保険料と税の共通点・相違点を論じたものである．第7章は生活保護と障害者の所得保障に焦点をあて，今後の改革を行うための課題を明らかにしている．第8章は医療サービスと介護サービスを中心とした給付のサービスパッケージを論じている．第9章は医療保険制度改革の課題について論じたものである．第10章は介護保険制度の持続可能性について国と県の2つのレベルで検討を行っている．第11章は社会福祉及び介護保険のこれまでの政策展開を一定の分析枠組みに従って歴史的に分析したものである．

2　各章の概要と全体の構成等との関係

本書は1で述べた趣旨に基づき企画されたものであるが，各章は各執筆者の責任の下に分担執筆したものであり，分析手法に相違があるだけでなく，見解や主張は必ずしも一致しているわけではない．また，全体の構成との関係や本書で触れられていない論点など付言すべき点もある．このため，読者の便宜を考え，まず，各章の概要（エグゼクティブ・サマリーに相当するもの）を整理するとともに，全体の構成等との関係について述べておく．

(1)　各章の概要

第1章　先進諸国の公的年金改革の展望（金子能宏・Gary Burtless）

　高齢化のもとで持続可能な年金財政運営と，公平な負担と給付の関係を保

つことは，公的年金制度改革の重要な視点である．同一世代の中での所得格差是正を図る世代内の公平性を図る方法は，国ごとに異なっている．他方，世代間の公平性を図るために，将来世代の負担が過重にならないように保険料引き上げを抑制するあるいは一定水準にとどめ，その負担の範囲内で給付を調整していく方法が，次第に多くの国々で採られ始めている．公的年金制度の持続可能性は経済成長と関連することは確かであり，マクロ的な貯蓄率は経済成長の重要な要素である．しかし，賦課方式に積立方式を組み合わせることが，自動的にこの貯蓄率を高めるわけではない．年金改革の視点は，こうした将来のマクロ経済的な影響とともに，これまで公的年金が果たしてきた所得再分配機能についても認識する必要がある．今日，高齢者の生活実態をみると所得再分配のために考慮すべき課題があることは事実であり，そのために公的年金における再分配機能と持続的な財政運営とを両立させる改革の視点が重要である．

第2章　医療システム改革：西ヨーロッパ諸国の潮流（府川哲夫）

　西ヨーロッパ各国の医療制度はイギリスのNHSのような公共サービス型とフランス・ドイツのような社会保険型との相違はあるが，公的制度のみで，あるいは，公的制度と私的仕組みの組合せで全国民に医療サービスへのアクセスを保障している点では共通している．医療システム改革を需要面からみると，ゲートキーピングの役割と患者負担の影響が重要である．社会保険型の国々でも，近年，医療費増加の抑制に対するゲートキーピングの役割に期待した改革が試みられている．患者負担引き上げが医療費抑制にどれだけ寄与したかについては明確な結論は得られていない．医療システム改革を供給面からみると，DRGの活用による医師など供給者のインセンティブを通じた改革や，保険料率の相違を通じた保険者間の競争を導入する改革が試みられている．保険者間の競争があるドイツやオランダの管理費がフランスや日本の管理費よりも高いことや，競争によって保険者の寡占化やコスト・シフトが起こる「市場の失敗」を避けるためのリスク構造調整が必要であることなどに注目すれば，競争的要素と保険者の規模の経済との比較考量が重要な

課題となる．

第3章　社会保障の給付と財源：高福祉国家スウェーデンの経験と将来の方向（Joakim Palme：伊澤知法・稲田七海訳）

　スウェーデン社会保障は，歴史的に「普遍主義」の実現を目指して発展してきており，社会保険給付の多くについて所得比例方式を採用している．これは，完全雇用の実現を前提として，老齢・失業等により所得を失った場合でも十分な所得保障を目指すものである．また，対人社会サービスの領域では税負担による普遍的なサービスを実現してきている．しかし，1990年初頭の金融危機を大きな転機としてスウェーデン社会保障も改革の波に晒されており，制度に構造的な変化がみられるようになってきている．例えば，住宅手当等はシングルマザー向けの制度としての特質が強くなってきているが，選別的給付の拡大は，他の諸改革と相まって制度に対する信頼性を低下させる影響を与えてきている．さらに，失業率の高止まり，傷病手当受給者の増加，今後の80歳以上高齢者の増加といった事態に対応していくことが求められているが，経済のグローバリゼーションやEUの統合の進展などによる国際競争が激化する中で，単純な負担引き上げは困難な情勢であり，「普遍主義」という制度の根幹は堅持した上での代替戦略の模索が続いている．

第4章　社会保障の担い手と負担のあり方（橘木俊詔）

　社会保障の担い手を特定し，その担い手に負担を求める哲学的基礎を明らかにするために，功利主義，リバタリアニズム(自由至上主義)，リベラリズム，コミュニタリアニズムのそれぞれの意義と限界を，欧米における福祉国家論の展開に即して比較し考察した．その結果，リベラリズムと普遍主義に基づく社会保障制度が好ましいという見解を述べた．企業が福祉を提供すること，あるいは社会保険を負担することには，経済変動に伴うリスクや企業のライフサイクルが個別的であること，また企業規模や属性が異なるなどの点で普遍主義と整合的ではない．これに対して，家計の負担のあり方については，世帯単位か個人単位かという観点から，企業行動の変化と労働市場の

変化に応じた女性就業の多様化なども考慮すると，個人単位の負担が望ましい．企業負担のあり方については，健康保険や厚生年金の成立過程において，社会政策的観点や従業員定着を図る視点から企業が負担を受け入れた歴史的経緯があるが，企業の責任は雇用の確保であるという立場にたてば福利厚生に対するコミットメントは少なくしてよい．

第5章　社会保障制度の行方：日本への含意（府川哲夫）

　社会保障に対する負担（税，社会保険料，利用料）が軽減されても，それによって縮小した生活保障機能を個人で補わなければならず，老後のコストが消えてなくなることはない．社会保障制度のもつべきインセンティブ構造もそれぞれの国の背景や国民性によって多様である．少子高齢化が進む中で，各国はそれぞれの文脈の中で公的な制度と私的な仕組みの望ましい組合せを考えることがますます重要になっている．社会保障制度を財政的に持続可能なものにするために，各国ではさまざまな工夫が行われている．多様なライフコースをたどる国民にとって必要なときに頼りになる社会保障制度が存在し，社会保障制度が大多数の国民に支持されていることも，制度の持続可能性を財政的視点から論ずることに劣らず重要である．社会連帯を重視するか個人の責任を重視するかは，国のあり方にかかわる根本的な問いであり，各国は社会連帯と自己責任のバランスをいかに図るかを模索している．

第6章　公的年金における保険料と税の役割（井堀利宏）

　保険料は社会保険給付とのリンクがあるため，経済活動に与える影響についても税と異なり攪乱的要因が少なくなる．しかし，税にも使途を特定する目的税があり，保険料と目的税には共通点があると言える．年金の保険料を目的税のように使途を限ることは，政府の資源配分に制約をもたらすという点では短期的には非効率的にみえても，長期的には政府の裁量的な（ときには最善ではない可能性のある）支出行為から年金財政を独立的に確保できるというメリットがある．長期的な観点から保険料が資本蓄積に及ぼす影響も考慮すべきであるが，政府の決定が人々に読み込まれてその行動を変えるた

めに政府の意図しない結果が起こりやすいのは労働所得税よりも資本所得課税であることが知られている．したがって，保険料が使途を限定した賃金所得への賦課とみなせる場合には，資本蓄積に対して好ましくない影響は起こらないと考えられる．しかし，年金保険料及び年金給付への優遇税制の実態をみると，年金制度が積立方式であるならば資本蓄積を促進する効果を持ちうるものではあるが，現実の年金制度は賦課方式であるために，その効果はあいまいなものとなっている．高齢化の下では，年金制度の財政方式については，長生きをするリスクに対するリスクシェアの観点からみれば積立方式が望ましいが，世代間の公平性のみならず世代内の公平性（格差への配慮）も求められる以上，賦課方式による部分と報酬比例の積立方式の部分との組合せを考えるのが次善の策となる．

第7章　生活保護改革・障害者の所得保障（駒村康平）

　生活保護については，「利用しやすい」制度への転換を基本的視点として改革のための議論が進められている．生活保護の実態については，『全国消費実態調査』に基づく推計や住民税非課税世帯の推移によって示されるように，生活保護基準が定める所得水準以下の低所得世帯に対する捕捉率が必ずしも高くないこと，安定的に存在する捕捉率の地域間格差等が指摘できる．現行の生活保護制度について，それが機能不全に陥らないようにするために，雇用保険と生活保護の間に，有期の手当の導入等によりセーフティネットの重層化を行い，同時に有効な自立支援プログラムを確立させる必要がある．また，現在行われている制度横断的な社会保障制度改革と整合性を確保する必要がある．障害者世帯は低所得世帯になるリスクが高い．障害者に対する所得保障の中心となる障害年金については，障害をめぐる保険と福祉のギャップを踏まえ，実態に即した所得保障政策が必要になるであろう．また，このような保険と福祉のギャップは，介護保険と障害者支援費の統合問題でも明らかになっている．

第8章　社会保障給付のサービスパッケージ（池上直己）

　医療費は医療技術の進歩，人口高齢化，国民の要求水準の向上，等により増加する構造を持っており，どこまで公的保険で給付するべきかは大きな政策課題であるが，普遍平等の原則を崩すことは難しい．これまでは診療報酬における点数の引き下げ等によって医療費増加抑制に比較的成功してきたが，出来高払いに代わる包括評価の導入や私的負担の拡大につながる混合診療には懸念があり，医療を効率化するための医療技術の経済評価や医療計画の実効が今後の課題である．一方，介護保険の給付には普遍平等の原則を適用する必要はなく，自助や家族介護を補完する制度に改め，軽度者を中心に給付基準や給付額を引き下げる必要がある．そのうえで，医療保険に残っている療養病床・精神病床を，福祉に残っている障害者施設とともに介護保険に移管するべきである．また，介護保険施設の中の「住居費」については，福祉サービスとして最低限のレベルで給付すべきであり，介護老人保健施設及び特別養護老人ホームを「住居」として位置づけ，ホテルコスト部分を順次引き上げるべきである．このように医療・介護・福祉の給付パッケージを再編したうえで，制度間の連携と効率化を促進する必要があり，その際，介護保険の人的資源を要とすることが有効である．さらに医療も介護も負担と給付の関係をより明確にする必要があり，そのためには権限を可能な限り住民の身近なレベルに委譲し，保険者を都道府県単位に再編することが望ましい．

第9章　医療保険制度改革の課題と展望（遠藤久夫）

　公的医療保険制度の重要な機能は低所得層に医療へのアクセスを保障することである．公的医療保障のプレゼンスが小さな国ほど医療へのアクセスが不公平であるという実証結果が得られている．したがって公的医療保険の給付対象を縮小して医療費負担を過度に患者にシフトさせる政策は，医療アクセスの公平性を悪化させるために慎重な検討が必要である．公的医療保険制度を持続させるためには，拡大する世代間不公平の緩和，医療の質の維持・向上，高齢者医療費の適正化，が重要である．2003年3月に閣議決定された医療保険制度改革の「基本方針」に示された高齢者医療保険の創設，国民健

康保険と政府管掌健康保険の運営を都道府県単位へ移行，合理的な診療報酬体系の再構築，という医療保険制度改革の骨格は，公的医療保険制度の持続性という視点からみれば適切である．しかし，高齢者医療保険の対象者の年齢や財源の負担割合については意見が分かれている，都道府県を単位とした保険運営についても関係団体の調整が解決していない，合理的な診療報酬制度設計に関しては，診療報酬に関する調査は数多く行われているものの，具体的な診療報酬の決定ルールの改革については見通しがたっていない，など今後の課題も数多い．医療制度改革を進める上で，医療保険制度・医療提供体制・診療報酬体系のそれぞれが有機的に結びついた新しい医療の在り方の全体像を国民に示すことが重要である．

第10章　介護保険制度の持続可能性：国と県レベルの分析（田近栄治，油井雄二，菊池　潤）

　全国レベルの第1号被保険者の保険料に関するシミュレーション分析によると，介護サービス利用の進む度合いによっては2007～2008年度に保険料が月額5,000円を超える可能性が示された．また，県レベルの分析では，高齢者1人当たり給付水準が全国でも高位にあり，多くの保険者が財政困難に陥っている青森県を分析した結果，1）給付の多い保険者のなかには財政規律が弱く実質的に財政破綻に直面している保険者がある，2）財政安定化基金の貸付が第1号被保険者の負担の先送りの手段として用いられている，ことが示された．介護保険で保険者に求められる機能は専門性が高く，保険の運営上極めて重要である．こうした保険者機能の強化は，市町村の広域連合や一部事務組合での広域化などによる規模の拡大だけでは実現は難しく，都道府県に期待される役割は大きい．介護保険制度を維持するには，給付の膨張を抑え，財政規律を高める抜本的な改革が不可避であり，介護サービスの利用者が給付に見合った負担をすることが必要である．介護保険の財政規律を守るためには，給付と負担の連動を弱める制度改正（例えば，障害者に対するサービスを介護保険給付に加えること）を行うべきではない．高齢化が進行する中で介護保険財政を維持するには，保険者に財政規律を守るインセ

ンティブを与え，給付と負担の適正な関係を堅持することが大切である．

第11章　社会福祉と介護の制度改革と政策展開（平岡公一）

「戦後型社会福祉」の構造的特性がどのようなものであり，1980年代半ば以降の改革でそれがどのように変化してきたかを明らかにした．1960年代に「福祉六法体制」と国民皆保険・皆年金体制が始まり，戦後型社会福祉の枠組みができあがった．普遍主義の実質化と給付内容の変化は，1989年12月の「高齢者保健福祉推進十か年戦略（通称，ゴールドプラン）」を契機に進んだ．これにより，自治体がサービス利用に当たっての形式的な家族的要件を撤廃し，個別ニーズの評価に基づいてサービスの利用決定を行うようになり，家族的要件によるサービス利用の抑制という「戦後型社会福祉」の構造的特性が大きく変化した．さらに，給付の「内容」と「提供体制」の変化をもたらしたものが，社会福祉基礎構造改革や介護保険制度の導入における「措置から契約」への転換であり，これが介護と障害者福祉の分野で「戦後型社会福祉」の制度的枠組みを大きく変化させた．今後の改革の論点としては，変化している要素（疑似市場のシステムや事後的規制に重点をおく規制）とそうでない要素（社会福祉法人制度など）との間で対立・矛盾がないか検証すること，施設と在宅の中間的な性格のサービスが拡充されたサービス体系を実現すること，等があげられる．

(2)　**全体の構成との関係およびコメント**

第1章「先進諸国の公的年金改革の展望」および第6章「公的年金における保険料と税の役割」は，異なる角度から年金制度について論じている．第1章は先進諸国の年金改革をベースにして日本の年金改革への示唆を述べているが，基礎年金以外で所得再分配機能を行う（例えば，厚生年金の給付算定式の変更）といった構造改革までは言及していない．また，積立方式のデメリット（運用リスクやインフレによる実質的な給付額の変動）についても必ずしも立ち入って検討されているわけではなく，第1章の分析や結論に対しては当然反論もあると考えられる．しかし，年金制度の所得再分配機能を重視するという観点から先進諸国の年金改革に関する論議を整理・分析した

論文として一定の意義を有すると考えられる．第6章「公的年金における保険料と税の役割」はエコノミストの立場から年金保険料と税の共通点・相違点という制度横断的な課題を論じたものであり，年金制度における積立方式と賦課方式の違いについても，資本蓄積や所得再分配の観点から分析している．年金保険料と税の異同に関する問題は，保険料を納付した個人には給付に対するエンタイトルメントが発生する（税の場合は発生しない）という側面もあわせて議論することも必要であり，さらに，社会保障制度全体（年金だけでなく）の中で税と社会保険料が各々どのような性格や役割をもっているかという問題をより広い文脈で議論することも有益である．

年金制度を持続可能とするためには，加入者のインセンティブを考慮する必要がある．拠出に応じた年金給付はこのインセンティブに応えるものであり，現役世代の消費水準に準じた引退後の消費を可能にする側面（income smoothing）をもつ．一方で，年金給付は生涯所得を基準にした所得再分配機能を果たさなければならない．社会保障の給付と負担の中で大きな割合を占める年金制度のこのような問題について，本書では十分に取り上げられなかった．

財政問題や人口高齢化という共通の背景のもとに，医療サービスに対する国民のニーズが高まる中で，多くの西ヨーロッパ諸国では医療費増加の抑制のみならず，医療資源利用の連携と効率性の向上，患者の選択の拡大と制度の利用者に対する感度の向上，などを模索している．日本の医療費はこれまでのところ先進諸国の中では相対的に低い水準にとどまっているが，第2章「医療システム改革：西ヨーロッパ諸国の潮流」に述べられている西ヨーロッパ諸国の医療システム改革の経験は，日本の医療改革にとって示唆に富むものである．第8章「社会保障給付のサービスパッケージ」と第9章「医療保険制度改革の課題と展望」では現在日本で構想されている医療保険制度の改革案に内在する論点を指摘し，国民（患者）により支持される医療システムの構築を求めている．なお，医療制度については，サービス提供体制も重要な問題であるが，紙幅の関係もあり，診療報酬を含む医療保険制度の分析にとどまっている．

介護保険制度の持続可能性については第8章と第10章「介護保険制度の持続可能性：国と県レベルの分析」で取り上げられている．第8章は成立した2005年の介護保険法改正を踏まえた分析であり，第10章はこれまでの財政面を中心とした事業運営状況を分析したものである．両章とも，今後更に給付費の急速な増加が見込まれる介護保険制度について持続可能性を維持するための課題や方向性を主張している．

第7章「生活保護改革・障害者の所得保障」では生活保護と障害者の所得保障に関する改革の課題について検討しているが，諸外国で行われている障害年金や生活保護給付と就労インセンティブに関する実証分析が，日本では十分には行われていない．障害者自立支援法案の審議においても障害者の所得保障の実態やそのあり方の検討が指摘されたが，こうした実証的研究の進展が望まれるところである．社会福祉全体については，第11章「社会福祉と介護の制度改革と政策展開」において1980年代以降の改革と政策展開が体系的に分析されているが，今後の改革の方向についても指摘している．

第3章「社会保障の給付と財源：高福祉国家スウェーデンの経験と将来の方向」で取り上げたスウェーデンは「普遍主義」に基づく「高福祉・高負担」国家の代表である．スウェーデンも経済のグローバリゼーションや高齢化の影響を強く受け，制度の持続可能性のためには更なる改革が必要とされているが，国民は現行の普遍主義に基づく福祉制度の維持を強く支持しているという点は注目に値する．他方，従来の積極的労働政策（および介護サービス等の公共部門での雇用の吸収）による完全雇用モデルが成立し難くなっている上，国際競争力の維持からは負担の引き上げも困難となっている．果たしてスウェーデンはどのような方向に向かおうとしているのか．どのような代替戦略が可能なのであろうか．パルメ氏も明確な答えは出せなかったようであるが，そのこと自体が問題の根深さ，難しさを語っているようでもある．少子高齢化の進展，危機的な財政状況等，スウェーデン以上の悪条件にある日本にとって唯一の救いは，スウェーデンとの比較では，逆説的ではあるが，女性の労働市場への参加の余地が十分残されている点にあるかもしれない．また，「将来的視点に立って，社会がどのように児童・若年者福祉に十分な

投資を行っていくか考えることが重要な代替戦略である」という指摘は，そのまま日本の現状にも当てはまる．「企業の責任は雇用の確保であり，福利厚生に対するコミットメントは少なくしてよい」という第4章「社会保障の担い手と負担のあり方」の主張は，社会保障負担を合理的な水準に抑えるための努力を前進させるべく，敢えて大胆な主張を述べたものであると考えられる．国民の健康水準の向上による平均的な労働能力の増加や従業員定着による労使関係の安定化など，企業の福利厚生による外部経済を企業自身が享受していることを考慮すると，適切な社会保障が国民に提供されるようにするための費用負担を企業に求めてもよいという考え方も成立するであろう．また，第3章で述べたスウェーデンやドイツ・フランスのように社会保障において企業が大きな役割を果たしている国々の動向にも注意を払う必要がある．また，第5章「社会保障制度の行方：日本への含意」で述べられている「多様なライフコースをたどる国民にとって必要なときに頼りになる社会保障制度が存在し，社会保障制度が大多数の国民に支持されていることも，制度の持続可能性を財政的視点から論ずることに劣らず重要である」というメッセージは平凡ではあるが，社会保障システムが社会の共通財産としての性格をもつことを考慮すれば，やはり本質的な論点であると考えられる．

　前述のように，制度の具体的な見直しの方向については分析手法やアプローチの仕方の違いから様々な考え方がある．敢えて一例だけ挙げれば，若年障害者の介護保険への「統合」については，第8章や第11章においては単純な年齢拡大ではないが「統合」に肯定的であり，第10章においては財政規律の観点から否定的である．本書は社会保障制度の改革に関する議論についてあらゆる角度から網羅的に検討しているわけではないが，意見の分かれるいくつかの重要な論点について示唆を与える議論をまとめることができたと考えている．

(3) 結　　び

　欧米諸国では，少子高齢化のもと持続可能な社会保障制度を実現するため，負担と給付のバランスを図る改革が進められている．「低い負担と小さな給

付」の組合せか,「高い負担と大きな給付」の組合せかという選択は,同時に社会保障における公私の役割分担を再考することにつながる.社会保険料は事業主負担を通じて企業の国際競争に連動している中で,先進各国は事業主負担をこれ以上増やさない方向で社会保障改革を行っている.社会保障制度は税制や雇用制度との整合性が求められる一方で,公的制度の役割の変化とあわせて私的保険のみならず様々な私的仕組みの発展を視野に入れなければならない.これまでは,公的制度の中では現金給付は負担と給付の関連性の明確化が求められる一方で,現物給付は能力に応じた負担とニーズに基づく給付という考え方が一般的であった.しかしながら,社会保障負担の水準が上がるに従って,年金のみならず医療・介護保険の分野でも負担と給付の関係の明確化が求められるようになってきている.社会保障の負担面では社会保険料全体あるいは社会保険料と税をあわせた負担の上限が議論され,給付面では社会保障給付の全体像の提示が求められている中で,「公的制度は年金給付を中心にすえて,医療・介護の分野では公的制度の役割はニーズの高い人に限定する」というアプローチと,「公的制度は医療・介護等のサービス給付を中心にすえて,老後の備えはできるだけ個人の自助努力にまかせる」というアプローチが対立軸として考えられる.しかしながら,各国が選択する社会保障改革の選択肢は対立軸の中位のものであり,その位置はその国の歴史・文化・国民性などによって異なる.

　先進諸国の社会保障改革はその理念や改革案の根底にあるエビデンスにおいて大いに参考にすべき点がある一方で,日本の社会保障制度において社会連帯と自己責任のバランスを図る際は,日本の文脈で日本国民の支持・満足が最大になるような選択肢を選んでゆかなければならない.本書は,こうした議論の素材として役立つことを目指したものである.

第Ⅰ部

社会保障改革の視点
──先進諸国の動向と日本への示唆──

第1章　先進諸国の公的年金改革の展望

金子　能宏
Gary　Burtless

　先進諸国の公的年金改革にとって，高齢化による将来の給付の増加に対して，持続可能な制度とするための改革を行うことは重要な課題である．ただし，持続可能な年金財源を実現するための負担と給付の在り方については，今日どの国においても，世代ごとの負担と給付の関係が過度に相違しないように配慮する世代間の公平性と，同一世代内の所得格差に配慮する世代内の公平性とが配慮されている．OECD（2005）においては，各国の年金制度には，共通して，予想よりも長生きすることに対するリスクシェアリングという側面と，高齢者の所得格差を是正する所得再分配の機能があることが指摘されている．しかし再分配機能をどのような形で実現するかは，国ごとに異なっている．例えば，アメリカでは，現役時の所得が低い場合には所得代替率が高く，所得が上がると所得代替率が下がる逓減的な給付設計（ベンドポイント制）と年金課税との組み合わせにより所得再分配が行われている．カナダでは，定額の年金に上乗せする部分は報酬比例であるが，所得上限があり，かつ，その上限以上の所得がある場合には定額部分の給付が一部削減されるクローバック制度がある．また，スウェーデンでは拠出をポイント換算したものに比例する給付を支給する一方，高齢者が低所得となる場合には最低保障年金を支給することによって所得格差の是正を実現している．わが国の公的年金も，サラリーマンの場合には厚生年金の報酬比例部分（2階部分）と定額の基礎年金（1階部分）との組み合わせによって，所得再分配機能を実現している．

　このように公的年金制度には各国共通の側面がある一方，給付設計は国に

より相違している．また，高齢化の実態や経済状況は国ごとに異なるため，公的年金の制度改革の内容やその改革のテンポは国ごとに相違している．日本，ドイツ，イタリアでは，人口減少にはまだ至っていないものの，出生率が低水準で推移しているため将来の被保険者数の減少を考慮しながら，公的年金の給付と負担を考えていかなければならない．これに対して，アメリカ，カナダ，オーストラリアでは，高齢化率は上昇しているものの，出生率は上記の国々に比べて高いため，日本やドイツほど被保険者数の減少を憂慮する状況ではない．ただし，ベビーブーマーの引退による年金給付の増大に対応する必要性は避けられないため，年金改革の検討が進められている．スウェーデンでは，かつて低水準だった出生率が女性労働力率の上昇とともに回復し，最近になってまた低下したことに見られるような人口変動を経験している．このため，このような変動があっても拠出と負担の関係が世代間で異ならないようにするための年金改革が実施された．

　我が国の2004年年金改革でも，世代間の公平性に配慮して，保険料の上昇を抑え，2017年以降保険料を固定する一方，負担の範囲内で給付とのバランスがとれるように，賃金上昇などの経済的要因のみならず人口変動も考慮して給付額をスライドさせるマクロ経済スライドが導入された．ただし，厚生年金の標準的な年金給付額は，現役世代の平均収入の50％を下回らないようにすることとし，この条件を満たしながら総拠出額と総給付額のバランスがとれるように保険料を引き上げることとなった[1]．

　この章では，先進諸国における給付と負担の在り方をめぐる年金改革の動向，経済成長との関係，所得再分配機能について分析するとともに，特にアメリカを例として積立方式への移行の可能性と限界について考察する．

1　高齢化の進展と年金改革の選択肢

　図1は，OECDの試算で，G7国の2000年から2050年にかけての老年従属人口指数（65歳以上の人口を20歳から64歳までの人口で除した値）を出したものである（Casey et al. 2003）．Caseyらの推計では，今後半世紀に亘りさ

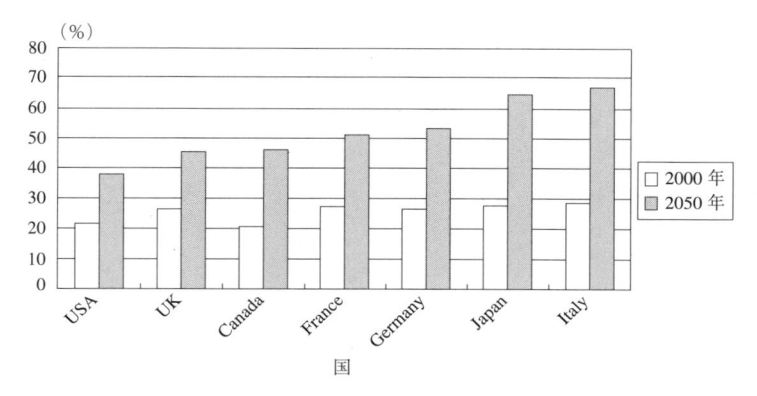

出所：Casey et. al.（2003）．

図1 G7諸国の老年人口指数（2000年と2050年）

らに16％ポイントから38％ポイントほど老年従属人口指数が増加することが見込まれている．

図1に見られるような高齢化の進展に対して，賦課方式を基本的な財政方式としている公的年金をもつ先進諸国において，公的年金の持続可能性が議論されることは当然のことである．高齢化率の上昇は，高齢者に対する給付水準をこれまでどおりの基準で支給するとすれば，現役世代の負担は上昇する．給付水準の維持を志向する年金改革をするとすれば，それを可能にする諸条件を整える必要がある．一つのアプローチは，将来的な人口構造を変えるように人口動向を促すということである．これは，出生率の上昇と移民の大規模な受け入れのいずれか，あるいは両方によって実現されるものであり，政策的には将来的な労働人口の増大が意図されている．

先進諸国の経験から見れば，出生率の上昇の実現は非常に困難である．この方法は，出生率が上昇した直後の短期的な段階では年少人口も増加するため，年少人口を含めた従属人口比率を上昇させることにもなる．ヨーロッパ諸国は，男女共同参画と家族政策等を推進することにより，出生率の上昇に影響する施策を試みたが，出生率が一時的に上昇するという結果はいくつかの国々で見られたものの，各国共通のトレンドまでには至っていない．一方，

アメリカは，先進諸国の中で出生率は高いが，OECDが発表している2001年の社会支出において，「家族」分野の支出が，欧州諸国や日本よりも低いことからもうかがえるように，働く女性全般を支援するための保育サービスを充実させるなどの政策は採っていない[2]．出生率の上昇は子どもをサポートするための支出を増加させるが，その増加は子どもが就業するまでの間であり，高齢化の進展による年金給付総額の増加と異なり，その影響は何十年にもわたるものではない．これとは対照的に，移民の割合が上昇することは，移民希望者が生産年齢から選択されるのであれば，従属人口数は変わらないため，これに対する社会保障負担の生産年齢人口1人当たりの費用を直ちに減少させるものである．もっとも，各国の移民の受け入れに対する政策方針は異なるし，「国家統合」に関わる微妙な問題を含む．現実には，移民受け入れの政策はそれが歓迎されるか，あるいは少なくとも許容可能な場合において実現可能である．

　仮に各国が将来的な人口の年齢構造を変えることができない場合には，公的年金制度の財政運営を健全に行いながら，高齢者の所得保障に対処していく選択肢は，基本的には三つである．(1)現在就労している労働者に対する年金保険料（あるいは税）負担か，給付の増加部分に対して税財源を追加的に投入しそのための税負担を引き上げること．(2)年金改革の法案が受け入れられる範囲で，許容されるレベルまで年金給付の支出を抑制すること．この政策の別の形として，就労可能な時期の高齢者への年金給付をゼロにするという意味で，年金支給開始年齢の引き上げという方法がある．(3)現在，年金加入の対象外となっている人々（無業者や所得が拠出の下限以下となっている人々など）の労働力率を高め，収入が増加するように，これらのグループに対して政府が施策を施して，拠出への貢献を促進すること．欧米では，就業率の低い層の一つに高齢者層がある．また，成人女性の労働力率が低い国々もある（Burtless 2004）．

　先進諸国の公的年金改革に共通して見られることは，これら三つのアプローチを組み合わせた政策をその改革の個別項目として取り入れていることである．先進諸国のうち，1990年代後半以降の年金改革では，ドイツ，フラ

ンス,カナダにおいて保険料率の引き上げが実施され,日本の2004年の公的年金改革でも2005年度から段階的な保険料率の引き上げが行われることとされた[3]. 同時に,保険料率の引き上げが過大にならないように,年金給付の所得代替率の見直し(引下げ)も進められてきた.また,日本は高齢者の労働力率が比較的高いが,その他の先進諸国の中には,早期あるいは標準的な退職年齢後の就業を促進するために,高齢者の失業対策プログラムを導入した国々もある(Kalisch and Aman 1998; Casey et al. 2003).

2 経済成長と公的年金改革

　先進諸国の公的年金制度は,基本的に財政方式として賦課方式を採っているため,経済成長は公的年金の持続可能性を高める.すなわち,経済成長の結果,GDPが増加すれば,たとえ所得分配率と保険料率が一定でも,賃金所得の増加に伴う保険料収入の増加により,年金給付の拡大が可能になる.また,経済成長による現役世代の実質的な賃金上昇は,増加する年金受給者への給付をまかなう保険料率の引き上げの余地を大きくする.したがって,先進諸国の公的年金改革には,何らかの形で経済成長への配慮が見られる.

　経済成長は,労働力の増加,資本ストックの増加,そして技術進歩率の上昇によってもたらされる.近年の成長論(内生的成長モデル)によれば[4],技術進歩率は,労働力に占める技術者数やR&D投資によって促進されるので(Jones (1998)),労働力人口の伸び率がかつてよりも低いとしても,技術者数やR&D投資を促進する条件が多様な政策の組み合わせによって可能になれば,少子高齢化が進んでも経済成長は続くことが期待される.ただし,技術者の労働供給を喚起するためには手取り賃金が伸びることが望ましく,またR&D投資の資金調達を容易にするためには,企業が内部留保することが可能な余地を残しておく必要がある.このような観点から年金改革における対応として,保険料率の引上げに一定の上限を設けることが採られている.

　スウェーデンでは,1998年の年金改革法に基づいて,従来定額の基礎年金とこれに加えて支給される報酬比例年金とからなっていた公的年金制度が,

2001年から所得比例年金（ただし，所得比例年金が低い場合には最低保障年金が支給される）に改められた．そして，所得比例年金の保険料率は18.5％に固定され，この保険料率のうち16％の部分は，賦課方式で運営されるものの各人の年金給付額が拠出した保険料総額とみなし運用利回りに基づいて算定される「概念上の拠出立て」年金（notional defined contribution pension）に当てられる．一方，残りの2.5％は民間の運用機関で運用するか国の機関で運用するか各人が選択できる積立方式の年金に当てられることとなった．

1998年のイタリアの年金改革では，このようなスウェーデンの「概念上の拠出立て」年金の考え方を，従来の分立していた年金制度に替えて導入した新年金制度に適用し，保険料率を被用者の場合32.7％に固定した．保険料率がこのように高いのは，イタリアは先進諸国の中でも少子高齢化が最も進んでいることを反映している．年金給付は，改革以前，現役時代の報酬額と拠出年数に所得代替率を一定にするための調整係数を乗じて決めていたのに対して，98年の改革以後支給開始となる場合には，名目GDPの成長率により再評価した各年の拠出を被保険者期間について合計した額に基づいて算定されることとなった．

2001年のドイツの年金改革では，保険料率上昇の抑制と（引退後の）適切な生活の保障とを目的として，改革後の保険料率を22％とし，年金の給付水準を修正グロス賃金スライドに改めて所得代替率を67％に引き下げることが実施された．また，支給開始年齢は，将来的には65歳に引き上げられることとされた．保険料率が固定されたことにより，高齢化率の変動により年金給付総額が変動して拠出総額と乖離する場合に対処する方法として，改革以前からの補助すなわち付加価値税収入の一部から連邦補助を行うことに加えて，環境税収入からも追加的な連邦補助を行うこととなった．

アメリカにおいても，ベビーブーマーの引退により年金給付総額が急増することに対処するために，クリントン大統領によって1997年に，社会保障税率（社会保険方式による年金制度の保険料率に相当するもの）を増加させて現行の賦課方式の年金制度を維持する案と，賦課方式部分の税率を現行水

準のまま維持する代わりに，その税率では将来の給付が減少することを補うために積立方式の年金制度を賦課方式年金に加える二つの案が示された．一つは，賦課方式年金を賄うための社会保障税率に加えて1.6％の社会保障税率を上乗せし，信託基金が資産運用を管理する確定拠出型の個人年金勘定を設ける案であり，もう一つはメディケアに配分される社会保障税率を除いた12.4％の社会保障税率のうち5％の税収を財源とする確定拠出型の個人年金勘定を設ける案である．

これらの年金改革案は，1990年代後半以降の経済成長による税収増に伴い信託基金の積立金が増加したことから改革の気運が弱まり，実現していない．ただし，ブッシュ大統領は，積立方式の部分を公的年金制度に組み入れることは政府の検討課題とし，2001年12月に三つの改革案を提示した[5]．第1の案は，社会保障税の本人負担分の2％を拠出し，この拠出に基づく部分を個人勘定に移して個人で運用する案であり，第2の案は社会保障税の本人負担分の4％（上限1000ドル）を個人勘定に移して，個人で運用する案である．これらの案では現行の社会保障税率の範囲内で積立部分も賄うことになるのに対して，第3の案では，社会保障税とは別に新たに個人が1％拠出し，政府は社会保障税のうち2.5％（上限1000ドル）分をマッチング拠出して，これらを併せて個人勘定に移して個人で運用することが提案されている．どの改革案も，賦課方式で賄う公的年金の部分については，そのための社会保障税率を現行水準のままとすること（固定すること）では，共通している．

わが国の年金改革においては，年金財政を均衡させるべく定めた（長期の）一定期間内で給付総額と拠出総額がバランスする有限均衡法式が採用され，基礎年金の国庫負担の割合を1/3から1/2に引き上げることを前提に，厚生年金では，モデル世帯の年金給付が現役世代の平均所得に占める割合（所得代替率）を50％以上とすることは確保しつつ徐々に見直していくこととされた．また，2004年度から保険料率を徐々に引き上げ2017年以降は保険料率を18.3％に固定することが決められた．

このように，保険料率を現時点かあるいは将来において固定することは，先進諸国の年金改革において共通に見られるものである．図2は，1990年以

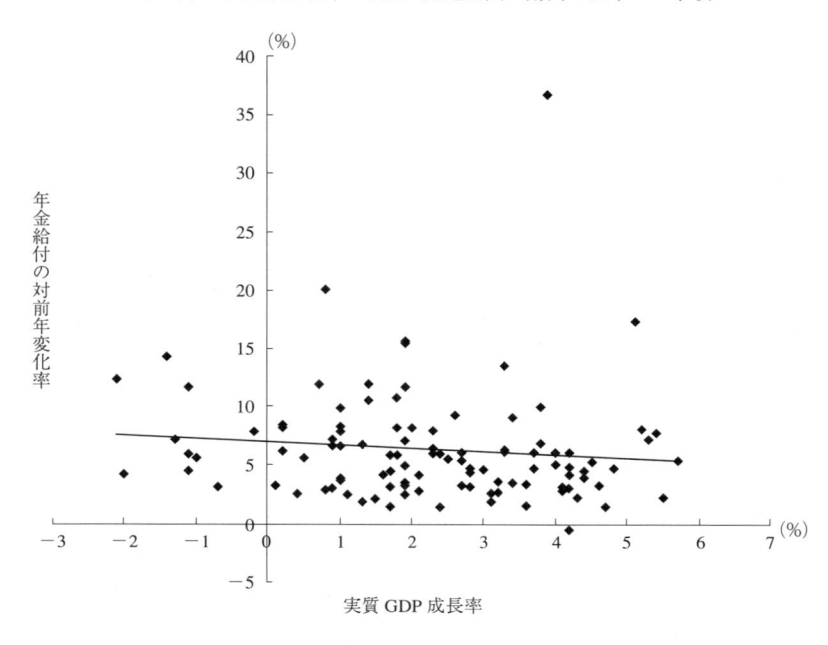

出所:OECD Economic Outlook 各年版, OECD(2005) Pension at a Glance より筆者作成.

図2 年金給付総額の対前年変化率と経済成長率(実質GDPの対前年変化率)

降2001年までの間の年金給付の対前年変化率と実質GDPの成長率(対前年変化率)[6]との関係を,これらの値がOECDのデータとして得られる国々(オーストラリア,アメリカ,イギリス,イタリア,カナダ,スウェーデン,ドイツ,フランス,日本)についてグラフで示したものである.このグラフでは,年金給付の伸び率が高いと,わずかな程度であるが経済成長率が低くなる傾向が見られる.

この傾向は,年金給付の対前年変化率を説明変数とし,実質GDPの成長率(対前年変化率)を被説明変数とする固定効果モデルの推定結果[7]から確かめられる.年金制度は,高齢者の消費を通じてGDPを増加させるプラスの影響と引退後の貯蓄と年金との代替が生じる場合の資本ストックへのマイナスの影響を及ぼすため,年金給付の増加と経済成長率との関係は先験的に

表1 年金給付率の上昇と実質GDP成長率との関係（固定効果モデルによる推定）
被説明変数：実質GDP成長率

説明変数	係数	t値			
年金給付上昇率	−0.0686	−2.491			
1期前の年金給付上昇率	0.0359	1.274			
固定効果	1	2	3	4	5
	3.421	2.975	2.001	1.941	1.853
	6	7	8	9	10
	1.581	5.762	1.969	2.437	3.137
自由度修正済み決定係数	0.195				
ダービンワトソン比	1.587				
対数尤度	−229.59				

出所：筆者推定.
注：固定効果の欄の番号は国を示す．1：オーストラリア，2：カナダ，3：フランス，4：ドイツ，5：イタリア，6：日本，7：韓国，8：スウェーデン，9：イギリス，10：アメリカ．

は決まらない．経済成長率には各国の生産構造や生産性を反映して国ごとに異なるトレンドがあることを考慮した上で，年金給付と経済成長率の関係を推定した結果が表1である．表1の固定効果は，各国間で経済成長率のトレンドに相違があることを示唆している．こうした各国の相違を踏まえた上で，年金給付上昇率と1期前の年金給付上昇率の係数から経済成長率への影響を見ることができる．年金給付上昇率の係数は小さいもののマイナスの符号を示しているが，1期前の年金給付上昇率の係数がプラスであることは，年金給付の伸び率が高いほど実質GDPの成長率は鈍くなる傾向があるものの，その影響が持続して経済成長率がマイナスになるほど大きいものではないことを示唆している．

したがって，保険料率の水準を固定することとその保険料率で財政収支を長期的に均衡できる範囲内に年金給付を見直していくことは，少子高齢化が進むもとでの公的年金制度の持続可能性と経済成長との両立を図る一つの方法であることが理解できる．

3　給付水準の見直しとその限界

年金給付の見直しについては，現在の年金受給者に対する即座の給付額の

改定を遂行することもその選択肢の一つとしてありうる．民主政治において，こうした政策的転換が採用されることは稀である．ほとんどの公的年金制度においては，同じ年に出生し，同じような稼得記録を有する労働者たちは，同じような引退収入を受け取ることが期待されている．アメリカ等では，年金改革を実施する担当者と議会との間の政治的緊張のために，公的年金制度の改革過程の打開策は，非常に緩慢に，また長々とした政治的論議を経た後でなければ打ち出されない．この議論には，拠出者と受給者の双方が加わるため，この二者の集団の利害の間の妥協が年金改革案には反映される傾向が見られる．このように拠出率と給付水準が政治的議論を通じて段階的な変化に落ち着くことは，次のような二つの効果をもつ．一つは，思いがけない経済発展の効果は，その時受給者であったコーホートだけでもなく労働者であるコーホートだけでもなく，多数のコーホートに分散されるという効果をもつ．また，年金改革を時間をかけて実施することは，段階的な小額の給付の見直しであっても，結果的には高齢者ひいては年金受給者が増加しても年金支出総額の伸びの削減につながる可能性があることを示唆している (Burtless 2004)．OECDの試算（Casey et al. 2003）により，2000年と2050年を比較すると，人口の年齢構成，年金給付の算定方式，受給資格それぞれの変化の効果を考慮した2050年の公的年金支出はイタリア以外のG7諸国すべてで増加するが，GDPに占める公的年金支出の割合の伸びは，老年人口指数の伸びと比較すれば，小さいという結果が得られている．

　G7のほとんどの国では，年金給付総額の伸びは緩慢なものとなることが予測されているが，これは，年金給付の算定方式と受給要件資格における改革の結果である．Casey et al.（2003）は2000年以降50年間の平均賃金に占める年金給付の割合がどれだけ減少することが見込まれるかを予測している[8]．その推計によれば，公的年金の所得代替率は，イタリア，イギリスでは30％かそれ以上，フランスとドイツではそれぞれ21％と13％ほど下落することが見込まれる．イギリスでは，平均給付額の減少が非常に大きいことから，公的年金支出のGDPに対するパーセンテージは，実際に減少するとみられる．年金給付の減少は，賃金あるいは物価の変動に伴うあるいはこれに

人口の高齢化の要因を考慮したスライド方式を給付の見直しに採用したことによるものであり，また，年金の算定に用いられている稼得年数の増加，そして減額されない年金を受給するために必要とされる年金支給開始年齢の引き上げなどによって達成される．

確かに，これらの方法によって年金給付の見直しは可能ではあるが，すべての年金受給者に対して比例的に給付カットすることは道理にかなっているとはいえない．公的年金は多くの引退者にとって主要な収入源となっており，所得分布の平均所得以下の水準に位置する所得階層の高齢者にとってはとりわけ重要な収入源となっている（Borsch-Supan and Reil-Held 1998）．貧困ラインをわずかに上回る程度の収入があるに過ぎない高齢者の数は多く，この点を考慮すれば，公的年金の給付を一律に見直すことは高齢者の貧困を増大させる可能性があるため，政府はこのような方法を採ることはできない．高齢者の貧困はG7諸国においてすでに深刻な問題となっている．したがって，年金改革においては，公的年金が所得格差に及ぼす影響とその意義について考慮する必要がある（Feldstein and Liebman（2002），Gruber and Wise（2004））．

4　所得格差に対する公的年金の役割

所得格差に対する公的年金の影響を，先進諸国の改革動向と対比して考察するためには，所得格差の実態についての国際比較が必要である．しかし，橘木（1998）や大石（2002）が指摘するように，所得格差の国際比較は容易ではない．その理由として，所得は，①世帯単位と個人単位のどちらで把握するのか，②どの段階の所得（当初所得か可処分所得か）を把握するのか，③年収なのか月収なのか等について，各国の統計でそれぞれの基準があり，これらを統一することが困難なためである．このような困難を克服して，所得格差の国際比較を行うため，OECDでは1996年と2004年に，各国の協力のもと可能な範囲で所得の定義を統一したものに近づけ，そのように調整加工された各国の所得データを用いて所得格差指標を推計するプロジェクト研究が行われた．1996年の国際比較研究では，分析の対象国は12ヵ国であっ

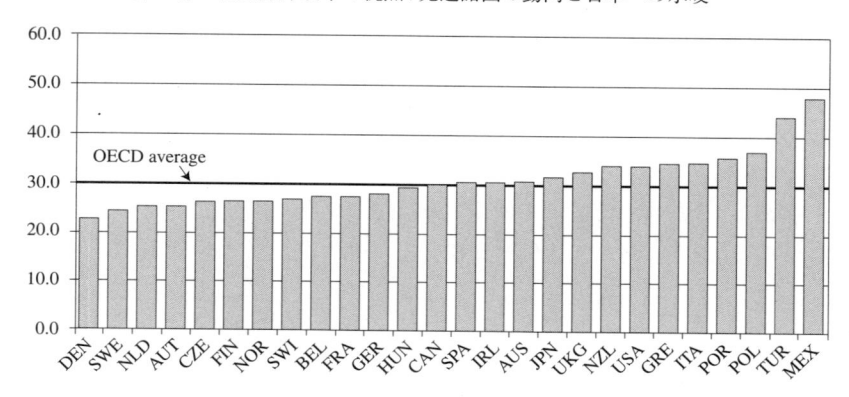

出所：Foster and MiraDercol（2005）．
注：この図で用いられている所得の概念は世帯規模を世帯人員数の平方根で調整した等価可処分所得である．ジニ係数は，通常用いられる小数点表示ではなく100倍した値で示している．データは，ベルギーとスペインは1995年であるが，その他の国々は2000年ないしその前後の年のものである．

図3　OECD諸国の所得格差：ジニ係数

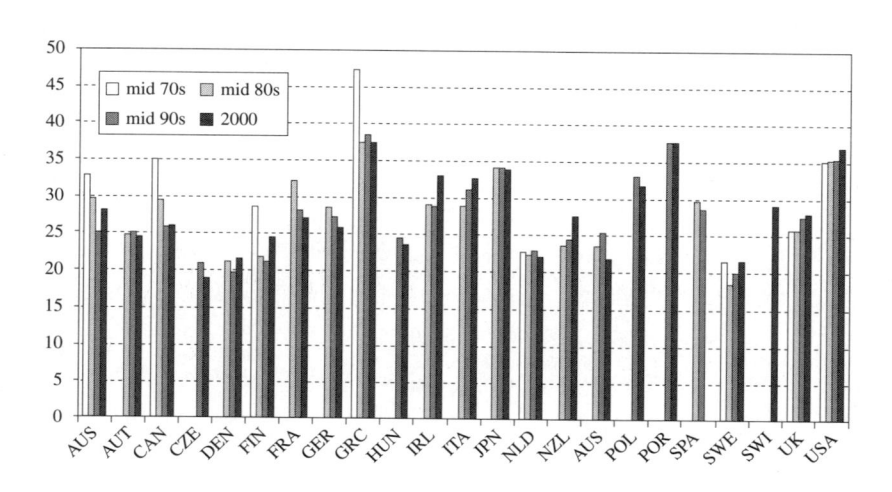

出所：Foster and MiraDercol（2005）．
注：図3と同様．

図4　OECD諸国の高齢者の所得格差：ジニ係数

たが，2004年の国際比較研究では26ヵ国に上っている．この成果はOECD（2005）として公表されている．

OECD（2005）の国際比較研究では，年齢階層全体の所得格差の動向に加えて，現役世代（18歳～64歳）と高齢者（65歳以上）それぞれの所得格差の動向に関する分析が行われている．まず，年齢計の所得格差を，2000年及びこれに近い年次における各国のジニ係数の推計結果に基づいて比較すると（図3），OECD諸国平均は0.306であるのに対して，北欧及び中欧・東欧諸国（オーストリア，チェコなど）ではジニ係数が低く（0.26以下），アングロ・サクソン諸国で0.30～0.36の間にある．日本はアングロ・サクソン諸国の中位にあり，26ヵ国全体でも平均的な位置にある．時系列で見ると，1990年代半ばから2000年にかけて，所得格差に変化がないか緩やかに上昇している国が多い．日本は後者に該当する．

現役世代の所得格差を，2000年及びこれに近い年次におけるジニ係数の推計値で比較すると，年齢総数でジニ係数の大きい国は大きく，それが小さい国は小さいという意味で，年齢総数のそれと同様の傾向を示している．ただし，1990年代からの変化を見ると，26ヵ国平均で1.7％程度ジニ係数が上昇しており，所得格差への注目が各国で高まっていることが理解できる．

これに対して，OECD諸国平均の高齢者のジニ係数（0.295）は，年齢総数のジニ係数（0.306）よりも低い（図4）．高齢者のジニ係数が年齢総数よりも低い国々が多く，また高齢者のジニ係数が低下した国々があることの背景には，高齢者の所得源において公的年金などの社会保障給付が相当なウェイトを占めており，これが所得再分配効果を発揮していることがあげられる．

高齢期は就労から引退過程にはいるため，所得源として社会保障給付と貯蓄の利子などからなる私的資本所得の役割が大きくなる．OECD加盟国の平均では，前者は所得の6割，後者は3分の1を占めている．社会保障給付と私的資本所得がどの所得階層に分配されているかを，加盟国全体のローレンツ曲線で見ると，社会保障給付は所得がもっとも均等に分配された45度線の近くに位置しているが，私的資本所得は大きな弧を描いている．その程度は可処分所得よりも大きい（図5）．そのため，社会保障給付は中低所得層

30　　第Ⅰ部　社会保障改革の視点：先進諸国の動向と日本への示唆

OECD 諸国平均の場合

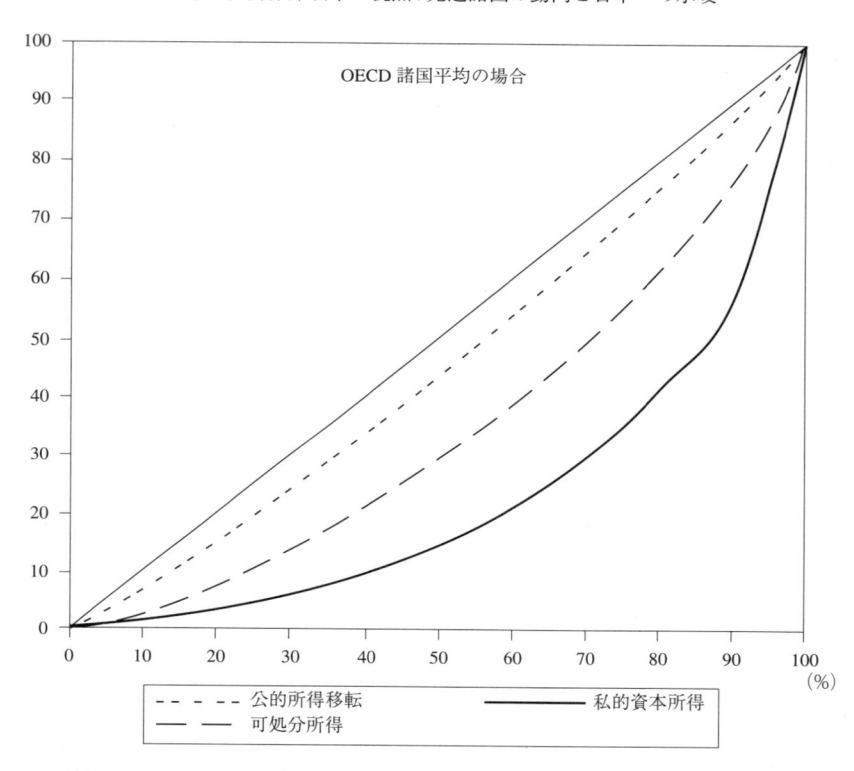

- - - - 公的所得移転　　　　　　　　　―――― 私的資本所得
―――― 可処分所得

出所：Foster and MiraDercol（2005）．

図5　現役世代から高齢者への移転と財産所得及び現役世代の所得のローレンツ曲線

で手厚く分配され，私的資本所得は高所得層に多く分配されていることが分かる．したがって，社会保障給付は再分配効果を発揮していることが理解できる．ただし，社会保障給付が現役時代の所得の水準を反映する仕組みを有している場合，現役時代の所得格差が高齢期になっても持ち込まれることがある点に留意する必要がある．

5 積立方式への移行の可能性と限界

　近年の年金改革では，複数の国々で，賦課方式と積立方式との組み合わせに移行する傾向がみられる．このような移行は，長期的には現役世代から引退した高齢者への所得移転にある程度上限を設ける作用を持つので，従属人口を現役世代が支える負担を緩和する効果がある．しかし，短期的には，老齢年金のための支払いの負担を減少させることにはならない．現在就業している労働者は，退職した高齢者に賦課方式により約束された年金給付のための負担を依然として行わなければならない．しかも，自らが老齢期を迎える際の退職収入の一部となる，任意あるいは強制的な年金プランに拠出することが必要になるからである（いわゆる「二重の負担」問題）．

　経済成長と公的年金制度の持続可能性を両立させるために，複数の国々の年金改革で採られたように保険料を固定する（あるいは将来的に固定する）場合には，賦課方式の年金制度では，高齢化が進むほど，現在の退職者が受け取る額と比較すると若い労働者がこの制度下で実質的に受け取る受給額は低くなる．このことから，高齢化の影響を公的年金制度が受けないように積立方式に移行するか，あるいは積立方式を部分的に賦課方式年金に加えることが望ましいという改革論議に若い労働者が理解を示すことは，理解できる．積立方式への移行を支持する背景には，このような少子高齢化と公的年金制度との関係に加えて，積立方式への移行が経済成長に寄与する資本ストック増加につながるという考え方がある．これは，アメリカのような資本ストックのための貯蓄が少ない国において現実的であり，貯蓄率の減少が著しいわが国においても重要なインプリケーションとなりうる余地がある．

　しかし，積立方式への移行がマクロ的な貯蓄率を押し上げて資本ストックの増加に寄与するほどになるためには，積立方式による公的年金拠出の資産残高がある程度の規模を持つ必要性がある．とすれば，それは，短期的には公的年金に拠出する現役世代の消費の犠牲が必要とされることを示唆している．また一定水準の保険料率を前提して，これを賦課方式年金の保険料と積

立方式の保険料に分けて、積立方式の年金を賦課方式年金に組み合わせて運営する場合には、引退した高齢者に対する年金給付の伸び率は、積立方式部分の収益の変動によっては、保険料率の推移にこのような制約のない賦課方式年金の場合と比べて低くなるため、高齢者にも消費の犠牲の影響が現れる。このように、高齢化の進展に伴うマクロ的な貯蓄率の低下に対して、積立方式を活用しようとすれば、短期的な消費における犠牲が労働者と引退者の双方に生じることなくしては、より高い貯蓄率を達成することはできないだろう（Burtless 2004）。

確かに、現在、アメリカでは、2で示したブッシュ大統領の年金改革案をはじめとして、積立方式への移行あるいは賦課方式年金に積立方式の部分を組み合わせることに関連したいくつかの論争が脚光を浴びている（例えばShoven（2000），Feldstein（2001），Kotlikoff（2004））。ブッシュ大統領の年金改革に示された選択肢においては、労働者が、積立方式の部分に当てられる拠出がいかに投資されるかについて少なくとも制度上決められた範囲内で自由に選択できる。資産運用のリスクがあるものの、労働者の引退貯蓄は、個人の投資勘定において、労働者が引退するまで、あるいは障害を負うか死亡するまで、増える機会が拡大することは期待できる。

しかし、こうした改革が、アメリカのマクロ的な貯蓄の増大を生み出すかどうかについては、確かな結論は導けない。年金制度への拠出（給与税）のうち、ある一定部分を個人の引退貯蓄の勘定に繰り入れることは労働者世帯の家計貯蓄を確実に増加させると一般に考えられているが、これは社会保障制度に関連する税収の一部を裁量的に用いる余地を奪うものでもある。これは現行の社会保障の剰余を減少させ、政府の赤字を増大させる可能性がある。これは、政府の貯蓄が縮小することを意味するが、それは個人勘定などの積立方式の年金による家計貯蓄の増大と相殺しあうため、アメリカの総貯蓄率のネットの変化は生じないかあるいはあったとしても大きくなる保証は必ずしもない。従って、ブッシュ大統領の改革プランは、アメリカにおいて積立方式を提唱する人々の目的の一つ、すなわちより高いマクロ的な貯蓄率を達成することにはつながらないと考えられる。

確かに，経済学的には，賦課方式から積立方式への移行は，これによって資本ストックが増加するほど貯蓄率が高まれば，労働者と引退者の双方に対して将来的な消費を増大させる可能性があり，少子高齢化のもとで高齢者の貯蓄の取り崩しが進み貯蓄率が低下することに対処しつつ，公的年金制度の持続と経済成長とを両立する一つの方法である．

しかし，これまで指摘したように，賦課方式から積立方式へ移行することあるいは賦課方式に積立方式を組み合わせることが，自動的にマクロ的な貯蓄率を高めるわけではない．マクロ的な貯蓄率が高まるほどの影響を引き出すには，労働者，あるいは引退した高齢者の消費を少なくとも一時的に減少させる必要がある．保険料率を固定するかあるいは将来的に固定することを前提とするためには，公的年金制度において，賦課方式の給付を見直し，また公的年金の賦課方式部分と積立方式部分のうち後者の拠出の割合を高める必要がある．低い給付は引退者の可処分所得と消費を減少させ，高い拠出は就業している労働者の可処分所得と消費を減少させる．こうした変化は，マクロ的な貯蓄の増加に寄与する可能性はあるが，同時にそれらは高齢者と現役世代の所得分布を変化させることにもなる．

公的年金制度の持続可能性と経済成長との両立を図る一つの方法として議論されている積立方式への移行あるいは賦課方式部分に積立方式を組み合わせることは，貯蓄率の増加による将来世代の便益や世代間の公平性の確保につながる可能性がある反面，現在の高齢者と現役世代の所得格差に影響を及ぼすという複雑な関係を持っている．したがって，こうした年金改革を実施するためには，改革案における各選択肢の影響を様々な視点と角度から精査していかなければならない．

6 考　　察

近年，先進諸国の公的年金改革では，高齢化の進展に対して，賦課方式を年金財政の主たる財政方式としながらも，制度の持続可能性と経済成長との両立を図るために，積立方式の考え方や積立方式を部分的に含む構造へ変更

することが試みられている．また，保険料率を固定するかあるいは将来的に固定しつつ，拠出総額に見合うように給付水準を維持するように年金給付を見直す手法は，我が国のみならず，ヨーロッパ諸国の年金改革で採られている手法である．この場合，高齢者の貧困や所得格差が拡大しないようにすることが同時に求められる．一方，アメリカでは，経済成長の一つの条件であるマクロ的な貯蓄率が低いことに対応するため，賦課方式の公的年金に積立方式を加えこれを個人勘定として資産選択を可能にする改革案が議論されている．我が国でも，近年，マクロ的な貯蓄率の低下が顕著になり経済成長に及ぼす影響が憂慮されている．公的年金の拠出の源泉は帰するところ，現役世代（生産年齢世代）の所得であり，我が国の貯蓄率の低下傾向を直視するならば，年金制度においても，中長期的には，賦課方式を主な財政方式としながらも，積立方式の要素を部分的に公的年金に組み合わせることは検討対象となる．ただし，前節で述べたとおり，年金制度は長期契約であり「二重の負担」という移行に伴う問題のほか，積立方式への移行が自動的に貯蓄率を高めるわけではないことに留意すべきである．

　2004年の年金改革において，将来的には保険料率が固定され，これによる拠出総額に見合うように年金給付の見直しを行うとともに，その給付水準が一定の基準を下回らないようにすることとなった．この改革は，ヨーロッパ諸国と共通する特徴を持つ年金改革である．ただし，年金給付水準が見直されるとしても，その水準を検討する観点としてOECDが重視している点が，公的年金の所得再分配効果である．OECD（2005）の所得格差の国際比較研究では，OECD諸国では，所得格差の拡大が1990年代後半以降も続いているが，高齢者の所得格差を縮小する上で，公的年金の役割は重要な役割を果たしていることが指摘されている．

　わが国に即していえば，保険料率上限の設定，所得代替率の引下げ，マクロ経済スライドの導入等を柱とする2004年改正により年金制度の持続可能性は向上したものの，これにより議論が終焉したわけではない．また，年金制度が貯蓄率や企業活動に及ぼす影響等を介在しマクロ経済に多大の影響を及ぼす社会保障の一体的見直しの中で財源論を含め幅広く議論する必要もあ

第1章　先進諸国の公的年金改革の展望

ろう．今や年金制度は国民の老後の生活設計に組み込まれており，国民の最大の関心事となっている．本章で考察したように，先進諸国の公的年金改革の動向や高齢者の生活の支えとなるという公的年金の存在意義を考慮すると，公的年金制度における所得再分配の役割は，持続可能な財政運営とともに重要な視点であることを忘れてはならない．

謝　辞

　本章については島崎謙治政策研究調整官（国立社会保障・人口問題研究所）より有益なコメントをいただいた．記してお礼申しあげたい．なお本稿における見解は筆者ら個人の見解であることを付記しておきたい．

注

1　2004年の年金改革では，厚生年金の保険料率は，2004年改正前13.68％，2004年10月から毎年0.354％引き上げ，2017年度以降18.3％とする．国民年金の保険料は，2004年改正前13,300円，2004年10月から毎年280円引き上げ，2017年度以降16,900円（2004年度価格）とすることとなった．
2　むしろアメリカでは，貧困家庭の児童への扶助（Temporary Assistance for Needy Families:TANF）や児童扶養控除に重点を置いた再分配政策を通じた家族への支援を行っている．このような特徴はイギリスにも見られアングロ・サクソン諸国は，家族政策の類型において家族主義的・不介入モデルと呼ばれている（阿藤（2000））．
3　2004年の年金改革における保険料引き上げスケジュールについては，注1を参照．
4　内生的成長理論の全体像を把握するには，Jones（2002），Barro and Sala-i-Martin（2002），Weil（2004），Aghion and Howitt（1998）などを参照されたい．
5　より詳しくは，府川哲夫（2003）を参照．
6　2001年のGDP成長率は，オーストラリア2.7％，アメリカ0.5％（2000年は3.7％），イギリス2.1％，イタリア1.7％，カナダ1.9％，スウェーデン0.9％（2000年は4.3％），ドイツ1％，フランス2.1％，日本0.4％である．
7　推定期間は1990年から2001年まで．韓国については制度変更があったためそのダミー変数を含めた．ランダム効果モデルも推定し，ヘックマンの検定法により比較した結果，固定効果モデルを用いることとした．なお，年金給付対前年増加率が30％以上の点があるのは，制度変更によるものなので，ダミー変数によりこの影響をコントロールした上で推定を行った．
8　これには，G7諸国における実質平均賃金に対する実質年金支出の割合がどれだ

け減少するかの試算が含まれる（Casey et al. 2003;Dang et al. 2001）．推計結果は，各国の現行法または年金改革案のもとで計画された年金の所得代替率の低下におおむね比例している．

参考文献

阿藤　誠（2000）『現代人口学』，日本評論社．

麻生良文（2005）「公的年金改革：積立方式への移行」，野口悠紀雄編『公共政策の新たな展開』，東京大学出版会．

岩間大和子（2004）「諸外国の二階建て年金制度の構造と改革の動向—スウェーデン，イギリスの改革を中心に」『レファランス』平成16年1月号．

大石亜希子（2002）「所得分配に関する国際比較研究」『社会保障の改革動向に関する国際比較研究』，厚生労働科学研究費補助金・平成13年度報告書．

大竹文雄（2005）『日本の不平等』，日本経済新聞社．

金子能宏・小島克久・山田篤裕（2005）「所得格差の国際動向：経済協力機構の国際比較データから」『我が国の所得格差・資産格差の実証分析と社会保障の給付と負担の在り方に関する研究』平成16年度厚生労働科学研究報告書．

権丈善一（2004）『年金改革と積極的社会保障政策』，慶應義塾大学出版会．

小島晴洋（2003）「イタリアの年金改革」『欧米6カ国における年金制度改革の現状と課題』連合総研ブックレットNo.4，連合総合生活開発研究所．

駒村康平（2003）『年金はどうなる：家族と雇用が変わる時代』，岩波書店．

新川敏光・ジュリアーノボリーノ編著（2004）『年金改革の比較政治学』，ミネルヴァ書房．

清家　篤・府川哲夫（2005）『先進5カ国の年金改革と日本』，丸善プラネット．

高山憲之（2004）『信頼と安心の年金改革』，東洋経済新報社．

橘木俊詔（1998）『日本の経済格差』，岩波書店．

府川哲夫（2003）「OASDIの現状とBush Commission」『高齢者の生活保障システムに関する国際比較研究』，厚生労働科学研究費補助金・平成14年度報告書．

樋口美雄・財務総合政策研究所『日本の所得格差と社会階層』，日本評論社．

堀　勝洋（2005）『年金の誤解』，東洋経済新報社．

松本勝明（2004）『ドイツ社会保障論Ⅱ—年金保険—』，信山社．

宮島　洋・連合総合生活開発研究所（2002）『日本の所得分配と格差』，東洋経済新報社．

Aghion, Philippe and Peter Howitt（1998）, *Endogenous Growth Theory,* MIT Press.

Barro, Robert J. and Xavier Sala-i-Martin（2003）, *Economic Growth*, 2nd ed., MIT Press.

Bosworth, B.P. and G.Burtless（1998）"Population Aging and Economic Performance", in

B.P.Bosworth and G.Burtless, eds., *Aging Societies: the Global Dimension*（Washington DC, Brookings Institution）.

Burtless G.（2002）"Does Population Aging Represents at a Crisis for Rich Societies?" Working paper prepared for the American Economic Association（Washington DC, Brookings institution）.

Burtless, G.（2004）"Pension Policy in Developed Countries: Assesment of Alternative Reforms in Response to Population Aging", The Japanese Journal of Social Security Policy, Vol.3, No.2.

Campbell, J.Y. and M. Feldstein（2001）Risk Aspects of Investment-Based Social Security Reform（Paris, OECD）.

Casey, B. et al.（2003）"Policies for an Aging Society: Recent Measures and Areas for Further Reform", Economics Department Working Paper No.369（Paris, OECD）.

Feldstein, M. and J.B. Liebman（2002）The Distributional Aspects of Social Security and Social Security Reform（Chicago, University of Chicago Press）.

Foster, M. and MiraDercol, M.（2005）"Income Distribution and Poverty in OECD Countries in the Second Half of the 1990s", OECD Social, Employment and Migration Working Paper No.22（Paris, OECD）.

Gruber, J. and D.A.Wise（1999）Social Security and Retirement around the World（Chicago, University of Chicago Press）.

Gruber, J. and D.A.Wise（2004）Social Security Programs and Retirement around the World: Micro-Estimation（Chicago, University of Chicago Press）.

Jones, Charles I.（2002），*Introduction to Economic Growth,* 2nd ed., W. W. Norton & Co.（香西　泰訳『経済成長理論入門―新古典派から内生的成長理論へ』，日本経済新聞社.）

Kalisch, D.W. and T. Aman（1998）"Retirement Income Systems: The Reform Process across OECD Countries", Working Paper AWP 3.4.（Paris, OECD）.

OECD（2005），Pension at a Glance, Public Policies around OECD Countries, 2005 Edition（Paris, OECD）.

Shoven, J.B. eds.（2000）Administrative Aspects of Investment-Based Social Security Reform（Chicago, University of Chicago Press）.

The National Social Insurance Board（2003）The Swedish Pension System Annual Report 2003.

Uebelmesser, S.（2004）Unfunded Pension Systems: Ageing and Migration（Amsterdam, Elsvier）.

第2章 医療システム改革
―― 西ヨーロッパ諸国の潮流 ――

府 川 哲 夫

　1980年代には多くの西ヨーロッパ諸国で医療制度の諸改正によって，医療費増加の抑制が行われたが，1990年代に入って医療費増加の抑制のみならず，医療資源利用の効率性，患者の選択の拡大と制度の利用者に対する感度の向上，プライマリー・ケアと2次・3次医療の間のバランスの向上，などに関心が移っていった（OECD, 1992）．1990年代に入って経済のグローバル化が進み，社会保障諸制度もグローバル化及び大競争の影響を強く受けるようになった．西ヨーロッパ諸国ではユーロへの参加基準を達成するためにも社会保障のスリム化が不可欠であった．先進諸国の医療改革では，(1)国の役割と市場の役割の再定義，(2)分権の推進，(3)患者の権利の向上，(4)公衆衛生の役割の見直し，の4つが共通の特徴としてあげられている（Saltman and Figueras, 1998）．財政問題や人口高齢化という共通の背景のもとに，医療サービスに対する国民のニーズが高まる中で，多くの先進国では2000年代に入っても医療システム改革が引き続き大きな政策課題となっている．

　西ヨーロッパの医療制度における優先課題は，1980年代の費用抑制から1990年代には効率性やアウトプットの向上に変わり，2000年代に入ってからは質の向上が重要度を増している（Smith, 2004）．医療のように複雑さが増し，非常に実際的な分野では，大がかりな改革は難しく，政治的にも処理しにくいため，その場限りの手直しが行われているのが世界の現実である（ヘンケ，2005）．今日の先進諸国における医療システム改革では，1)社会保険料の事業主負担分をこれ以上増やさないこと，2)患者の役割・選択を

拡大すること，などが共通の考え方になっている．

　日本は先進諸国のなかで最も高齢化の進んだ国の1つであるが，日本の医療費（対GDP比）は高くない（ただし，65歳以上の医療費は低くない）．しかし，今後の医療費増加は大きな懸念材料であり，解決策を模索している．

　2002年の医療保険制度改革により，医療保険各制度における給付率が7割に統一される（患者負担は3割，2003年4月実施）とともに，高齢者の患者負担も定率1割負担の徹底が図られた（一定以上所得者は2割負担；2002年10月から実施）．高齢者医療の問題は医療費増加の抑制と負担の仕組みが大きな論点になっている．診断群別包括評価（DPC）に基づく診療報酬支払システムも新たな試みの1例であり，高度な医療等を提供する特定機能病院を対象に2003年に導入された．公的医療保険の給付対象は技術革新によって拡大の傾向にあるが，負担の拡大に対して国民の理解は必ずしも得られておらず，その背景には財政政策の破綻，負担と給付の関係が不明確な医療保険制度，専門職としての医師に対する不信，など構造的な要因がある（池上，2005）．

　本章は西ヨーロッパにおける医療システム改革から得られたエビデンスを概観し，日本の医療改革に対する示唆を考察する．

1　医療システムの現状

(1)　医療システムの共通点

　医療システムについては西ヨーロッパでは共通点が多い．公的制度のみで，あるいは，公的制度と私的仕組みの組合せで全国民に医療サービスへのアクセスが保障され，主な医療行為のほとんどを対象とする幅広い医療保険のパッケージがある（ただし，全ての国において長期ケアを含むわけではない）．加入に際して経済状況や健康状態を問わない．つまり，全国民の健康上のリスクをプールし，健康状態と関わりなく負担するという連帯原則に基づいている．また，利用者の自己負担への財政依存度はかなり低く，健康状態とは関わりなく支払能力に応じた自己負担となっている．医療提供者に対する規

制は多い．

　西ヨーロッパの医療システムはイギリスのNHS（国民保健制度）のような公共サービス型とドイツ・フランスのような社会保険型に大別される．社会保険型でもドイツやオランダは競争原理を取り入れた仕組みを採用している．また，ドイツでは社会連帯をベースとした公的医療保険とリスク評価をベースとした民間医療保険（主に高所得者や自営業者等を適用）が共存している．イギリスやスウェーデンでは税財源による医療サービスが全ての国民に提供され，利用時の患者自己負担は少ないのが特徴である．医療保険を採用している国では，公的制度の適用率は国によって異なる．日本では公的制度が国民の100％を適用しているが，ドイツでは91％，アメリカでは25％である（表1）．

　懸案事項としては，財源の持続性や人材不足が挙げられる．西ヨーロッパ

表1　医療制度の6か国比較

	フランス	ドイツ	日本	スウェーデン	イギリス	アメリカ
医療システム	社会保険	社会保険	社会保険	公共サービス	公共サービス	社会保険
公的制度の適用率%	99.9	90.9	100	100	100	25.3
アクセス						
GP／開業医	自由	自由	自由	自由	登録（選択制）	
病院	自由	GP紹介	自由	自由	GPが決定	
高齢者用制度	無	無	老人保健制度	無	無	メディケア
診療報酬支払制度						
GP	Ffs	上限付Ffs	Ffs 一部丸め	Ffs	人頭払い	Ffs 等
病院	公：予算制 私：日額制	DRG	Ffs 一部丸め	予算制	予算制	A：DRG B：RBRVS
薬剤						
薬価の決め方	公定	自由	公定		自由	自由
外来薬剤給付	償還制	現物給付	現物給付		現物給付	2006年から
外来薬剤自己負担	0, 40, 70%	8, 9, 10DM 参照価格制			4.75ポンド	25, 100, 5%

注： Ffs：出来高払い．
出典： Compendium of Health Statistics, 11th Edition, 1999.
　　　OECD Health Data, 2004.

では広く人材不足が懸念され，特に医師と看護師の不足が心配されている（スミス，2005）．社会保険方式の国では，保険料賦課ベースの縮小が懸念されている．保険料収入を主財源とするビスマルク型の医療制度の財政状況は，保険料のベースとなる給与と連動することが多く，経済成長の減速やそれに伴う失業率の増加により厳しくなっている（ヘンケ，2005）．この問題を乗り越えるために社会保険基金に対して税収からの補填等が行われている[1]．

(2) 医療費の動向

　西ヨーロッパでは，国によって異なるが，平均的にGDPの8～9％が医療に費やされている．表2は医療費に関連する指標の6か国比較を示したものである．医療費の対GDP比はアメリカが15％で特異的に高く，イギリスと日本が7％台で最も低い．ただし，イギリスはヨーロッパ大陸諸国の水準まで段階的に引き上げることを決めている．医療費に占めるシェアでは日独とも公的制度が全体の4分の3以上を占めているが，アメリカでは65歳以上や低所得者以外の一般国民を対象とした公的制度がないため，公的医療費のシェアが45％と低い．医療費に占める税財源の割合はドイツやフランスで低い．ドイツやフランスの公的医療保険には原則として公費は投入されておらず，保険料収入だけで運営されている[2]．これは日本の国民健康保険に給付費の50％の国庫及び都道府県負担が投入され，アメリカのメディケア・パートB（ドクターズ・フィー）の75％が連邦予算で賄われていることと対照的である．保険料収入が総医療費に占める割合は国により異なる．フランスでは保険料とCSG（総合福祉拠出金）をあわせた料率は18.8％で，その収入が総医療費の76％を上回り，ドイツでは総医療費に占める保険料収入の割合は57％，オランダの保険料率は20.75％で，保険料収入が総医療費に占める割合は79％である（ヘンケ，2005）．患者の一部負担はGDP比でみるとアメリカが高いが，医療費に占める割合でみると日本の16.5％がスウェーデンとともに高い（表2）．イギリスのNHSは医療サービスの利用時点で無料というのがその原則の1つになっているが，総医療費に占める患者負担の割合は10％程度である．外来薬剤費はGDP比でみても医療費に占める割合

表2 医療費の6か国比較　　　　　　　　　　　　　　　　　　　（単位：％）

	フランス 2002	ドイツ 2002	日本 2001	スウェーデン 2002	イギリス 2002	アメリカ 2002
医療費／GDP	9.7	10.9	7.8	9.2	7.7	14.6
公的医療費／GDP	7.4	8.6	6.4	7.9	6.4	6.6
税財源／医療費	2.4	9.9	14.4	…	83.4	31.1
患者自己負担／GDP	0.95	1.13	1.29	…	…	2.05
患者自己負担／医療費	9.8	10.4	16.5	16.9c	10.8c	14.0
外来薬剤費／GDP	2.0	1.6	1.5	1.2	1.1 a	1.9
外来薬剤費／医療費	20.8	14.5	18.8	13.1	15.8 a	12.8
65歳以上医療費／医療費	40	33	48	40	37	40
医療費に占める供給者別割合						
病院	40.5	30.1	48.5	—	56.4 b	32.0
長期療養施設	1.5	7.3	2.9	—	2.7 b	6.8
開業医	25.3	26.9	27.9	—	15.3 b	32.5

注：a：1997，b：1999，c：Robinson（2002）．
出典：OECD Health Data, 2004 等．

でみてもフランスが最も高い．65歳以上人口が使っている医療費の割合はドイツで低く，日本で高い．医療費の負担は社会保険方式か税方式かを問わず，患者の一部負担（特に高齢者の場合）の大きさが重要なポイントの1つである．

　人口高齢化は医療費や介護費の増加要因である．しかし，一方で医療費を増加させる最大の要因は医療サービスにおける技術進歩であり，高齢者の健康状態の向上により「疾病の高年齢化」が指摘されている．また，医療費の大きさはサービス提供体制や診療報酬支払制度といった医療システムのあり方と密接に関連している．ドイツでは医療技術の進歩によって医療費は毎年賃金より1％多く増加し，60歳以上の医療費の伸びは20-59歳の3倍（技術進歩の高齢者バイアス）である（クナッペ，2003）．このままの状態が続けば，ドイツにおける公的医療保険の保険料率は2001年の13.6％から2030年には25％に上昇すると推計されている（クナッペ，2003）．これは医療費の対GDP比が2001年の10.7％から2030年にはおよそ17％に上昇することを示唆している．医療費の伸びがGDPの伸びより毎年1％ポイント高いと仮定す

ると，EUの医療費（対GDP比）は1998年の8.6％から2030年には11.8％に上昇すると予測されている（Busse et al., 2005）．

(3) 医療システムのeffectiveness

人口千人当たりの医師数は国によって大きな差があり，フランスやドイツで3.3人と多い一方で，日本は2.0人，イギリスは2.1人と少ない（表3）．このように日本の医師数は少ないが，人口千対看護師数は平均的な水準である（表3）．ドイツは医師数も看護師数も多い．医師の一般医・専門医別割合も国によってまちまちである．フランスやドイツでは専門医は病院にいるだけでなく，一般医（GP）と同様に開業している人も多いが，スウェーデンやイギリスでは開業専門医はほとんどいない．専門医の合計に対するGPの割合（1992年）はドイツ，スウェーデンで20％と低く，イギリスは60％，フランスは80％と高い（Freeman, 2000）．GPのうち単独診療の割合はフランス，ドイツで高く，アメリカ，スウェーデン，イギリスではグループ診療[3]が主流である（表3）．日本の病床数（人口千人当たり）は主要国の中で際だって多く，ドイツの1.5倍，アメリカの3倍以上である．入院の平均在院日数も日本が国際的にみて極めて長い．入院件数では日本がカナダとともに最も少ないことから，日本では他の国より少ない人が入院サービスを利用しているが，入院する人はより長く入院しているといえる（府川・武村，2001）．一方，日本の外来受診率も極めて高い．患者が自由に医療機関を選択できる国は日本以外にもあるので，日本の外来受診率の高さを説明するには，アクセスの良さだけでは不十分である．

平均寿命の伸びがQOLの犠牲を伴っているかどうかを見極めるには，障害のない生存年が伸びているかどうかをみることが必要である．WHOが発表している障害調整平均寿命（Disability Adjusted Life Expectancy, DALE）でも日本はフランス，スウェーデンと共に成績が良い．それ以外の医療システムの目標においても日本の評価は概して高く，総合達成度も日本が最も良く，次いでスウェーデン，フランスの順であった（表4）．

表3　医療システム関連指標

		フランス	ドイツ	日本	スウェーデン	イギリス	アメリカ
総人口（100万人）	2002	59.5	82.5	127.4	8.9	59.2	288.4
65歳以上人口の割合（％）		16.3	17.3	18.4	17.2	15.9	12.3
GDP　1,000億ドル	2002	14	20	40	2	16	104
1人当たりGDP 1,000ドル（PPP）	2002	28	26	27	27	28	36
出生率（TFR）	2002	1.89	1.31	1.32	1.65	1.64	2.01
平均寿命（年）	2001／02	79.3	78.5	81.8	79.9	78.1	77.1
乳児死亡率（出生1,000対）	2002	4.2	4.3	3.0	2.8	5.3	6.8
ヘルスマンパワー（人口1,000対）	2002				(2000)		(2001)
医師数		3.3	3.3	2.0	3.0	2.1	2.4
うちGP		1.6	1.1	—	0.5	0.6	0.8
歯科医師数		0.7	0.8	0.7	0.9	0.4	0.5
薬剤師数		1.1	0.6	1.2	0.6	0.5	0.7
看護師数		7.2	9.9	8.2	8.8	9.2	7.9
GPのうち単独診療の割合（％）		58	67	…	2	16	…
病床数（人口1,000対）	2001／02				(2000)		
急性期病床		4.0	9.0	—	2.4	3.9	2.9
慢性期病床		1.4	8.2	—	—	3.5	6.0
（参考）病床数	2000／01	6.7	6.3	9.7	2.4	3.9	2.9
平均在院日数（日）	2000／01	13.1	11.6	39.8 (1999)	6.4	9.8 (1996)	6.7
人口1人当たり	2000／02						
年間入院日数（急性期病床）		1.1	2.6	—	—	1.2	0.7
年間外来受診回数		6.9	7.3	14.5	2.9	4.9	8.9

出典：OECD Health Data, 2004.

(4) 医療サービスの質

　情報技術を活用して医療の質を改善することが期待されている．医療の質を改善する方法としては医療サービス提供者の質を高めること，患者の力を高めること（患者のEmpowerment），質の高い医療が提供されるよう動機付けをすること，などがあげられる．医療サービス提供者の質を高める場合には2つの異なる側面がある．第1はオランダやスウェーデンなどの北欧で目

表4　先進7か国の医療システムの評価

	フランス	ドイツ	イタリア	日本	スウェーデン	イギリス	アメリカ
目標の達成							
障害調整平均寿命 DALE（年）	73.1 (2)	70.4 (6)	72.7 (4)	74.5 (1)	73.0 (3)	71.7 (5)	70.0 (7)
アクセスの平等性	(3)	(5)	(4)	(2)	(6)	(1)	(7)
即応性	6.82 (5)	7.10 (2)	6.65 (6)	7.00 (3)	6.90 (4)	6.51 (7)	8.10 (1)
負担の公平性	(5)	(1)	(6)	(2)	(4)	(2)	(7)
総合達成度	91.9 (3)	91.3 (6)	91.4 (5)	93.4 (1)	92.0 (2)	91.6 (4)	91.1 (7)
医療費のGDP比（%）1997	9.8	10.5	9.3	7.1	9.2	5.8	13.7
患者負担／医療費（%）	20.4	11.3	41.8	19.9	22.0	3.1	16.6
1人当たり医療費（ドル）	2,125	2,365	1,824	1,759	1,943	1,193	3,724
パフォーマンス							
健康水準（DALE）	(2)	(6)	(1)	(3)	(4)	(5)	(7)
総合	(1)	(6)	(2)	(3)	(5)	(4)	(7)

注：カッコ内の数字は7か国の中での順位．
出典：WHO（2000）．

立っていることであるが，医療サービス提供者を支援してより良い治療ができるようにすることで，継続的な質の改善になり，第2は不適切な医師をチェックすることである（Smith, 2004）．

2　需要サイドの改革

(1)　ゲートキーピング

ゲートキーピングは国の全ての患者に医師が割り当てられ，医師が患者のプライマリー・ケアのみならず高次ケアや薬などのアクセスに関してコントロールを持つという制度であり，イギリスやオランダの制度の主要な特徴となっている（Smith, 2004）．ゲートキーピングは医療の質の向上をめざしているが，高額な医療サービスへのアクセスをコントロールすることにより，

費用を抑制するねらいもある．西ヨーロッパにおけるGPのゲートキーパー機能は国によって差がある（Boerma and Fleming, 1998）：

・フランスのGPは最初にかかる医師として確立しているが，ゲートキーパーの役割は担っていない．病院の外来診療への紹介システムはまだ確立しておらず，患者は自由に病院の外来診療科を訪れることができる（ヘンケ，2005）．
・ドイツのGPの密度は低く，紹介システムは利用されているが，ゲートキーパーの役割は担っていない．
・オランダでは，2次医療および3次医療を受けるには，GPから紹介が必要である（ヘンケ，2005）．
・スウェーデンのGP密度は特に低い．スウェーデンのGPも最初にかかる医師としての位置付けはヨーロッパの平均である．
・イギリスのGPの密度は比較的低い．イギリスのGPは最初にかかる医師として確立しており，彼らはゲートキーパーとしての役割を強くもっている．

　社会保険型の国は伝統的にゲートキーピングが導入されておらず，患者にはフリーアクセス（どの医療機関を選んでも良いという自由）が認められていた．しかし，最近では社会保険型の国でも支払メカニズムを通じたゲートキーピングに関心を持つようになり，フランスでは2005年5月からこの仕組みが導入された．基本的にはゲートキーピングをすることによって，ゲートキーピングをしないときよりは，平均外来受診回数が下がるという傾向がある（スミス，2005）．ゲートキーピングの有効性は制度が異なると変わり，その有効性を高めるためには他の様々な政策と並行して実施する必要がある（スミス，2005）．ゲートキーパーの第1の役割は患者の代理の立場であり，第2の役割は支払者にとっても代理人であるということで，医師であると同時に患者と保険者の間に立つ役割を担うことになる（Smith, 2004）．

(2) 患者負担

　西ヨーロッパ諸国において患者の一部負担が医療財源に占める割合は10％以下のことが多く，しかも減免措置や上限設定等によって患者負担が

第Ⅰ部　社会保障改革の視点：先進諸国の動向と日本への示唆

表5　西ヨーロッパ諸国の患者負担

	フランス	ドイツ	イタリア	オランダ	スウェーデン	イギリス
GP	30%	四半期ごとに10ユーロ	なし	なし	60－140クローネ	なし
専門医	30%（公的病院では20%）	四半期ごとに10ユーロ	36.2ユーロまで自己負担	なし	120－260クローネ	なし
入院	31日まで20%＋ホテル代の一部（注1）	年に28日まで1日10ユーロ	なし	1日3.6ユーロ	1日80クローネ	なし
薬剤	0, 35, 65%	10%（注2）	1.5ユーロ, 1.5ユーロ＋50%, 全額の3種類	一部の薬剤で患者負担	（注4）	6ポンド(2000)
歯科	30% 義歯や矯正は80%まで	0% 補綴は35～50%	全額	（注3）	50% 20歳未満の予防は無料	80%（上限325ポンド）
医療費に占める患者負担の割合（%）	10(1999)	11.9(1997)	23.5(1999)	5.9(1998)	16.9(1993)	10.8(1998)
患者負担の割合(%)1995						
入院	8.0	2.0		2.0	1.0	
外来(医科)	43.0	10.0		25.6	12.0	
外来薬剤	46.0	52.0		28.6	10.0	

注：（1）検査費用の40％も患者負担．
　　（2）下限5ユーロ，上限10ユーロ．参考価格以上の薬剤費の全額．
　　（3）17歳未満，予防，専門医の治療は無料．その他は全額患者負担．
　　（4）900クローネまで全額，1,700クローネまで50％，3,300クローネまで25％，4,300クローネまで10％．12か月間の患者負担の上限は1,800クローネ．
出典：Robinson（2002），医療経済研究機構（2005），ドイツ医療関連データ集 2004年版．

過大にならないような仕組みとなっている（Busse et al., 2005）．患者負担が高すぎると社会的公正を損なうことになる．表5は西ヨーロッパ諸国の患者負担の状況を示したものである．フランスは入院の最初の31日間について，200ユーロを上限とした診療費の20％と1日当たり10.67ユーロの自己負担が課される．ドイツの入院では，年間28日を上限として1日当たり10ユーロの患者負担がある．ドイツは2004年1月から外来診察料に関して，3か月毎に10ユーロの患者負担を導入した．その目的は患者の多受診・頻回

受診を防止することであり，需要に対する効果はある程度見られるが，患者負担の導入が外来医療の利用パターンを歪める可能性の他に，貧困層や慢性病の患者には不利になるという懸念が表明されている（スミス，2005）．ヨーロッパの中ではオランダやイギリスで患者負担が低く，イタリアの患者負担が高い．患者負担が高いところでは，患者負担を補填するための民間保険がよく普及しており，それによって患者負担による患者行動への動機付けの効果が薄くなっている（スミス，2005）．

　医薬品の患者負担の一形態として参照価格制度がある．これは，医薬品のグループごとに一定の価格（参照価格）が決められ，患者が選んだ薬剤の価格と参照価格の差額は患者負担になるという制度である．参照価格制は1989年にドイツで導入され，その後オランダ（1999年），デンマークとスウェーデン（1993年），スペイン（2000年），ベルギーとイタリア（2001年）と西ヨーロッパに広まったが，一方，1993年に導入したノルウェーは期待された効果がなかったため2001年に廃止した（Kanavos & Reinhardt, 2003）．

(3) 患者の empowerment

　良質で効率的な医療を提供するシステムを構築する上で，患者の参加は欠かせない．患者参加の土台として患者の権利に関する規定が重要である．スウェーデンでは患者の権利は特に重視され，医療従事者は患者と協力して医療を提供しなくてはならないと義務づけられている．イギリスでは1991年に政府により「患者憲章」が打ち出された．そのなかでは「家庭医の診療対象として登録される権利」など10の権利と10の国家基準が述べられている（川渕，1998）．オランダとフィンランドでは医療を受ける権利，身体的安全が確保される権利，選択の自由を有する権利，情報を得る権利，プライバシーが守られる権利，苦情を申し立てる権利，の全てについて明確な法的根拠がある（川渕，1998）．

　デンマークやイギリスでは患者に力を与えることによって医療サービス提供者側のパフォーマンスも上がると期待する一方，社会保険型の国々では支払側あるいは保険者に力を与えることによってパフォーマンスを改善するこ

とができるとしており，考え方に違いがある（Smith, 2004）．イギリスは2000年7月にNHSが予算不足であることを初めて認め，今後NHSの予算を増加させる一方で，医療サービスの質と効率性を高め，患者を中心に据えた医療制度の構築を宣言した（府川・泉田，2001）．デンマークやイギリスでは患者の選択肢を拡大する政策がとられ，医療提供者側に対して待ち期間を短縮するように圧力がかかっている一方で，社会保険型の国では患者の選択肢を制限する政策がとられ，質的にもコスト的にも望ましい医療機関に患者が集まるように誘導しようとしている（スミス，2005）．

患者のエンパワーメントのためには質の高い情報が必要であるが，これまでのところ十分な情報は提供されていない．慢性疾患の患者は優れた医療機関を選択する力を持っているかもしれないということで，オランダでは小規模な試みではあるが，現金を慢性患者に与えるという実験が行われている（スミス，2005）．

3 供給サイドの改革

(1) 診療報酬支払制度

診療報酬支払制度に内在しているインセンティブの問題は極めて重要である．診療報酬支払制度がどのように設計されているかにより，医療機関にとっても保険者にとってもインセンティブが大きく変わってくる．病院診療の支払いに関しては，税方式の国では総額予算制，社会保険方式の国では1日当たり定額方式が多かったが，いずれも何らかの1入院当たり支払制度を用いるようになっている（Busse et al., 2005）．ドイツではDRGによるシステムが2004年に導入されたが，フランスとオランダでは計画段階である．オランダは入院治療および外来治療の両方を盛り込んだ最も包括的なDRGシステムを計画している（ヘンケ，2005）．このような包括的な支払制度が導入されると，入院治療から外来治療への移行がより簡単になり，ある程度のコスト削減になることは確かであり，総合的な治療とりわけ疾病管理プログラムがますます重要になる（ヘンケ，2005）．なお，病院に対して出来高払

い制をとっているのは表1の中では日本のみである．DRGは支払い時期が出来高払いの事後とHMOの事前の中間に位置し，リスクは保険者および患者側と医療提供者側の双方が負担する方式である（郡司, 1998）．治療コストのリスクを支払側と提供者との間でどのように分担するかという問題に対しては各国で様々な工夫をこらしている．

　外来の診療報酬においては，出来高払い方式がサービスの過剰供給をもたらすという考えは広く受け入れられているが，社会保険方式の多くの国では主に出来高払い方式が使われている．しかしながら，税方式の国では給与制，社会保険方式の国では出来高払い制，という図式から，お互いの方式の良い点を取り入れる組合せ方式へと向かっている（Busse et al., 2005）．フランスでは出来高払い方式と一部の医師については人頭割による支払いが行われている．ドイツでは州単位で疾病金庫連合会と保険医協会との間では1年間の診療報酬総額を定める総額請負方式が，保険医協会と各保険医の間では出来高払い方式が採用されている．オランダの場合，GPの支払い方式は人頭割，専門医は出来高払い方式である（ヘンケ, 2005）．

　民間部門の平均給与に比べて医師の平均所得が何倍かをみると，アメリカ7.3倍，ドイツ4.6倍，カナダ4.1倍，オーストリア4.1倍，イギリス（コンサルタント）3.4倍，フランス2.7倍，イギリス（GP）2.7倍であった（Orton and Fry, 1995）．イギリスの医師の所得は他国の医師と比べて低い．また，イギリスでは医師の平均所得は他の専門職種のそれより低く，医師の平均を100とすると，会計士は140，年金数理士175，弁護士142であった（Orton and Fry, 1995）．医師の時間当たり報酬の3か国比較でも，アメリカの医師はイギリスや日本（勤務医）の医師よりも高いことが示された（Fukawa & Izumida, 2004）．

(2) **医療技術評価**

　西ヨーロッパの多くの国では，医療サービスにおいて必須の基本パッケージを定義付けようとしている．その際の採用基準は医療技術の費用対効果で，その測定手法に関する研究も進んでいる（スミス, 2005）．多くの国では医

療技術評価機関を設置しつつあり，重要な事例としてイングランド，フィンランド，ドイツ，スウェーデンの例がある（Smith, 2004）．イギリスでは医療サービスの臨床的有効性及びサービスの質を高めるために National Institute of Clinical Excellence（NICE）と Commission for Health Improvement の2機関が設立された．前者は臨床ガイドライン及びサービスの費用効果に関するガイドラインを作成することを目的とし[4]，後者は医療サービスの質の向上を促進することを目的としている．NICEを参考にしてドイツでも医療技術評価機関が設置されたが，医療技術の有効性の評価がその任務とされ，医療技術の費用対効果の評価は任務とされなかった（Busse et al., 2005）．各国の取り組みともまだ始まって間もないが，医療技術の費用対効果の評価は今後重要性を増していくと考えられる（スミス，2005）．

(3) 供給者間の競争

1990年代以降，各国で医療サービスの供給をより競争的にするように多くの努力が払われてきた（スミス，2005）．市場の存在は特に急性期には重要であるが，ほとんどの医療制度のもとでは，まだ慢性期に関しては市場原理を導入していないか，導入したとしてもかなり慎重に規制をかけて導入している（スミス，2005）．

医療システムのなかに競争原理を持ち込んで効果がある分野とない分野がある．非緊急性の医療技術に関しては競争の導入が可能であるが，慢性期あるいは慢性疾患，特に精神疾患については，競争原理の導入は難しく，救急部門も競争原理に馴染まない（スミス，2005）．

医療提供機関のオーナーシップに関してスウェーデン，スペイン，イギリスなどでは，医療機関を公的な部門から非営利部門あるいは民間に移すことも検討はされているが，それによって効率性向上に大きな影響があるかどうかはまだ分かっていない（スミス，2005）．

4 保険者等の改革

(1) 支払者の市場

　医療における支払者は伝統的には受身の傾向であったが，最近では能動的になる傾向がある．特に社会保険方式のオランダ，ドイツ，ベルギー，スイスでは疾病金庫間で競争させようとしている（スミス，2005）．フランスと日本はこれまでのところ，競争の要素となり得るような措置は一切とっていないが，オランダとドイツは競争強化の方向に動いている（ヘンケ，2005）．支払側がいかに医療機関に対して医療サービスの改善を促し，患者に対して効率的で良質な医療機関を選択するよう仕向けていくかが重要な問題である（スミス，2005）．

(2) リスク調整と保険者間の競争

　どのような制度のもとでも，地域間あるいは疾病金庫間に所得格差・健康状態格差がある場合，保険者間の財務リスクを拡散させ，公正な競争をさせるために，リスク構造調整制度が導入されている（ヘンケ，2005）．リスク調整は西ヨーロッパの多くの国々では行われているが，特にオランダやドイツでよく機能している（ヘンケ，2005）．ドイツでは1996年から加入者は疾病金庫を選択できるようになり，疾病金庫は主に保険料率をベースとした競争を行っている．疾病金庫間の競争を公平にするため，暦年ごとに所得・年齢・性・被扶養者数という基準に基づいたリスク調整が行われているが，2007年までにこれらのファクターに疾病率を加えた新たなリスク構造調整制度が導入される予定である．オランダでは，長期医療と高額医療を対象とした特別医療費保険（AWBZ）と呼ばれる制度と通常の短期医療保険（ZFW）があり，AWBZ制度を扱う疾病金庫は1つだけなので，この部門に関しては選択の余地はないが，通常の医療のためのZFW制度には25の疾病金庫があり，この中から選択することができる（ヘンケ，2005）．ZFWの疾病金庫間の調整は将来的算定制度と遡及的算定要素という2つの要素に基づ

いて行われている（ヘンケ，2005）．フランスでは2種類のリスク構造調整を行っている（Henke and Schreyögg, 2005）．ドイツとオランダでは疾病金庫の管理費削減のために競争が導入されているが，そのコストは医療保険者間の競争が行われていないフランスや日本よりも高くなっている（ヘンケ，2005）．イギリスでは死亡率・有病率・失業率等を用いた複雑な調整算定式によって支払者間で異なる発症率を調整している（スミス，2005）．

多くの西ヨーロッパの国では，医療制度を管理する単位はやはり地理的な地方単位にすべきであるというコンセンサスができつつある（スミス，2005）．イギリスには医療地区（Health District）が15万ほどあるが，これでは単位としては小さいので，およそ100万人から200万人位をカバーできる単位に再編統合することを検討している（スミス，2005）．

(3) コミュニティ・ケア

西ヨーロッパにおけるさらなるコスト削減の余地はコミュニティ・ケアにある（スミス，2005）．目標あるいは目的によって統合的なケアという表現が使われているところもあるが，その趣旨は不要な入院を回避し，入院した場合には在院日数を最小限にするよう努力するということである．超長期の入院については，以下のようないろいろな試みが始まっている（スミス，2005）：

・ベルギーでは90日の入院を超えた部分には一定料金がかかるという制度が始まっている．ただし，90日の入院の後，転院してしまう場合にはこの制度はあまり意味がなくなる．
・オランダでは，あまり病院に行かない人あるいは一定期間入院しなかった人に対して保険料を割り引くことが検討されている．
・イギリスでは退院の用意ができている人に対しては地方自治体でのケアに移行させるようなインセンティブを考えている．逆に，地方自治体の方で受け入れができていない場合には制裁的な料金がかかるということも検討されている．

(4) 民間保険

　民間保険は代替的（substitutive；公的制度に入らない人を適用），追加的（supplementary；公的制度に付加的に給付，例：早いサービス，アメニティ），補完的（complementary；公的制度の給付対象外を給付，例：患者負担をカバー）の3種類に区分される．フランスは皆保険であるが，国民のほぼ90％が民間の医療保険に追加的に加入している（ヘンケ，2005）．ドイツでは皆保険ではなく公的医療保険への加入割合は91％である（表1）．オランダではAWBZには全国民が，ZFWには国民の63％が加入し，ZFWの代わりに民間の包括的医療保険に加入している人は国民の30％である（ヘンケ，2005）．民間医療保険への依存度が高まり，それが公的医療保険制度に統合されつつある．こうした民間医療保険は社会保険に含まれていない特定のサービスをカバーするための補完的なものとして，あるいは社会保険の代わりとなる代替的なものとして利用されている．これにより社会保険の方は，国民が金銭的リスクにさらされないように，リスクプールを提供するという主要な仕事に専念することができるようになる（ヘンケ，2005）．西ヨーロッパ全体では民間保険のシェアは拡大していないが，患者負担の引き上げによる民間保険の拡大が近年一部の国で見られる（Mossialos & Thomson, 2002）．

5　考　　察

　日本は先進諸国のなかで最も高齢化の進んだ国の1つであるが，日本の医療費（対GDP比）はイギリスと同様に低い．それにもかかわらず，乳児死亡率はスウェーデンと並んで世界で最も低く，平均寿命は主要国の中で男女とも最も長い．従って，日本の医療システムのマクロ効率性はきわめて良いようにみえるが，医療システムを評価するのに乳児死亡率や平均寿命は良い指標とは考えられていない．65歳の平均余命でも日本は最も長いが，80歳の平均余命では日本の男性は先頭集団の中の1国に過ぎない．日本の入院医療の特徴として，欧米諸国と比べて平均在院日数が非常に長いことが指摘さ

れている（OECD, 1987）が，日本では医療機関の機能分化が進んでいないこともその一因と考えられる．

　日本の医療システムは公平性（equity）の面では優れていると考えられている．確かにアクセスの公平性に関しては優れている．しかし，負担の公平性に関しては，被用者と自営業者の間の負担の格差や高齢者自身の負担の問題が指摘されている．効果（effectiveness）の面では日本のシステムは評価が分かれる．日本の医療の質は一般的には高いと考えられるが，大きなバラツキが存在することが問題である．医療サービスの適切さについては，特に老人の長期入院の問題や医療費の地域差の問題が挙げられる．医療サービスのintegrationの面では，1次医療と2次医療の連携の悪さ，重複受診が多い等の理由で日本のシステムの評価は低い．効率（efficiency）の面ではマクロの効率性は優れているようにみえる（医療費の対GDP比は小さい）が，ミクロの効率性は在院日数の長さやインフォームド・コンセントの不徹底などの点で日本のシステムの評価は高くない．

　日本の医療保険制度の問題点としては，過剰な病床（長期入院の原因），大きな医療費の地域差（年齢や疾病構造の違いで説明しきれない），医療の質の保証の欠如（患者の立場が弱いことの帰結），病院・医師の機能未分化，診療報酬支払制度に内在するインセンティブの問題，患者の側のモラル・ハザード，医療機関の側の非価格競争による悪循環，等々があげられる．特に，現行の診療報酬体系には，コストが診療報酬に反映されていない，技術の評価方法が不十分である，出来高払いのウェイトが大きすぎる，体系が複雑である，等の問題がある（遠藤，2005）．また，病院経営が非価格競争による悪循環に陥っていることと関連して，病院の公共性に関する整理が不十分なため，病院のパフォーマンスに関する情報開示が著しく遅れている．高齢者医療の問題は医療費増加の抑制と負担の仕組みが大きな論点になっている．日本の医療システムがかかえている問題点のうち，1) 医療費増加のコントロール，2) 正しいインセンティブの付与，3) 医療サービスの質の向上，4) 患者の参加，5) 高齢者医療，6) 保険者の役割強化，に関して西ヨーロッパの医療システム改革から得られる日本への示唆を以下に整理する．

（医療費増加のコントロール）

　給与に賦課する保険料だけで医療保険の財政を賄うのは最良の方法ではないかもしれない．GDPに占める給与のシェアが低下しているドイツではなおさらそうである．若く給与の高い加入者が疾病金庫を変える率がより高いということは，保険者選択制を維持するコストも無視できない．ドイツでは個人による保険者選択に象徴されるような「雇用を中心とした医療保険」からの乖離が今後とも続くと考えられる一方で，（政府でもなく，民間でもない）疾病金庫が多くの規制を受けながら加入者をもれなく適用するシステムが維持され，その財源は縮小しつつある給与を対象とした保険料のみである[5]．疾病金庫への規制，疾病金庫間のリスク構造調整，加入者の疾病金庫選択制，という特徴を持ったドイツの仕組みが運営コストの面で持続可能かどうかは，今後明らかにされるべき課題である（Amelung, Glied and Topan, 2003）．

　イギリスで医療費増加抑制が他の先進国よりうまくいっている理由は，医療サービスの大部分の支払いがNHSによっているため，政府が支出をコントロールしやすいからである．イギリスではNHSシステムの下に需要サイドと供給サイドの両方を政府がコントロールすることができる体制となっている．準市場のインパクトは比較的少なかった．全体の効率は若干改善し，処方におけるある程度の節約は予算管理GPによってもたらされた．患者に与えられた選択は増加しなかったが，彼らが提供された情報にある程度の改善があった．しかし，これ以外の変化は極めて少なく，効率化へのインセンティブはほとんどのケースでかなり弱かった（Le Grand, 2000）．改革は管理者と医療従事者，医療サービスの購入者と供給者の間の力関係を変えるために使われたが，ユーザーの力は根本的には強くなっていない（Robinson, 2000）．

（正しいインセンティブの付与）

　医療費増加のコントロールの次の課題は効率的なサービス提供とサービスの質の向上である．「より多く医療サービスを提供し，病床を満たす」ことの経済的インセンティブをなくし，適切なサービスを適切な量だけ提供することにインセンティブを付与することが今後の方向と考えられる（Sultz and

Young, 1997）.

　診療報酬支払制度に内在しているインセンティブの問題は極めて重要であり，現在日本で行われているレセプトの事後審査による抑制効果の評価も望まれる．診療報酬点数表の下での出来高払い制度の中には不適切なインセンティブも含まれている．点数改正にともなう社会的コストも大きい．医療機関の機能分化，入院医療の適正化，医療従事者の質の向上等の医療提供体制の見直しと連携した診療報酬上の対応が必要となっている．診療報酬支払制度がどのように設計されているかにより，医療機関にとっても保険者にとってもインセンティブが変わってくる．ほぼ全ての西ヨーロッパ諸国において，病院の診療報酬支払に関して何らかの1入院当たり支払制度を用いている（Busse et al., 2005）.

（医療サービスの質の向上）

　西ヨーロッパの多くの国では医療技術評価機関を設置しつつあり，重要な事例としてイギリス，フィンランド，ドイツ，スウェーデンの例が挙げられた．日本でも医療技術評価の適用を拡大することに関しては大きな余地があり，医療サービスの質を向上させる手段として医療提供者の質やコストに関する情報を強化する余地も大きい．

（患者の参加）

　公共サービス型の国では国（保険者）の役割が大きく，患者の選択肢は少ないのが一般的で，一方，社会保険型の国では保険者は受け身であることが多く，患者には広い選択肢が与えられている．医療サービス提供のパフォーマンス改善のために，公共サービス型の国では患者にもっと力を与えることを志向し，患者の選択肢を拡大する政策がとられ，社会保険型の国では支払側あるいは保険者に力を与えることを志向し，患者の選択肢を制限する政策がとられている．社会保険制度の弱点は財政基盤が狭い，医療の質や費用に対して保険者の関与が難しい，支出増加に対するコントロールが欠如している，医療提供者の保険者や患者に対する説明責任が欠如している，などである（Smith, 2004）．公共サービス型と社会保険型の双方がその弱点を補うためにお互いに相手方の仕組みの一部を取り入れる傾向がみられる．

患者の立場の問題は日本の医療システムでこれまで常に軽視されてきた問題であるが，最近では医療保険改革の1つの視点として注目されている．日本の医療システムの中で医療の質の保証がおろそかにされてきたことは，患者の立場が弱いことの当然の帰結と考えられる．日本では患者が自由に医療機関を選択できる（フリーアクセス）という長所がある一方で，患者の医療機関情報やコスト意識が不足し，大病院への患者の集中や，はしご受診という弊害が生じている．これらを是正する方法について更に具体的な検討（例えば医療機関情報の開示の拡充・促進，ゲートキーピング・システムの導入，など）が必要である．

（高齢者医療）

高齢者のみを別立てにしている医療保険制度は表1ではアメリカのMedicareと日本の老人保健制度である．どのような形でリスク構造を調整するにせよ，老人保健制度を財政的な観点のみならず多角的に評価することは必要であろう．ドイツと日本では高齢者に対する介護サービスを介護保険から支給しているが，オランダはより包括的なアプローチをとっている．高額医療・介護を含む包括的な長期医療保険であるAWBZのおかげで，入院治療から介護への移行がスムーズに行われ，その結果，入院期間が短縮されている（ヘンケ，2005）．オランダのアプローチは高額医療・介護と通常の医療とを分離するものであり，今後の社会保険の仕組みの一例として役に立つであろう（ヘンケ，2005）．

（保険者の役割強化）

皆保険制度＆ユニバーサル・アクセスが日本の制度の大きな特徴であるが，この制度を維持していくための必要条件として保険者改革があげられる．保険者がより積極的に医療サービスの提供に関与するためには，医療機関ごとの質・効率について保険者がモニターできることが必要である（スミス，2005）．そのためには日本の市町村は保険者としては必ずしも十分な規模ではない．イギリスの例では大体100万人から200万人位の人口をカバーできる単位を考えている．また，保険者が患者に対して望ましい医療提供者を利用するよう動機付けることも必要である．

医療制度改革についてはいろいろな興味深いアイデアが西ヨーロッパで試されているが，それらが十分評価されているとは必ずしも言えない（Smith, 2004）．そして，それらが成功するかどうかは，それぞれの国の状況によって異なってくる．従って，どのような改革であっても十分慎重に評価して，日本の文脈で考慮された上で実施されなければならない（Smith, 2004）．なお，自国に最適なシステムを選ぶことができる日本とは異なり，西ヨーロッパはEUの福祉国家政策の影響を受けて，将来においては個々の国が自国の制度を完全に管理することはできなくなるであろう（ヘンケ，2005）．

注

1 ドイツでは2006年からは被保険者に特別保険料が課せられ（年50億ユーロで，およそ傷病手当の給付額に相当する；事業主は支払わない），これによって労使折半という伝統が被保険者54％・事業主46％に変更される（Riesberg and Busse, 2003）．

2 先進諸国における公的医療保険の保険料率はフランスやドイツで13％台，スウェーデンで約8％である．ただし，フランスの保険料率のうち被保険者負担分は1997・98年の2年間で6.8％から0.75％に引き下げられ，全所得を課税対象とする総合福祉拠出金（CSG）の5.1％ポイント分によって代替された．イギリスでは医療費の84％が税で賄われている．アメリカは一般被用者を対象にした公的医療保険は存在せず，メディケア・パートA（入院保険）の保険料率が2.9％（これは日本の老人保健拠出金に相当）である．

3 グループ診療とは複数の医師が施設，設備，医療機器並びに医療協力者などを共有して，診療を行う形態をいう．アメリカ医師会では「グループ診療とは正式に組織された3人以上の医師が医療機器及び職員を共有してヘルス・ケア・コンサルテーション，診断及び治療を行い，診療に伴う収入はグループのメンバーにより，あらかじめ定められた方法で配分するという医療組織の仕組みである」と定義し，アメリカ，カナダ，ヨーロッパの一部の国ではグループ診療が主流となっている．

4 NICEについては，科学的に一定の結論を出すのは必ずしも容易ではなく，NICEをcost downのための手段と見る向きも多い．

参 考 文 献

池上直己（2005）「医療保険の給付範囲をめぐる論点」『医療保険・診療報酬制度』，勁草書房．
遠藤久夫（2005）「診療報酬制度の理論と実際」『医療保険・診療報酬制度』，勁草書房．
大森正博（2001）「オランダの医療制度改革と保険者機能」『海外社会保障研究』第136号．
クナッペ・エックハルト（2003）「公的疾病保険と介護保険に対する人口高齢化の影響」『日独シンポジウム社会保険システム改革』，Jdzb documentation．
川渕孝一（1998）「患者への医療情報提供に関する諸外国の取り組み状況に関する研究報告書」．
郡司篤晃（1998）『医療システム研究ノート』，丸善プラネット．
────（2001）「医療費の地域差の要因と改革への提言」『医療費の地域差』，東洋経済新報社．
スミス・ピーター（2005）「ヨーロッパの医療システム改革と日本への示唆」『季刊社会保障研究』Vol.40, No.4, pp. 324-336．
二木 立（1996）「技術進歩と医療費抑制政策との関係の実証的検討」『医療保障と医療費』，東京大学出版会，pp. 217-234．
府川哲夫（2004）「ドイツの医療費動向と展望」『けんぽれん海外情報』No.62．
────（2005）「少子高齢化と医療費をめぐる論点と実証研究」『医療経済学の基礎理論と論点』，勁草書房．
────・武村真治（2001）「Health に関する国際比較－プライマリー・ケアを中心に－」『厚生の指標』48（2），pp. 3-11．
────・泉田信行（2001）「イギリスの医療制度から学ぶ保険者機能」『海外社会保障研究』第136号．
ヘンケ・クラウスD., シュレイエッグ・ヨナス（2005）「フランス・ドイツ・日本及びオランダにおける医療保険制度に関する戦略（比較研究）」『けんぽれん海外情報』No.65．
Altenstetter C. and R. Busse（2005）Health care reform in Germany: patchwork change within established governance structures. Journal of Health Politics, Policy and Law, 30（1）．
Amelung Volker, Glied S. and Topan A.（2003）Health Care and the Labor Market : Learning from the German Experience. J. Health Politics, Policy and Law, 28 (4), 693-714．
Baggott R.（1998）Health and Health Care in Britain.
Boerma W. and Fleming D.（1998）The Role of General Practice in Primary Health Care. World Health Organization Regional Office for Europe.

Busse R., Krauth C. and Schwartz F.W. (2002) Use of acute hospital beds does not increase as the population ages: results from a seven year cohort study in Germany. Journal of Epidemiology and Community Health, 2002, 289-293.

Busse R. (2004) Disease management programs in Germany's statutory health insurance system. Health Affairs, 23 (3), 56-67.

Busse R., J. Schreyögg and Gericke C. (2005) Health Financing Challenges in High Income Countries. World Bank Discussion Paper.

European Observatory on Health Care Systems (1999) Health Care Systems in Transition, United Kingdom.

―――――――――――――――――――――――― (2000) Health Care System in Transition, Germany.

Freeman R. (2000) The politics of health in Europe.

Fukawa T. and Izumida N. (2004) Japanese Healthcare Expenditures in a Comparative Context. The Japanese Journal of Social Security Policy, Vol.3, No.2 (Dec. 2004), 51-61.

Helderman J., F. Schut, T. Van der Grinten and W.P.M.M. Van de Ven (2005) Market-oriented health care reforms and policy learning in the Netherlands. Journal of Health Politics, Policy and Law, 30 (1).

Henke K.D. and J. Schreyögg (2005) Towards sustainable health care systems: Strategies in health insurance schemes in France, Germany, Japan and the Netherlands. Second edition. International Social Security Association.

Hettie A. Pott-Buter (2000) Dilemmas in Health Care : An Overview of the Health Care System in the Netherlands. 『海外社会保障研究』第131号.

Ikegami N. and J. Campbell (2004) Japan's health care system: containing costs and attempting reform, Health Affairs. 23 (3), 26-36.

Kanavos P. & Reinhardt U. (2003) Reference Pricing For Drugs: Is it Compatible with U.S. Health Care? Health Affairs, 22 (3), 16-30.

Le Grand J. (2000) The State, the Market and Welfare.

Mossialos E., A. Dixon, J. Figueras and J. Kutzin, eds. (2002) Funding health care: options for Europe. Open University Press: Buckingham.

Mossialos E. and Thomson S. (2002) Voluntary health insurance in the European Union. In Mossialos, Dixon, Figueras and Kutzin (eds.) Funding health care: options for Europe, Open University Press.

OECD (1987) Financing and Delivering Health Care.

――― (1992) The Reform of Health Care : A Comparative Analysis of Seven OECD Countries.

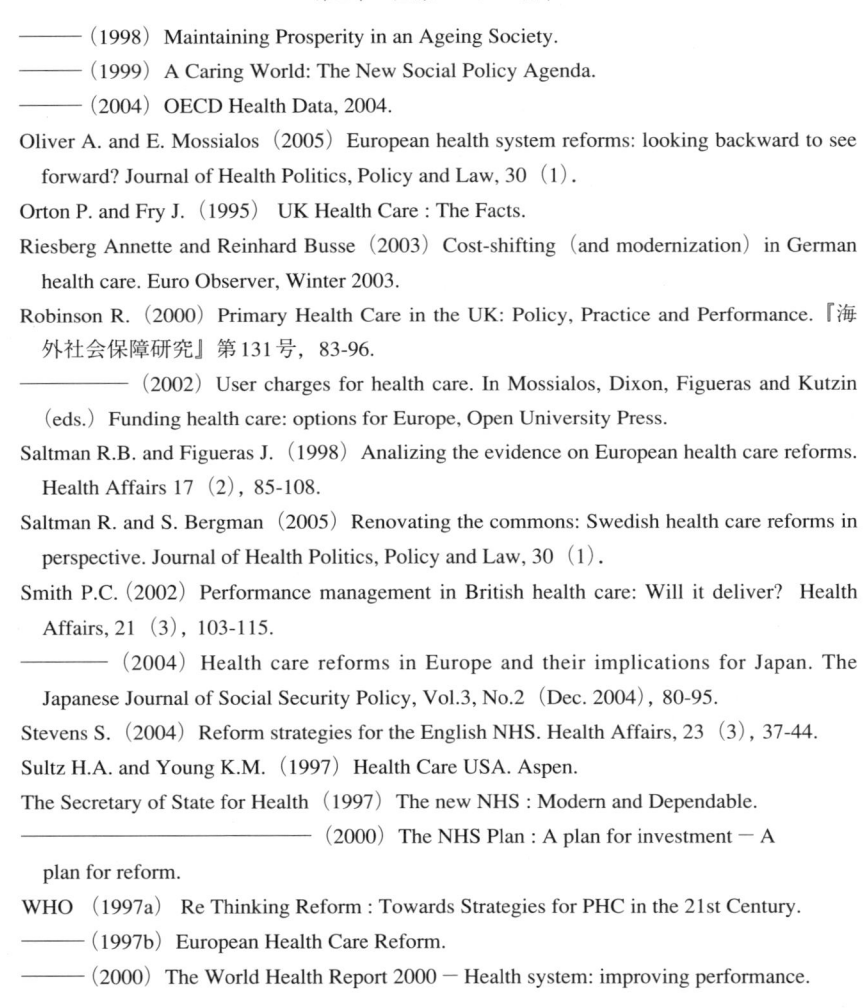

―――― (1998) Maintaining Prosperity in an Ageing Society.
―――― (1999) A Caring World: The New Social Policy Agenda.
―――― (2004) OECD Health Data, 2004.
Oliver A. and E. Mossialos (2005) European health system reforms: looking backward to see forward? Journal of Health Politics, Policy and Law, 30 (1).
Orton P. and Fry J. (1995) UK Health Care : The Facts.
Riesberg Annette and Reinhard Busse (2003) Cost-shifting (and modernization) in German health care. Euro Observer, Winter 2003.
Robinson R. (2000) Primary Health Care in the UK: Policy, Practice and Performance. 『海外社会保障研究』第131号, 83-96.
―――――― (2002) User charges for health care. In Mossialos, Dixon, Figueras and Kutzin (eds.) Funding health care: options for Europe, Open University Press.
Saltman R.B. and Figueras J. (1998) Analizing the evidence on European health care reforms. Health Affairs 17 (2), 85-108.
Saltman R. and S. Bergman (2005) Renovating the commons: Swedish health care reforms in perspective. Journal of Health Politics, Policy and Law, 30 (1).
Smith P.C. (2002) Performance management in British health care: Will it deliver? Health Affairs, 21 (3), 103-115.
―――――― (2004) Health care reforms in Europe and their implications for Japan. The Japanese Journal of Social Security Policy, Vol.3, No.2 (Dec. 2004), 80-95.
Stevens S. (2004) Reform strategies for the English NHS. Health Affairs, 23 (3), 37-44.
Sultz H.A. and Young K.M. (1997) Health Care USA. Aspen.
The Secretary of State for Health (1997) The new NHS : Modern and Dependable.
―――――――――――――――― (2000) The NHS Plan : A plan for investment ― A plan for reform.
WHO (1997a) Re Thinking Reform : Towards Strategies for PHC in the 21st Century.
―――― (1997b) European Health Care Reform.
―――― (2000) The World Health Report 2000 ― Health system: improving performance.

第3章　社会保障の給付と財源
―― 高福祉国家スウェーデンの経験と将来の方向 ――

Joakim Palme
訳：伊澤知法・稲田七海

1　はじめに：社会保障のスウェーデンモデルとは

　スウェーデン社会保障制度の将来を分析・議論するには，給付パッケージ・財源調達方法の両者について，その歴史を考慮することが必要である．これは，制度の将来が過去に縛られるという意味ではなく，新しい方向に踏み出す際には既存の制度の構造を前提とせざるを得ないという意味である．また，財源問題が給付に与える影響についても考察する．いかに負担が引き上げられてきたか（Korpi and Palme 1998）のみでなく，調達される財源の多様性（Sjöberg 2000）も考慮する．

　このような観点から，本稿はスウェーデンモデルを歴史的観点からレビューすることからスタートし，次に給付制度のトレンドを追い，各給付の特質をその種類に応じて分析し概観する．さらに，社会保障制度の費用について論じ，これを賄う財源構造の発展について概観する．最後に，これまでのコースとは異なる方向に将来スウェーデン社会保障は進む可能性があるのか論じる．

　スウェーデンの社会保障とはいかなるもので，どう発展し，他国において異なる社会政策から発展したモデルとはどう異なるのか．歴史的には，スウェーデンと他の北欧諸国は，社会政策の確立過程が他の国々とは異なった経路を辿り，特徴的な保障範囲と給付水準の組み合わせを持つに至っている（Esping-Andersen and Korpi 1987; Kangas and Palme 1993）．近代の社会保障法制の発展形態には二つの類型がある．一つは救貧法モデルであり，もう一つ

は多様な形態の任意団体（例：共済組合）を前提とするモデルである．

　この二つの形態を起源として，各国は異なった社会保険方式の発展過程を辿ってきた．国家コーポラティスト方式（訳注：職域で組成された共済制度の展開を前提に国の社会保障制度を組み立てる方式）はまずドイツで採られ，ヨーロッパの多くの国々で普及した．20世紀を通じて社会保険方式の代表的制度である．スカンディナビア諸国では別の発展経路をたどった．当初の年金制度は，ミーンズテスト付の救貧法モデルであったが，その後，ほとんどの高齢者に保障範囲が拡大された．そして，ミーンズテストの廃止により，基礎保障モデル（*basic security* model）が確立された[1]．所得比例給付の導入[2]により，基礎保障システムは包括化をみた．ただし，スカンディナビアンモデルにおいても，任意団体（協同組合等）に対する国庫補助が導入されてきたことも忘れてはならない．当初，疾病保険（訳注：日本の健康保険とは対象とする給付の範囲が異なる．傷病手当金等の現金給付を提供するためのものであり，医療サービス（現物給付）は含まれない）と失業保険は国庫補助付の任意制度として始まったが，疾病保険の方は1955年にユニバーサル化[3]され，所得比例制度へと拡充された．すなわちスウェーデンは普遍的制度を指向したのである（Korpi and Palme 1998）．ただし，失業保険は，依然として国庫補助付の任意制度となっている．

　スウェーデンの社会保障は，様々な種類の形態を持っている．図1は，保障範囲と給付の分配を，a) 年金，b) 疾病給付（傷病手当等），c) 児童手当，d) 失業手当，e) 住宅手当，f) 社会扶助について表したものである．図のダイアモンド形は社会階層を表している．ダイアモンドの底辺部がもっとも貧しい層であり，その上が労働者階級，さらに上が中産階級，最上部が最も所得が高い富裕階級である．富裕層と貧困層は相対的にわずかであり，労働者階級・中産階級の数は多く，その層は厚い．その多くが富裕層よりも貧困層のほうに近い．横向きの線は定額給付であり，垂直の線は所得比例給付である．

　年金制度は理想的な包括モデルに最も近い制度であり，1994年から98年にかけての"大改革"後もその性質は失われていない．下部には，保証年金

第3章 社会保障の給付と財源

a) 年金

b) 疾病給付

c) 児童手当

d) 失業手当

e) 住宅手当

f) 社会扶助

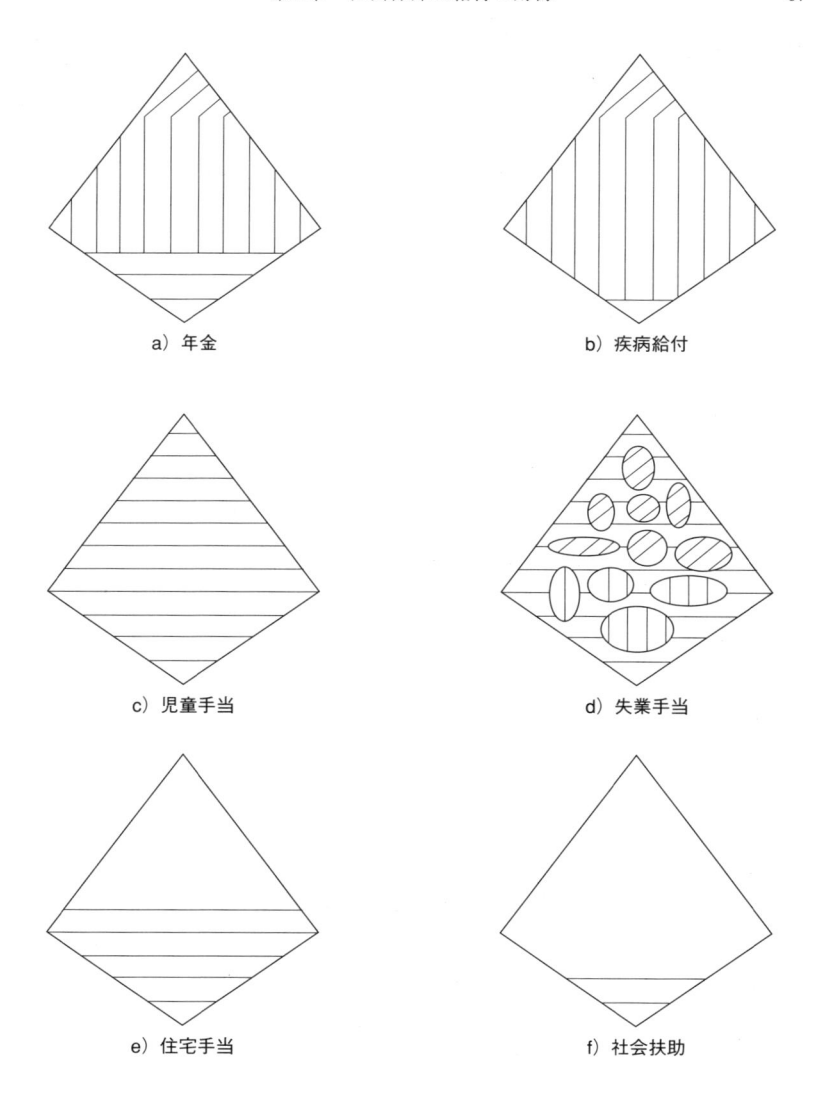

出所：筆者作成.

図1 スウェーデンの社会保障の特徴

が，上部には所得比例年金がある．とはいうものの，給付レベルからみた場合にはいわば「天井」というべきものが存在し，10％を超える者が退職時の所得喪失に対し十分な保障を得られていない[4]．これは図1a)のダイアモンド内の斜線部で示される．疾病保険（現金給付）や労災保険，両親保険の場合，支払額の上限が所得比例型の給付に適用される．短期的疾病に関しては，基礎年金的な給付がないことが図1b)の垂直ラインから理解される[5]．図1c)により，児童手当が普遍的給付であることが理解され，基礎保障モデルに従っていることがわかる．失業保険は国庫補助付きの任意モデルを基礎としており，他の制度と異なる．図1d)が示すように，高い組合組織率に依拠し，労働組合が運営する失業基金により広くカバーされているが，ユニバーサルなものではない．所得比例方式ではあるが，失業保険は他の社会保険制度よりも支給額の上限が低い．図の低い部分に描かれた垂直のラインと上部に描かれた斜めのラインがこの事実を示している．労働者市場への新規参入者や任意に失業基金に加入していない者に対しては定額の基礎的な給付が支給され，ここでは水平のラインで示されている．住宅手当制度には2種類の給付がある．年金受給者住宅手当（BTP）は年金受給者のみに支払われる．住宅手当は有子家庭向け給付と言ってよく，受給者のほとんどがひとり親世帯である．高所得者を対象から除いてはいるが，社会扶助のようにミーンズテストを伴わない点から，「現代的な」（modern）アプローチといえるだろう（両者の近似性につき，図1e)，f)の下部を参照）．

　医療サービスを含む対人社会サービスの発展は，スウェーデンの社会保障制度の発展の過程で，現金給付とは数々の異なった経緯をたどっているが，行政機構上・財政上両者が分離されているという事実のみならず，その財政支出の大きさにより，国際比較の中でスウェーデンを際立たせるものとなっている．対人社会サービスの領域におけるユニバーサルなサービス提供は，概ね第二次世界大戦後の現象といえる．医療制度では1950年中頃には確立され，高齢者ケアと保育サービスがそれに続いた．障害者政策の領域では徐々にではあるがユニバーサル化が進んだ．こうした文脈において，スウェーデンの社会保障制度を特徴づける共働きモデル（dual earner model）とと

もに，完全雇用の実現と積極的労働政策の重要性が指摘されなければならない[6].

2　給付パッケージ

スウェーデンの社会保障制度のうち現金給付は，(1)高齢者，(2)疾病・障害，(3)家族，(4)失業に分類される[7]．これに加え，現金給付としては市（コミューン）が支給する(5)社会扶助がある．そのほか(6)対人社会サービスがある．2では，これらの領域ごとに，①給付の種類，②最近の制度変更，③最近の政策課題の3点について述べる．

(1)　高齢者給付

この10年以上の間，年金制度は複雑なプロセスの中にある．1994年から98年にかけての「年金大改革」は，近年の社会保障制度改革の中で最も大きな改革であった（Palme 2005）．短期的には支出レベルが上昇するため，単純な"支出カット"というよりは"改革"として認識すべきであるが，長期的には給付水準が経済成長と人口動態に影響される点も踏まえる必要がある．今後大きな経済成長が見込まれないことを前提とし，支出カットを目的とする大胆な改革となっているが，その結果，持続可能性を高めた．

年金制度の中でも，老齢年金が重要である．1937年以前生まれの者は，旧制度下で給付される．1938年～1953年以前生まれの者には旧制度と新制度を組み合わせた年金が支給され，1954年以降生まれの者は新制度下で給付される．また，十分な額の保証年金をフルに受け取れるだけの期間スウェーデンに住んでいない人たちに対しては，所得テスト付の所得保障[8]が行われている．2003年には65歳以上の90万人以上の女性と70万人以上の男性が，老齢年金を受給している．

1980年代後半には寡婦年金に関する決議が行われ，1990年までに段階的に廃止されている．同時に，生活転換年金（readjustment pension）として知られる新たな形態の遺族年金が導入され，寡婦のみに適用されていた寡婦年

金とは対照的に，寡婦と寡夫の両方に適用された．支給期間は10ヵ月で，扶養する子どもがいる場合は延長可能である．2003年時点で，寡婦年金の受益者の数はなお38万人以上存在する．その一方で，生活転換年金の受益者は，5,000人を下回っている（RFV 2004）．

注目すべき点は，部分年金が過去の遺物となったことである．この制度は，労働時間を段階的に減らしながら，労働から退職へのスムースな移行を図る制度として1970年代に導入された．1990年代にはこの制度への批判が多く出たにもかかわらず，改革は進展しなかったが，新年金制度への改革とともに部分年金は廃止されることになった[9]．

(2) 疾病・障害給付

(i) 傷病手当

短期の疾病への保障は，1987年に待機日の廃止や短期給付の新たな算出方法の設定により改善された．1980年代の終盤にかけては病欠をめぐる大論争が起こった．傷病手当等を受給しての欠勤の増加傾向は継続し，それは主として長期間の病欠者の増加によるものであったが，原因は寛大すぎる給付にあるとの批判が強かった．振り返ってみると，労働災害保険と併せ，短期・長期の疾病給付における問題傾向への対応の遅れが，福祉国家批判の火に油を注いだのである．

傷病手当を巡る1990年代半ばまでの論争は，待機日と給付レベルに関するものである．1990年代を通じて，給付水準は賃金の90－80－75％と引き下げられたが，後に80％に引き上げられた．さらに，待機日が導入され，支給条件は様々な段階においてより厳しいものとなった．1992年に，最初の2週間は雇用主から傷病給与が支給されるように変更されたことは大きな改革であった．2004年には給付水準は所得の約78％と定められた．また，給付に反映される所得の上限は，価格基礎額の7.5倍までである．価格基礎額は消費者物価指数の上昇のみに応じて上方調整されるため，実質賃金がそれ以上に上昇すると，上限以上の所得を得る人々が増加することになる．1990年代の後半には，上限以上の収入がある労働者の割合は，10％以下か

第3章　社会保障の給付と財源　　　　　　　　　　　71

ら20％に近づいた．このように傷病手当のユニバーサル性や所得比例方式は維持されているものの，制度体系は変わってきている．

　傷病手当を巡る論争は，1998年以来，傷病手当等を受給しての欠勤が急増していることに関するものである．疾病手当の状況については，様々な視点からの説明が可能であるが，例えば図2は支給件数を示したものである．90年代初頭に急激に減少した後，後半に増加に転じ，2000年代初頭には1980年代後半と同じような状況に逆戻りしている．2002年を境にようやく減少に転じているが，最近に顕著な傾向は長期欠勤のケース増であり，365日を超えるケースは未だ減少していない点は注目に値する．他方，新規受給者数を見た場合，ピークであった2001年の777,000ケースから2004年には536,000ケースに減少しており，状況は若干明るく見える．政府は，疾病による欠勤を減少させるために，これら二つとは異なる「総支給日数」を指標とする数値目標を設定した．これは，2002年から2007/08年の期間における総支給日数を半減させることを目標としている．総支給日数は2002年の後半から減少し始めており，2005年の第1四半期までの間に，半減目標の37％まで達している．

　(ii)　障　害　年　金

　「年金大改革」の結果，早期退職年金（障害年金）は老齢年金とは切り離されるとともに，給付面のカットも老齢年金より若干厳しいものとなった．さらに，支給基準の変更に加え，医療調査や就労不能証明書類の厳格化が行

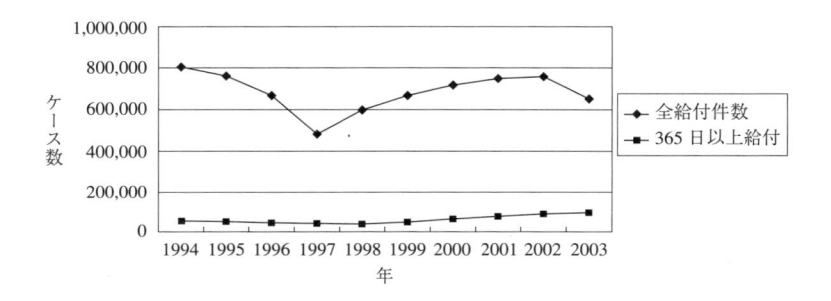

図2　傷病手当ケース数

われた．こうした背景には，早期退職年金の支給を厳格化しようとする政治的合意があった．1990年には労働市場の状況を理由とする早期退職年金が廃止され，60歳以上への特別制度の廃止がこれに続いた．

障害年金の受給者は1990年の361,000人から2002年の489,000人に増加した．長期の傷病手当を受けている人たちの増加は，新たに"年金"受給者が増大することを予感させる．しかし，2003年からは少なくとも給付の名称としては，長期あるいは生涯にわたり固定した障害への給付は，"年金"とは呼ばれなくなっている．若年者（19歳〜29歳）への給付は「活動手当 (activity compensation)」，それ以外の者への給付は「障害手当（sickness compensation）」として制度を別建てにして給付を行うようになった[10]．しかし，このように名称は変更されたものの，受給者数は増加し続けている．

(iii) 労働災害保険

スウェーデンの労働災害保険は，1980年代に非常に劇的な発展を遂げている．1977年の立法により労働災害が適用されるケースが普遍化され，請求数は増加し給付額も劇的に増加した．法で意図していたようには事業主による拠出も増加しなかったため，労働災害基金の赤字が増加した．1987年以降，支給が認められた割合だけでなく申請件数が減少傾向を見せ始めたが，その後も10年間にわたり莫大な赤字を抱えることとなった．1990年代に改革が進展し，短期保障は廃止され，一時的労災手当は傷病手当に統合された．また，労働災害により永久に就労不可能になるような障害を負った場合にのみ，障害年金への上乗せ給付として支払われるようになった（訳注：有期で継続支給には再審査が必要）．そして労働に関した障害であることの証明基準が厳正化され，さらに1993年からは，傷害もしくは疾病が労働から生じたものであるとの高い蓋然性が求められるようになった．このような労働災害の定義上の変更や，一時的労災手当の廃止によって，1990年代後半に社会保険事務所に報告された労働災害のケースは劇的に減少した．それでもなお毎年80,000人以上が労働災害給付を受給している（RFV 2004）．

(iv) 政府委員会

2004年秋に社会保険制度に関する政府委員会が設置され，2005年から活

動を開始している．委員長は，先の年金改革の陰の立案者であり，前社会保険庁長官であるアンナ・ヘッドボリ（Ms. Anna Hedborg）である．第一段階では事実関係を整理し，第二段階では各党からの代表者を招聘し，具体的な政策提案を行うことになる．

(3) 家族給付

家族サポートには多くの形態の給付が含まれる．その中でも以下で述べる給付は重要度の高いものである．片親もしくは両親とも亡くした子どもに支払われる遺児年金，障害を負い多大なケアを必要とする子どもの両親に支払われる障害児介護手当，子どもが誕生する際に父親に支払われる父親の日給付[11]もこの分野に含まれる．

(i) 児童手当・養育費補助

ユニバーサルな給付である児童手当は1948年に導入され，親の収入に関わらず，子どもが16歳（子どもが学生であれば19歳）になるまで支払われる．1982年には，3人目の子どもから適用される多子加算が導入され，3人目以降は子供が増えるにつれ1人当たりの支給額が増大することになった．1991年の税制改革の結果，税制による所得再分配効果が弱められたため，これを埋め合わせるために，児童手当は増額された．1990年代前半の経済危機にあって，財政を立て直すため家族給付も削減対象となった．1996年には750SEKから640SEKに引き下げられるとともに，多子加算の額もカットされた．財政の回復に伴い児童手当の給付水準も回復され，その後も手当額は増加されてきている．2005年の月額は950SEKである．

養育費補助[12]は1997年に改正が行われた．新たな制度では，子どもと同居していない親の所得水準を考慮して支給され，子どもと同居している親の収入や新たな配偶者の収入は考慮に入れられない．保証されている養育費の名目額は減少していないものの，以前に行われていた消費者物価指数によるスライド制が廃止されたために，実質価値が損なわれている．現在は1ヵ月に1,173SEKが支払われている．

(ii) 育児休業給付（両親保険）

育児休業制度は1974年に設立された．2004年には，育児休業中，両親あわせ約13ヵ月間，賃金の80％にあたる両親手当が支給される（1日648SEKを上限とする）．子どもを連続して生んでいる場合，賃金の80％支給される休暇期間が1人の子供につき180日間延長できる．ただし，この賃金に比例した給付の受給資格を得るためには，子どもが誕生する前に少なくとも240日は働かなければならない．学生のように賃金に応じた給付が得られない者には日額180SEKが支給される．母親と父親が半分ずつ育児休暇を取る権利を持っており，父親母親が互いに譲渡できない2ヵ月（いわゆるパパ月・ママ月）分を除いて，片方の親がもう片方の親に休暇日数を移転することもある．さらに3ヵ月間定額の給付を受け取ることもできる．両親手当も1990年代の経済危機の影響を受け，1990年から1999年の間に，給付レベルが90％から80％に下げられた．総支給日数は出生率とリンクしており，1990年のベビーブーム時には46,000,000日であったが，出生率の低下とともに低下した．

(iii) 住宅手当

住宅手当は児童手当と同様，1991年の税制改革の際，所得再分配水準を引き上げるために活用された制度の一つであり，生活費への補助という文脈では最も重要な役割を担った．1992年には，住宅手当の管轄が市（コミューン）から社会保険事務所に変更された．同時に，受益者の所得評価に関する原則も修正された結果，支給基準などが寛大になったことに加え，失業の増加にともない，財政圧迫要因となった．このため，様々な改革が行われ，1996年以降には，子どものいない28歳以上の者には支払われなくなった．また，1990年代の後半における労働市場の回復は，住宅手当受給の資格がある有子世帯数を減少させた．

1990年代を通じて，住宅手当は家族政策としての色彩を強め，とりわけ，支給要件が厳しくなるとともに実質的には片親向けの手当としての性格を持つに至っている．受給世帯数は1995年の556,000世帯をピークに減少している．2003年の受給世帯数は，ひとり親（ほとんどが母親）世帯がおよそ150,000世帯，両親ともいる世帯が36,256世帯，子どものいない若年夫婦の

世帯がおよそ35,000世帯となっている．

(4) 失業給付

　スウェーデンの失業保険は，以下で述べるように国庫補助付の任意モデルである．所得比例給付であり，原則として失った給与の80％が支払われる．1日最低380SEK，最高680SEKが支払われる（初期の給付は，1日最高730SEK支払われる）．

　1990年代には社民・非社民政権ともに給付カットを行った．労働運動の結果撤回されたもっと過激な提案もあった．制度の中核となる失業給付が労働組合の責任において支給されている結果，労働組合の存立基盤が強化されている．このため，1993年には中道右派（非社民党）政権が所得比例型の給付を全労働者に強制適用することで組合の影響力を弱めようとしたが，1994年に社民党が政権に復帰すると，この制度は廃止された（訳注：労働組合を設立母体とする失業基金への任意加入制度に戻された）．

　積極的労働政策と失業保険との結びつきの強さは，スウェーデンの長い伝統であるが，1990年代前半の失業者増大は，これまでと異なる高いプレッシャーをシステムに与えた．失業給付と様々な積極的労働政策との密接な連携を回復させる改革が行われた．積極的政策を採ることが必要となり，雇用に対する公的助成が拡大され，非営利部門とともに公共部門における雇用創出が強調された．

　これに関連して，2点強調しておきたい．第1点目は，社会的保護制度（Social Protection）は本質的に雇用問題と関係しているという点である．1940年代にベヴァリッジにより，イギリスの社会的保護制度改革がデザインされたが，そこでは完全雇用を前提として社会サービス（彼の用語による）が実現されるものとされていた．その後ヨーロッパの多くの国々は20年にわたる大失業時代を経験し，社会的保護制度はこの期間厳しい状況に直面したが，破綻することはなかった．幾つかの国では高い失業率にもかかわらず財政黒字を可能とした．しかしながら，これは本来制度が前提としていない状況下でもどうにか生き延びているということに過ぎない．

第2点目は，スウェーデンモデルでは積極的労働政策を重要視している点である．教育や訓練が主な政策ツールであり，失業者を労働市場に積極的に参加させることで，労働政策がいわば予防制度として機能している．失業が増えると，公的部門での雇用拡大とともに，教育や訓練の機会が拡大されてきた．スキルを高めることで雇用される能力を高めることが基本戦略である．

失業保険が失業水準にもたらす影響は議論すべき課題である．失業給付で生計が立てられるのであれば，人々は給付が打ち切られるまで職に就こうとはせず，失業者は減らないという見方がある．この見方は，支給終了日が近づくにつれ，就職者が増加する傾向があるという事実に基づいている．再支給を繰り返すことは，受給者を労働市場から遠ざけ，給付依存を生み出し，労働力を失わせるとの主張がある（Holmlund 1996; Björklund 1997）．他方で，高水準の給付により受給者を社会の一員（citizen）として包摂し，長期失業状態でも労働力に帰属させ，求職活動を行わせることで，長期失業者として固定し社会的に排除することなく，将来的には労働市場に戻すことができるという考え方がある．こうした主張は，求人の空きが埋まるということは，需要側の問題，端的にいえば職がないことが問題なのであり，失業保険が失業問題に与える影響はかなり弱いという見方に支えられている（Åberg 1996; Farm 1997）．政治レベルでも，失業問題をどう捉えるかは他の社会保障分野に比べ，政党間の見解が大きく異なる（Palme 1994）．

2005年には失業率は再び5％を優に超えており，雇用問題を巡る議論は「雇用なき成長」（job-less growth）がスウェーデンに起きているのかどうかを中心に行われている[13]．

(5) 社 会 扶 助

スウェーデンでは，社会扶助に関する責任は市（コミューン）にある．社会扶助を巡る議論は様々であるが，その一つは，国の役割に関するものであり，給付のどのような部分について全国同一水準が保障されるべきか，というものである．また，1990年代を通じ，社会扶助は現金給付としての重要性を増した（受給世帯が10％まで上昇）が，これは失業者が増えたためで

ある.景気の回復に伴い受給率は低下したが,長期受給者が増大している.

1998年社会サービス法により制度が大きく変更され,判例法と保健福祉庁(the National Board of Health and Welfare)のガイダンスに基づき一般的な生活水準の向上に合わせた妥当な生活水準を算出するものから,実際の支出項目をより詳細に分析するものになった.そして,"所得扶助"と"その他の支援"という区分に従って支出されるようになった.

所得扶助は,標準手当(政府によって設定される全国一律の基準)と,ニーズ調査に基づいた住宅賃貸料,通勤代,電気代,医療費や緊急の歯科診療費といった支出項目への個別手当から成り,コミューンは個別手当の支給妥当性を決定する裁量に加え,定期的な歯科診療費のように所得扶助でカバーされない部分を社会扶助に含む裁量も与えられた.

1998年社会サービス法により,25歳以下の若年者が社会扶助を受ける場合には,技能訓練プログラム受講が義務付けられ,社会扶助を受けている若者には社会的責任が与えられることになった.

(6) 対人社会サービス

対人社会サービスは地域における社会福祉政策の中核であり,20の県(ランスティング)による医療サービス,290の市(コミューン)による福祉サービスの二つに大別される.以下では,対人社会サービス分野の主な三つの部門;医療,障害者ケア,高齢者ケアについて述べる.保育を含む教育の分野はここではカバーしていない.ここでは"共働きモデル"といわれるスウェーデン社会保障モデルの取り組みに対するいくつかの反省点も述べる.

(i) 医　　療

過去10-15年における医療制度の主な変化は,コミューンへの責任の移譲であった.1992年の高齢者分野での改革(エーデル改革)が最も顕著なものであるが,1995年の精神保健医療分野での改革も重要である.移譲の結果,長期ケアはコミューンの責任となり,ランスティングは急性期医療に特化した.また,供給管理面での改革も行われた.多くのランスティングで購入者-供給者モデル(purchaser-provider models)が実績に応じた報酬支払

いシステム（performance-based remuneration system）と併用されて導入されてきている．また，とりわけプライマリケア領域で，民間提供主体による医療サービス（財源はランスティングが公的に負担）が一般的となってきている．

エーデル改革の結果，1990年代に病院ベッドは半減され，長期療養ベッドやナーシングホームはコミューンに移譲された．これに伴い，ランスティングにおける准看護師やヘルパーが大幅に削減されたが，医師の数は増加した．医師の往診数や手術件数は増加したが，治療件数はわずかに減少した．この一見矛盾した傾向の背景には，平均在院日数の劇的な短縮と，入院治療の外来診療化の進展がある（Palme et al. 2003）．

こうした進展に新たな治療方法の発展も加わり，診察可能な人数は増加しているが，必ずしも待機時間は短くなっていない．同時に，患者数も増加しているためであり，医療の有効性・効率性を図る指標として待機者リストのみを用いることは適切ではない．1990年から2000年までに民間医療保険への加入人数が5倍に増えたという事実（Grip 2001）には，待機問題を巡る議論が影響している．しかし，民間医療保険は，主としてより早い医療へのアクセスを実現したり，多様な治療方法へ対応したりする手段としてみなされるべきであり，既に健康を害している者がそもそも民間医療保険に加入できないこと等を想起すれば，現行医療システムの代替手段にはならない[14]．

医療がどのように資金確保され，組織され，運営されるべきかは，過去10年にわたる福祉政策論争において中心的な課題の一つである．

(ⅱ) 障害者ケア

他の福祉分野とは反対に，1990年代は少なくとも重度心身障害者へのサポートが拡大した10年だった．1994年には重度の機能障害を有する者への特別な権利が法制化され，また、1995年には精神保健医療改革が施行され，精神障害者への支援に関し，コミューンが大きな責務を負うこととされた．数十年前に始まった脱施設化の流れを象徴する改革であり，退職世代前の若い世代の障害者にとって，権利の法制化は公権力に対する個人の立場の強化を意味した．パーソナル・アシスタンス制度[15]の導入である．

しかし，景気の下降は予算の制約をもたらし，予測（ハンディキャップ・コミッションは，1992年に40,000人の知的障害者と，60,000人のその他の重度心身障害者が，支援を受けることになるだろうと推定していた）よりも少ない人数しかサービスを受けられていない．改革の結果，重度機能障害者への資源集中が起こり，改革によってカバーされていない機能障害者は，公的支援へのアクセスの機会が減少し，これまで以上に家族の支援や有料サービスに頼らざるを得なくなった．精神障害者を取り巻く状況は，とりわけ厳しいものとなっている．

(iii) 高齢者ケア

スウェーデンは世界有数の長寿国であり，高齢者へのケアサービスの確立に多くの経験をもたらしてきた．しかし，公的なケアサービスの拡大が家族のケアへの責任をなくすには至っていない．高齢者が家族から受けるインフォーマルな支援はその他のサービスの2倍以上という試算がある．いわゆる"介護手当"により，近親者がその行ったケアに対し手当を受けることが可能な場合もある．高齢者自身が望み，可能である限り，自立した生活を継続できるように様々な支援策を組み合わせるというケアサービスに関する戦略は，同時に，限られた財源を効率的に使うことを意味する．また，サービスハウス，老人ホーム，ナーシングホームなどの様々な入所系施設（特別な住居）は，よりコスト高になる長期入院を避けることを可能にした．

しかしながら，在宅ケアを受ける高齢者の割合は20年以上前よりも大幅に減少した．特別な住居に暮らす80歳以上の高齢者は20％以上で安定しているが，在宅サービス・在宅医療を受けている割合は減少している．また，一般的に，単身男性は単身女性と比較して支援を受けることが多い．夫婦世帯では妻が支援を必要としている場合に公的サービスが提供されることが多く，このことは，高齢世帯では女性が男性を介護していることが多いことを示している．

高齢者ケアは，保健医療と切り離して考えることはできない．高齢者はかなり多くの医療サービスを必要としており，医療分野の改革はコミューンによる高齢者ケアに影響を与えている．これまで医療でケアされてきたケアニ

ーズの高い高齢者へのケアの責任が，コミューンに移管された結果，こうした者がコミューンの資源の多くを使用する事態が生じてきている．この結果，ホームヘルプサービスはよりサービスニーズの高い高齢者のグループに集中されるようになり，日常的な掃除，洗濯，買い物，散歩などのサービスは，公的サービスからはずされつつある．

公的財源による高齢者ケアから家族支援や個人で購入した支援への移行が生じているのは，利用料の増額やコミューンによるホームヘルプサービスの内容・組織の変化とともに，サービスの重点化が進んでいる結果と捉えられる．財政的理由から高齢者が支援を受けられない危険があることに気をつけなければならない．施設ケアについては，高い利用料が入所者の配偶者の経済を厳しい状態に追い込んでいく可能性が懸念される．政府は2001年に利用料の上限制度を設けた[16]．

(ⅳ) 共働きモデルと男女共同参画

北欧諸国は，どのように男性世帯主モデルが共働きモデルに転換されたかを示す好例であり，この結果，多くの点で政策転換が求められたのは当然である．戦後の女性の学歴上昇は，女性の労働市場への参入を活発化させた大きな要因の一つである．保育と高齢者ケアでのサービス拡大は，こうしたケアに責任を担う女性を働きやすくしたばかりか，女性の雇用機会を広げる結果ともなった．この変化は，結婚した女性が仕事に就くことのインセンティブを高めるような税制改革が実施されることでさらに促進された．このような個人を基本とした社会支援と税制の重要性は過小に評価されるべきではない．最近変化の兆しがあるとはいえ，ヨーロッパ大陸の国々の伝統的な制度とは著しく対照的である．

スウェーデンにおいてこれまで実施されてきた改革において女性の自立が重要視されてきたことは，導入された支援制度において母親が支給対象とされていることを見れば明らかである．これとは反対にヨーロッパ大陸では，児童手当はしばしば男性の給与を補充するものとみなされており，男性が結婚した場合に，こうした付加的な給付を受けるか税制で軽減措置がとられるような仕組みになっている（Wennemo 1994）．一方，スウェーデンでは，未

婚の母親のための特別な支援策が展開された (cf. Skevik 1998). この支援策は女性が自身で家計をまかない, 子どもの実質的な養育費を負担していることが前提となっている. 様々な家族支援策は, 家庭生活に大幅な変化をもたらした. 今日のスウェーデンには, 完全に夫の収入に頼って生活する女性はほとんどいない (Hobson 1994). それゆえ, 父親には子育てへの参加が強く求められ, さらに幼児期の子どもにとって父親の親密で積極的な関わりが好ましいとされている. その半面, 外での仕事と家庭生活の主な責任の両方を女性が担わされていることが問題である. 家庭生活への父親の責任面ばかりでなく, 参加という権利面からも捉えられる必要がある. ジェンダー平等の将来は, 父親が新しい形での権利／責任に応えていけるかにかかっているのである.

3　社会保障支出

　第二次世界大戦後, 主要先進工業国における社会保障支出は劇的に増加した. なかでも, スウェーデンでは顕著であった. スウェーデンは社会保障支出が最も高い国とみられている. 1960年代までの支出レベルの上昇は比較的穏やかであったが, その後1970年代にかけては, 年金をはじめとする各種社会保障給付の受給権の確立や, 他国以上のスピードで進展する人口高齢化のため, 支出が急激に増加した. ILOの社会保障支出統計によると, スウェーデンは, 西ヨーロッパ平均 (GDPの10％) 以上の支出を行っている. 1980年代には, 支出がGDPの30％以上に達した.

　先進工業国のGDPに占める社会保障支出の水準は, 1980年代に頭打ちとなったが, この傾向はスウェーデンでも同様であった. しかし, 1990年代の大失業危機は, スウェーデンの支出を大幅に増額させることになった (表1). 社会保障支出のピークは, 失業危機の中間期で, GDPの38％を越えている. その後, 社会保障支出は減少に転じ, 1990年代末に約30％になったが, 2000年代初頭, 社会保障支出はわずかながら再び増加している.

　老齢年金は最大の支出項目であるが, 水準は安定している. 高齢者向けの

表1 スウェーデンにおける項目別支出額およびGDPに占める総支出の割合(1993-2002)
社会的保護支出統計（ESSPROS）の定義から

		1993	1994	1995	1996	1997	1998	1999	2000	2001	2002
疾病／保健医療	現金給付	2.1	1.7	1.5	1.3	1.3	1.7	1.9	2.2	2.4	2.5
	現物給付	6.4	6.1	6	6.1	6.1	6.1	6.1	6.1	5.7	6
障害者ケア	現金給付	2.9	2.9	2.7	2.6	2.5	2.4	2.5	2.4	2.5	2.6
	現物給付	1.1	1.2	1.4	1.3	1.3	1.4	1.5	1.4	1.6	1.7
高齢者給付	現金給付	10.3	10	9.6	9.6	9.5	9.3	9.1	8.7	8.8	8.9
	現物給付	2.8	2.7	2.4	2.7	2.6	2.7	2.6	2.6	2.7	2.8
遺族年金	現金給付	0.8	0.8	0.8	0.8	0.7	0.7	0.7	0.7	0.7	0.7
家族／児童手当	現金給付	2.3	2.3	2	1.6	1.5	1.6	1.5	1.5	1.6	1.6
	現物給付	2.1	2.1	1.9	2	1.9	1.4	1.4	1.3	1.3	1.4
失業給付	現金給付	3.8	3.6	3.1	3	3	2.6	2.2	1.7	1.4	1.4
	現物給付	0.5	0.5	0.5	0.4	0.3	0.4	0.4	0.3	0.3	0.3
住宅手当	現金給付	1.2	1.2	1.1	1	0.8	0.8	0.7	0.6	0.6	0.6
社会扶助等	現金給付	0.7	0.7	0.6	0.7	0.7	0.6	0.5	0.5	0.4	0.4
	現物給付	0.5	0.4	0.4	0.3	0.3	0.3	0.2	0.3	0.3	0.3
総支出	現金給付	38.2	36.8	34.6	33.8	32.9	32.2	31.8	30.8	31.4	32.5

出所：Statistics Sweden をもとに筆者作成.

支出は，最近若干増えているが，最も高かった1993年の水準より低い．保健医療は2番目に多い支出項目で，同じく安定性が認められる．傷病手当の水準が高いことは議論の対象となっており，障害者向けの支出増は，前述したように，障害者の権利が改善されたことが背景にある．失業に関する支出は，失業率の水準に応じて減少している．1990年代における出生率の低下は，子どものいる世帯への支出低下につながった．総体としての社会保障支出は安定しているといえる．

　短期的には，議論の主な焦点は，傷病手当と労災手当のコストである．中期的にみた場合，1998年以降の傷病手当の大幅な増加，障害年金（または，これに相当する現行制度）[17]の新規受給者増を背景として，障害年金の給付増について懸念を抱くのは当然である．

4　財源方式

　受給の拡大は同時にコスト増大をもたらす．とりわけ人口高齢化と失業率の上昇によってコストは増幅される．なぜ国によって社会保障の財源方式が

異なるのか．異なる制度は，財源調達の論理も異なることになり，どのような制度を選択するかにより国，事業主，被保険者間にコスト配分の対立が生じることになる．

　歴史的にスウェーデンの社会保障制度は一般租税に強く依存していた．これは，任意保険への国庫補助だけでなく普遍的給付についても同様であった．コミューンは社会扶助や社会的に弱いグループへのケアに対する財政的責任を担ってきた．所得比例給付の財源のほとんどは，社会保険料である．しかし，スウェーデンでは，他の国と異なり最近まで社会保険料は全て事業主により負担されていた．

　現金給付の財源は，主に事業主からの社会保険料負担に基づいており，一般歳入（原則として保険に加入していながら労働力に属してない人たちの費用をカバー）がこれを補足した．労働組合により管理されている任意の雇用保険は別として，社会保険制度は，社会保険庁（National Social Insurance Board）により管理される．同時に，現物給付（対人社会サービス）の領域ではランスティング税やコミューン税[18]の増加に加え，国の補助（1990年代で地方の収入のおおよそ5分の1）により，サービスの拡大が可能となった．

　ヨーロッパの多くの国々では厳しい財政不均衡に直面し，社会保険給付の財源方法に調整が加えられた．デンマークのように租税依存が強い国では，何らかの形での社会保険料負担が導入された．他方，社会保険料に強く依存しているフランスでは，租税負担が導入された．租税と事業主による社会保険料負担の両方に強く依存しているスウェーデンは，1990年代の赤字に対処するため，被保険者による社会保険料負担を導入した．失業保険に対するものに始まり，後に疾病手当に変更された．最近の年金改革の結果，被保険者による負担は全て年金制度に充てられることになった．

　2003年の社会保険料率の合計は33.55％であり，10.21％が年金に，11.81％が疾病保険に，残りは両親保険や労働市場関連の費用（失業保険等）に充てられている．年金制度における被保険者の拠出は7％である．これらの拠出金をあわせると，社会保険（現金給付）制度への全拠出の70％にのぼる．15％が一般歳入からの拠出で，残りの15％が公的年金基金からのも

のである（RFV 2004）．

　対人社会サービスに関しては，医療の主な財源はランスティング税，その他のサービスはコミューン税である．2005年における地方税の平均は31.6％で，このうち10.8％がランスティングに，20.8％がコミューンに回される．しかし，これらの税金は対人社会サービス以外のためにも使われる点に注意が必要である．対人社会サービスの財源確保における政府の役割は，補助金の支給だけでなく，各地方自治体間の財政力の平準化を図ることでもある．収入が低い一方サービスニーズが高い自治体に，他の富裕自治体から財源を移すことにより，異なる地域間で住民サービスが不平等にならないようにするシステムである．このシステムはその是非を巡り議論を呼んでいるが，現状では地域間格差が拡大していることから維持が見込まれる（Palme et al. 2003）．

　こうした文脈からは「税」と「社会保険料」に違いはあるのかという点が問題となり，経済学・財政学的には大きな違いはないということになるが，政治的には両者の違いは大きな問題である．

　利用料自体はスウェーデンモデルにとっても目新しいものではないが，1990年以来の料金の高騰は，制度の普遍性にとって問題とみなされる可能性がある．研究によれば，経済的弱者層は，自覚したニーズがあるにもかかわらず，それ以外の者と比較して医療サービスや高齢者ケアサービスの利用が低い傾向にあり，利用料の水準問題は平等性の観点から対処されるべきであるということが示唆される．

　また，世帯から医療サービスへ直接支払われる額は，1990年代の初頭以来増加している．例えば処方せん薬代の一部負担額は1990年代に大幅な増加をみせている．しかし，ランスティングの対応は様々である．1998年に，子どもや若い世代に対する医師の往診は無料になったが，あるランスティングでは，この方針を後に廃止した．過剰診療を減らすという理由で，1990年代の利用者負担の増額はある程度正当化されてきたが，往診や投薬の高い利用料によって，経済的弱者層が必要なサービス利用を減らす危険がある．もっとも，どの程度の人が必要なサービスを減らしているかに関する証拠は

ない．

　なぜ財源論が福祉国家の将来にとって中心的課題なのか．一つの理由は，高齢社会におけるニーズの増加により，将来様々な財源調達手段が必要とされることである．もう一つの理由は，福祉国家への批判は，コスト意識によるコントロールの欠如と労働へのインセンティブが削がれるという点に拠っていることである．社会保障制度の財源調達手段の変化は，歴史的には異なったプロセスの結果生じたものであり，①政治体制の変化，②2階建給付の導入，③財政調整，④ニーズの変化，⑤制度の成熟化，あるいはこれらの複合によりもたらされたものである．社会保障のレジームが変化した結果，財源構造にも変化をもたらしている．福祉国家の財源調達は，将来どのような方向に向かうのだろうか．"雇用型社会"へ向かい，所得比例給付を維持し続けるのであれば，社会保険料による財源調達と社会保険料拠出に基づいた給付は増え続けるであろう．しかし，支給対象を絞り基礎的な給付の方向に向かうのであれば，租税による財源調達の重要性が増すであろう．

5　社会保障の将来

(1) 福祉国家の現況

　社会政策モデルまで立ち戻って考えるならば，幾つかの制度的変化があったとはいえ，スウェーデンの社会保障は包括モデルであり続けているといってよいだろう．保障を支えるメインの柱は，所得比例制度であり，これを普遍的な基礎給付が補完している．国庫補助付の任意保険は，失業保険制度で維持されている．1990年代にスウェーデンモデルは危機を迎えた．例えば，1990年代初頭に，疾病／労働災害保険の責任を労働市場のパートナーに移管し国家コーポラティストモデル類似制度へ転換することが提案された．1991年の選挙後には，将来への不確実性が年金制度を特徴付けるものとなり，幾人もの政治関係者が異なった改革モデルを提案した．

　改革の裏には主な目的として支出を抑えようという野心があり，表1から

このような意図は上手くいっていると判断してよいだろう．支出は給付カットによって影響を受けるのはもちろんだが，ニーズの変化からも大きく影響を受ける．例えば，家族関係給付は出生率の変化に影響を受けており，出生数の増加によって1990年代初頭には支出が増加したが，出生数の減少により後半には減少した．なお，コストコントロール以外の目的から改革が指向される場合もあり，失業保険では，失業手当が一時的性格の給付であることが強調されているむきがある．

給付カットの仕方をデザインする際には，短期的目標と長期的目標の間に対立が生じる．時には長期的目標が優先された．児童手当がはじめて名目上減少させられたことがあったが，これは，普遍的社会政策モデルを守るための戦略とみなすことができる[19]．代替戦略は制度の性質そのものを変化させることであるが，これによるミーンズテストの導入は，長期的には中産階級層を制度から排除し，さらに給付額の減額につながることとなる．その上，ミーンズテストは「貧困の罠」を先鋭化させる．他の代替戦略として児童手当への課税も提案されたが，同じような問題を抱えている．似たようなジレンマが疾病保険にもある．すべての所得階層の人々に対して一様に給付水準を下げるという決定は，低所得者への配慮が不十分であるとして批判されてきた．しかし，その代替として実質的に給付額の上限を下げた結果，多くの労働者にとって主な支えが，公的保険から労働協約に基づく保障制度へと移転した．

このようにして，1990年代からスウェーデンの社会保障制度は転換期に突入した．1990年代初頭の大量失業によるコスト増大は制度を揺さぶった．社会保障給付の将来について生じた不確かさと予測不可能性を解消するために諸改革が行われたが，これに代わって別の形の不確かさが生じた結果，スウェーデン福祉国家に関して主要政党に対し抱かれていた国民の信頼は損なわれた．

(2) **高齢社会における社会保障——21世紀を迎えたスウェーデンの現状**

現在，スウェーデンでは25歳以下の人口が25％を下回り，65歳以上の人

口は17％を超えている．高齢者への公的支出（医療や社会的ケア，年金を含む公的な所得移転による支出）の割合は，高齢者が人口に占める割合の2倍以上という高いものになっている．将来人口推計によると，2025年から50年の間に高齢化はより一層進行し，80歳以上の後期高齢者が増加するといわれている．また，2005年から1940年代生まれのベビーブーマーが65歳を迎え出す．こうした将来の財政問題に対し，幾つかの社会政策上の戦略が考えられる．一つは，所得移転や社会サービスの提供を厳しくしたり，サービスの更なる効率化を図ったりすることで支出を調整すること，もう一つは，制度改革により就労インセンティブを増やし，歳入増加を図ることである．

巨大な公共セクターとこれをファイナンスするための税金は効率性を損なわせ，経済に悪影響を与えると言われてきた．しかし，国際的な研究でも，ある国の公共セクターの規模と経済成長との間に十分な関連性は見いだされていない．伝統的に，スウェーデンでは，所得比例給付に見られるように，就労への強いインセンティブを持たせるように制度が設計されてきた．特に1990年代には，税制改革で所得税の税率をフラット化し，年金改革で生涯を通じた所得に比例するように制度を変更することで就労インセンティブを高めた．

高い就労率だけではなく，社会保障に必要な財源を賄うためには，様々な課税対象が課税可能な状態で国内に存在することが必要である．グローバリゼーションの中での労働移動や資本移動の可能性を考慮しつつ，福祉システムを維持するためにこうした課税対象をスウェーデンに残したいと思えば，周辺国よりも過度に高い租税負担をスウェーデンだけが維持することはできない．国際金融市場の規制緩和は進展し，短期資本は国境を容易に超える．貿易もかなりの程度自由化された．さらにEU統合により，労働・資本・商品は域内を自由に移動できることになった（Palme and Sjöberg 2002）．

将来的な国際化の広がり等によりもたらされる不確実性は，部分的には，こうした領域が政治的意思決定にコントロールされているという事実による．特に，どのような選択肢が将来可能となるかはEUの働きいかんだろう．EUでは税制の調和に向けた取り組みが進んでおり，間接税については大きな成

果が得られているが，所得税・法人税では遅れている．しかし，税制だけが唯一のファクターではない．

社会政策およびサービスに関する国民の意識調査は示唆に富む．1980年代に人々の支持は徐々に低下し，1990年代には1970年代後半から1980年代中頃のレベルにまで再び戻った．個別の制度を見ると，1990年代には，医療，年金，雇用政策，教育という中核制度に対する強い支持があった．他方，過去10年間，社会扶助や住宅手当のように特定の者を対象としたサービスに対する支持はかなり低い．最も信頼を失ってきているのは医療だが，他の分野でも質が低下してきているという意識が広がってきている（Kumlin & Oskarson 2000）．社会保険料・税等の公費負担に対する支持は強く安定しており，私費負担（一部負担等）増に対する支持は比較的弱い．しかし，1990年代に，全体としての税負担のレベル，税を財源とした給付に要する税負担のレベル，いずれに対しても不満が高まった（Edlund 2001）．こうした不満は，特定の者を対象とした給付に税財源の投入量が増やされたことと無縁ではない．

1980年代後半から1990年代初頭にかけて，医療・介護分野でのサービスの民営化に支持があったが，その後急速に低下した（Nilsson 2000）．サービスが不正・過剰使用されているのではないかという意識に関しては，1992年から1996年にかけて急速な低下が見られる．傷病手当等への待機日導入，1996年に住宅手当の支給を厳しくするなど，運用を改善した結果だと思われる．

(3) 代替戦略

スウェーデンの社会構造はこれまでも変化してきているが，人口構造の変化をはじめとする将来の変化は社会ニーズ等にも変化をもたらすであろう．したがって，ここで代替戦略を描いてみることは意味あることであり，実際，過去15年間，政党や関係者から様々な代替戦略が以前にも増して強く打ち出されてきた．

現在の家族向け現金給付（児童手当・養育費補助）は定額であり，物価等

による自動スライドはない．したがって，こうした給付による将来の家族への支援の大きさは，将来の政策決定に委ねられている．年金のように給付水準を実質経済成長率とリンクさせるというのは，選択肢の一つとなり得よう．

税制を通じた支援（控除制度の活用）も考えられるが，収入のない者には効果がないのではないか（伝統的には，これを補うためニーズテスト付のわずかな手当が支払われるのみ），収入格差により支援レベルに差異が生じるのではないかといった点が指摘されよう．

これに関連し，支援制度のあり方が家族の労働市場参加に与える影響を考慮に入れることが重要である．この観点から，一つの代替案が家族政策委員会（the Family Policy Commission）から発表された（SOU 2001:24）．現行の住宅手当では，資力調査による顕著な限界効果[20]が生じており，これを避けるために，住宅手当は廃止し，二つの一般手当（シングルマザーへの特別手当・多子に対する増加手当）を児童手当に付加給付するというものである．

失業保険と社会保険については，対象範囲と給付上限の問題がある．対象範囲の問題は，失業者等，就労を前提としたユニバーサルシステムではカバーされないためにミーンズテスト付の社会扶助に頼らざるを得ない層が存在することに由来する．この問題への対処は，現行社会保険制度の枠組みの中で，積極的雇用政策で対応する（就労させることで社会保険制度の対象に含める）ように議論したほうがよいと思われる．

給付上限を上回る所得を得ている人が増加しているという事実は，国民保険制度において，所得喪失に見合った保障を十分に受けられない人が増加していることを意味する．十分な保障を得るためには，公的社会保険では足りない部分を，私的保険，個人保険，団体保険といった代替保険へ頼らざるを得ないとなると，公的社会保険に対する国民の信頼に甚大な影響が与えられる可能性がある．

国民保険制度下で普遍的な保険水準を維持することの困難さは，1992年12月の金融危機に際して，当時の非社民党政権（保守系）から，傷病手当と労災保険の責任をソーシャルパートナーに移すという，明白に国家コーポラティストの特徴を伴ったモデルが代替案として示された事例から容易に理

解できる．非社民党政権の目的の一つは，納税者のお金を吸い上げているように見える傷病手当等に対し，財政的により大きなフリーハンドを得ようとするものだった．経済危機が去るとこのような改革の動きは失われたが，傷病手当・労災保険の問題を長期的に解決しようとするための代替戦略確立への真剣な試みとして捉えてよいだろう．

ドイツの高齢者介護保険制度は，社会福祉サービスの分野に社会保険制度を適用した例である．スウェーデンでも高齢者介護分野での保険方式導入に関する議論はあるが，その動機の一つは，ニーズが確実に増加するこの分野に安定した財源調達の方式を提供することであり，もう一つは，人々の権利をより明確化し，選択の自由を高めることである．しかし，保険方式は，より高い所得の者がより高いサービスを受けるようになるなど，所得に応じたサービス格差をもたらす可能性がある．他方で，現行でも既に地域間で大きなサービス格差が見られており，社会正義の観点からはこの格差問題を議論することが必要である．もっとも，高齢者ケアがユニバーサルで，現行システムで既に利用可能なような医療・社会ケアを提供できるのであれば，保険的アプローチでも伝統的な税財源モデルでもほとんど違いがないといえるであろう．

医療はサービスへの信頼性についての明らかな問題を抱えている．近年，待機期間が余りに長いと感じるため，待機を避けるために私的保険に加入する人が増加している．しかし，私的保険を，ある特定の医療ニーズを持った個々人の個人的な状況を解決する手段であるとする見方が広がっているわけではないし[21]，任意保険を前提とすれば，保険会社は営利企業として生き残るために，リスクの高い被保険者を避けざるを得ず（市場の失敗），既に健康を害している人たちへの代替手段にはならない．したがって，逆説的ではあるが，もし私的保険が国民保険の代替手段となるとしたら，強制保険制度として制度設計される必要がある．

社会政策モデルという視点からは，「給付は普遍的であるべきか，ニーズテストによるべきか」，「社会保険給付は喪失された所得に応じた水準とすべきか，単に基礎的水準とすべきか」，「疾病や労働災害に関する制度は普遍的

なものであるべきか，職域毎のリスクに応じた分立制度であるべきか」，という点が根源的・戦略的な選択肢として考慮されることになるだろう．また，アクセスのしやすさや質といった基本的事項についても，様々なオプションが考えられるであろう．その結果出てくる要求を実現するためには，公的財源によるサービスはどのような提供主体によるべきかという問いかけがここで生じるのは自然なことだろう．また，奇妙に感じられるかもしれないが，高齢化社会に対応する政策を発展させていこうと思えば，将来的視点に立って，社会がどのように児童・若年者福祉に十分な投資を行っていくかを考えることが重要な代替戦略なのである．

　対人社会サービスの民営化や様々な種類の私的保険を想起し，多くの人が民営化を選択の自由と結び付けるかもしれない．確かに，サービスの管理を公から変更することにより選択の自由が強められることもあるが，全てがそうなるとは限らない．例えば，高齢者ケアの領域では，入札の結果地域独占が起こったり，地域性のために他のサービス供給者を選択することができなかったりすることもあるため，民間サービスが必ずしも顧客選択モデルを実現するとは限らない．私的保険に関しては，先に医療のケースで述べたのと同様，加入できない者が出る以上，制限された形での選択の自由に過ぎないであろう．

　選択の自由そのものは価値あるものであるが，サービスの質や公平性との調和が図られるかどうかが問題である．選択の自由に基づく顧客選択モデルの導入が，児童福祉や教育の分野で，ある程度，利用者の階層化をもたらす状況が観察されており，選択の自由の意義を巡り異なる価値観の間で意見の対立が生じている．

　利用者負担（財源の民営化とも見なし得る）はその存在感を増してきているものの，全財源に占めるその割合は高くない．低所得者であっても税負担を十分していることに鑑みれば，利用者負担により低所得者がサービスを受けられなくなったとすれば，それは，低所得者からその他の者への逆再分配が起きていることになる．他方，利用者負担はコストが高い病院の救急から安いプライマリケアへシフトさせるといった政策効果があることも知られて

いる．

　分権化，民営化，利用者負担は，選択の自由と社会的正義，質と効率性を巡り，強い価値判断を伴う疑問を生じさせる．社会保障制度の将来についてとりわけ重要な「社会サービスに競争原理を持ち込む意義とはどういうものか？　人々の生活を成り立たせるという社会サービスの観点に立ったときに，コミューンやその他の主体によるサービスの独占をどう評価するか？　税金によって成立しているサービスが利潤目的に使われることをどう感じるか？　社会保障は市民としての権利性に基づくものなのか，ニーズに基づくものなのか？」こうした問いかけは，スウェーデンだけではなく，他の先進諸国の社会保障モデルにおいても重要な意味を持つものである．

(4) 政　　治

　福祉国家に改革をもたらす要因とその結果を分析することは，福祉国家研究において興味深い作業である．とりわけ，制度がいかに利害の形成や流動化に寄与したかについてである（Alber 1988,1996; Pierson 1994; Daly 1997; Korpi and Palme 2003）．スウェーデンが普遍モデル福祉国家であること，1990年代に左右両方の政権を経験していることから，スウェーデンのケースは興味深いものとなっている．「福祉国家危機」に新しい右派政権がどう対処したかがよく研究されているが，ここで取り上げるのは，「我々は，有名な（あるいは悪名高い）モデルの終焉を見ようとしているのか，グローバル経済の中で大量の失業問題を抱え，このような高い負担を維持できるのか」という点である．

　歴史的には，スウェーデン社会保障の発展は，具体的な利害のみならず理念を巡る政治的論争の産物ではあるが，成熟した福祉国家では，成立した社会保障制度自体が利害や社会体制がいかにあるべきかという理念を形作ることになる．スウェーデンでは，社会の異なるグループ間に共通の利益をもたらすように改革が行われてきたことを理解することが必須である．

　つまり，社会保障は政治決定によっているのであり，2006年9月の総選挙が重要な意味を持つ．最近の政党レベルでの最も重要な変化は保守党（穏健

党）で起きている．1980年代初頭以来新自由主義を標榜していたが，新しい党首の就任とともに，伝統的な減税／構造転換政策を捨て，現在のシステムを肯定した上で必要な修正を図る方向に転換した．他の中道右派政党も，高額所得者ではなく中低所得者を対象とした減税政策で穏健党と同一歩調をとっている．

政権与党である社民党は1940年代生まれのベビーブーマーによる歳出圧力が強まるため増税が必要であることを語り始めているが，それがどの程度かについては明らかにしていない．他方，コミューンは財源不足や，サービス低下に対する住民の不満にさらされている．最近の世論調査では，中道右派連合（非社民ブロック）の支持率が社民ブロックを上回っており，10年以上政権の座にあった社民党に替わり政権に就く可能性が出てきている．

スウェーデンのエコノミスト（社会民主主義者）であったグンナー・ミュルダールは，1930年代の自由主義者を一面で評価しながらも，理想を実現するために必要な増税をする勇気がないとして厳しく批判した．1990年代初頭と中期にそれぞれ政権を担った中道右派連合と社民党を比較すると，多くの類似点があるが，決定的に異なるのは，社民党が増税を行ったのに対し，中道右派連合は減税を行ったことである[22]．

次の政権が政治を担う2006-2010年における社会保険の重要な動きを予測すると，傷病手当／労災保険の将来がまず重要課題で，両親保険も見直しが行われると思われる．もし社民党が敗北することがあれば，穏健党は，（現在は否定しているが）これまでの歴史的経緯から見て，国庫補助付で労働組合が管理している失業保険について見直しを行うであろう．

※本章の翻訳にあたり，島崎謙治政策研究調整官（国立社会保障・人口問題研究所）から御協力を賜ったことに対して，深く感謝いたします．なお，本章はパルメ氏の英語の論文を翻訳したものであるが，紙幅の制約もあり，必ずしも逐語訳ではなく，文意を損なわないように配意したうえで要約した部分や省略した部分がある．また，日本とスウェーデンの社会保障制度の相違等から読者に誤解を与えかねない箇所や解説を要する箇所については，適宜，本文または下記で訳注を加えた（原文には注は一切なく，以下の注はすべて伊澤による訳注である）．

注
1 ここでは基礎年金の確立をさすが，同時にユニバーサルモデルの確立でもある．
2 旧年金制度の ATP（付加年金，2 階部分の報酬比例年金）の確立を指す．
3 国（社会保険庁）が運営を継承した．
4 所得比例年金において，拠出の上限（所得基礎額×8.07）が定められるとともに，年金権の基礎にカウントされる所得に上限（所得基礎額×7.5）が設けられているため，高額所得者になるほど給付時の所得代替率が低下する．スウェーデンでは，これを一種のシーリング（income-ceiling）として議論することがある．これに対し，両親保険等においては，所得比例年金のように，拠出（全額事業主が負担）と給付にダイレクトなリンクはないため，文字通り，給付支払額に上限（価格基礎額×7.5）が設けられている．
5 「短期的」という意味は，傷病手当のように将来の労働市場への復帰を前提としている給付という趣旨である．他方，傷病が固定した場合（長期的）には障害年金が支給されることになる．
6 対人社会サービスの担い手として，特に女性労働者をコミューン等で地方公務員として吸収すること（積極的労働政策の一環）により，「対人社会サービスの充実」，「女性の社会進出」，「完全雇用」の同時実現を図ったことを指す．マクロ経済政策・雇用政策で見た場合のスウェーデンモデルである．
7 失業保険給付以外は社会保険庁（国）が支給する社会保険給付である．
8 「高齢者生計補助」制度．移民等，居住期間が短い者に例外的に支給される制度である．なお，65 歳以上の者には保証年金があるので社会扶助は支給されない（社会扶助は 65 歳未満を対象）．
9 2000 年で新規申請受付が終了した．
10 筆者も指摘しているように名称変更にもかかわらず実態は年金制度のままであり，日本ではそれぞれ「活動年金」「疾病年金」と訳され，紹介されていることが多い．有期給付であるが，再申請・継続受給が可能であり，日本の障害年金と同じ役割を持った給付である．
11 10 日を上限として一時的両親手当が支給されるものである．
12 両親が離婚して，一方の親と同居している子供に対して，もう一方の親があらかじめ同意した養育費が支払われない場合に，社会保険より養育費を立て替え払いする制度である．
13 2004 年のスウェーデン GDP 成長率は 3.6％ を記録したが，雇用状況の改善につながってきていない．現社民党政権は伝統的な積極的労働政策による改善を試みているが，野党を中心に，このようなスウェーデンモデルには限界がきているとの批判が行われている．

14 いわゆる市場の失敗により、ユニバーサルサービスとならないという趣旨である．
15 LSS法に基づき、重度機能障害者が自ら直接介助者を雇用し、これに必要とされる費用をコミューンが負担（20時間未満の場合）、あるいは社会保険から手当として受け取る（20時間以上の場合）制度．
16 同時に、サービス利用料等を払った後に「最低所得保証額」が残るようにする改正も行った．
17 注10を参照．
18 いずれも、日本で言う所得税に相当する．
19 普遍主義を維持するために短期的には全体の給付カットを受け容れ、長期的には制度の性格維持を図ってきたことを論じている．
20 働いて収入を増やした場合、住宅手当の受給資格を失う恐れがあるので、住宅手当を受けられる所得以下にしようという強いインセンティブが働くことを言っていると思われる．
21 私的保険には、自営業者等がやむにやまれずに加入しているというのが実態であり、重い税負担をしている以上、これに見合った当然のサービスが提供されるべきであり、医療の待機問題も現在ある（税）財源で解決されるべきであるという意識が一般には強い．
22 スウェーデンの関係者と話しをすると、「スウェーデンは増税を訴えた政党が勝つ世界でも稀な国だ」と説明をされることが多々ある．

参 考 文 献

Åberg, Rune（1996）"Är stigande jämviktsarbetslöshet huvudproblemet pa arbetsmarknaden?" *Ekonomisk Debatt* 25:25-35.

Alber, Jens（1988）"Is there a crisis of the welfare state? Cross-national evidence from Europe, North America and Japan." *European Sociological Review* 4:181-207.

Bergmark, Åke and Joakim Palme（2003）"Welfare and the Unemployment Crisis: Sweden in the 1990s". *International Journal of Social Welfare* 12:108-22.

Björklund, Anders（1997）" En tidsbegränsad arbetslöshetsersättning". *28 recept mot arbetslösheten*, edited by Jan Johannesson and Eskil Wadensjö. Stockholm: SNS Förlag. 74-80.

Daly, Mary（1997）Welfare States Under Pressure: Cash Benefits in European Welfare States Over the Last Ten Years. *Journal of European Social Policy* 7:129-46.

Esping-Andersen, Gösta and Walter Korpi（1987）From Poor Relief Institutional Welfare States: The Development of Scandinavian Social Policy. *The Scandinavian Model: Welfare*

第Ⅰ部 社会保障改革の視点:先進諸国の動向と日本への示唆

States and Welfare Research, edited by Robert Erikson, Erik Jörgen Hansen, Stein Ringen, and Hannu Uusitalo, New York: M E Sharpe, 39-74.

Eklund, Klas (ed.) (1993) En skattereform för socialförsäkringen? Stockholm: Publica.

Farm, Ante (1997) Sökeffektivitet och arbetslöshet. *28 recept mot arbetslösheten,* edited by Jan Johannesson and Eskil Wadensjö, Stockholm: SNS Förlag, 50-56.

Holmlund, Bertil (1996) Arbetslöshetsförsäkring och arbetslöshet, *Ekonomisk Debatt* 24:353-68.

Kangas, Olli and Joakim Palme (1993) Eroding Statism? Labour market benefits and the challenges to the Scandinavian welfare states, *Scandinavian Welfare Trends,* edited by Erik J. Hansen, Stein Ringen, Hannu Uusitalo, and Robert Erikson, New York: M. E. Sharpe, 3-24.

Kangas, Olli and Joakim Palme (1996) The Development of Occupational Pensions in Finland and Sweden: Class Politics and Institutional Feedbacks, *The Privatization of Social Policy,* edited by Michael Shalev, London- Macmillan, 211-40.

Kangas, Olli and Joakim Palme (eds.) (Forthcoming 2005) *Social Policy and Economic Development in the Nordic Countries,* Basingstoke: Palgrave.

Korpi, Walter and Joakim Palme (1998) The Paradox of Redistribution and Strategies of Equality: Welfare State Institutions, Inequality and Poverty in the Western Countries," *American Sociological Review,* 63:661-87.

Korpi, Walter and Joakim Palme (2003) New Politics and Class Politics in the Context of Austerity and Globalization: Welfare State Regress in 18 Countries 1975-1995, *American Political Science Review,* 97:426-46.

Palme, Joakim and Irene Wennemo (1998) *Swedish Social Security in the 1990s: Reform and Retrenchment,* Stockholm: Ministry of Health and Social Affairs.

Palme, Joakim (1999/2000) *The Nordic model and the modernisation of social protection in Europe,* Copenhagen: The Nordic Council of Ministers.

Palme, Joakim and Ola Sjöberg (2002)'Välfärdsystemens finansiering i ett europeiskt perspektiv.' In *Expertrapporter till Skattebasutredningen. Volym B, Rapport,* 10:317-72, Stockholm: Fritzes.

Palme, Joakim, Åke Bergmark, Olof Bäckman, Felipe Estrada, Johan Fritzell, Olle Lundberg, Ola Sjöberg, and Marta Szebehely (2002) Welfare Trends in Sweden: Balancing the Books for the 1990s, *Journal of European Social Policy,* 12 (4):329-46.

Palme, Joakim, Åke Bergmark, Olof Bäckman, Felipe Estrada, Johan Fritzell, Olle Lundberg, Ola Sjöberg, Lena Sommestad, and Marta Szebehely (2003) A Welfare balance Sheet for the 1990s', *Scandinavian Journal of Public Health,* Supplement 60, August.

Palme, Joakim (2005) Features of the Swedish pension reform, *The Japanese Journal of Social Security Policy*, 4(1) June2005: 42-53.

Pierson, Paul (1994) *Dismantling the welfare state? : Reagan, Thatcher, and the politics of retrenchment*, Cambridge University Press.

Ringen, Stein (1988) *The Possibility of Politics*, Oxford: Oxford University Press.

Social Protection in Europe (1995) Luxembourg, European Commission, DG V.

Sjöberg, Ola (1999) 'Paying for Social Rights', *Journal of Social Policy*, 28:275-97.

Titmuss, Richard (1974) *Social Policy*, London: George Allen & Unwin.

Wennemo, Irene (1994) *Sharing the Costs of Children,* Stockholm : Swedish Institute for Social Research Dissertation Series No. 24.

第4章 社会保障の担い手と負担のあり方

橘 木　俊 詔

1　社会保障における哲学・倫理学的基礎

(1)　はじめに

　ある人が不幸に陥ったとき，あるいは働けなくなったときに，まわりの人や組織が経済的にサポートする制度を社会保障制度と定義してみよう．どのような不幸や働けなくなったことがあるかといえば，失業，病気，傷害，貧困，労働からの引退，といったことが挙げられる．福祉国家の聖典ともいってよい『ベヴァリッジ報告』(1942)では，(1)窮乏（Want），(2)疾病（Disease），(3)無知（Ignorance），(4)ホームレス（Squalor），(5)失業（Idleness），の5つが挙げられている。私の列挙したことと『ベヴァリッジ報告』では似た点が多い．

　ただし，1つだけ大きく異なることがある．それは労働からの引退である．現代では少なくとも日本において，もっとも大きな社会保障制度は給付額の比率からみて年金制度である．これは労働からの引退によって働けなくなった，あるいは働かなくなった人の所得を保証する制度であるが，ベヴァリッジ時代にあっては引退後の所得の保証は大きな関心ではなかったので，具体的に「労働からの引退」ということは指摘されていなかったのである．もっとも，引退後は窮乏に陥ることが予想されるので，窮乏を労働からの引退に含めると解釈すればその限りではない．

　むしろベヴァリッジ時代で特筆すべきは，ホームレスが挙げられていることである．住居がないというのは人間生活にとって大きな不幸なので，その

ことを特記したものと思われるが，このことはイギリスないしヨーロッパの社会保障や福祉制度を特徴づけるときに，重要な事実である．なぜならば，社会保障支出のうち住居関係の支出額はヨーロッパで多いが，日本ではそれが非常に少ないということで対比できる．

　日本とヨーロッパの福祉制度を比較すれば，もう1つの差は児童手当の多寡にある．ヨーロッパ諸国の中でもフランスや北欧諸国では児童手当の額は多いが，日本ではこれに比べて少ない．一方，日本では繰り返すが公的年金給付が社会保障給付総額に占める比率が一番高い．日欧間において，どのような福祉支出に差があるかということを，「住宅・児童手当」対「年金」という対比で凝縮させたが，これは後に述べるように福祉の担い手は誰であるか，ということと関係があるので冒頭で述べたのである．

(2)　福祉の担い手は誰か

　福祉の担い手は誰かということに関していえば，次のような担い手が挙げられる．(1)本人，(2)家族，(3)企業，(4)国家（公共部門），がその中心である．これに (5) NPO，(6)地域をはじめとした共同体，を加えて橘木 (2002) で論じたことがある．NPOと共同体は (1) から (4) までのどれかが変容したものであるか，それとも (1) から (4) までが合体したものであるとみなすことも可能である．

　(1)本人は自立を意味しており，他人にはお世話にならないということを言外に含んでいる．

　(2)家族は家族のメンバー内で福祉，例えば経済支援や病気介護を行なうもので，一般論でいえば無償のサービス提供である．福祉は国家の互恵主義に立脚したものであるという考え方があるが，家族が福祉に関与するということは，この互恵主義と異なっている．むしろ，愛情に基づいた利他主義によってなされるものと考えた方がよい．

　(3)企業が福祉に関与していることを評価することは，意外と難しいものである．橘木 (2005) によって歴史的にみてなぜ企業が福祉の提供者として登場するようになったのかが議論された．ただし，多くの論者ではその哲学

的基礎は明確ではない．わずか塩野谷（2004）によって，「コースの命題」が議論されて，取引費用が存在することが企業の存在を証明する1つの要因とのみ説明されている．しかし，なぜ企業が福祉に関与するようになったのかの哲学・倫理的な説明はなされていない．むしろ塩野谷は個人と国家の中間体としての企業の特質を強調して，後に述べるコミュニタリアン（共同体主義）の思想の根幹として，企業を理解しているようである．

(4) 国家が福祉に関与するのは，いわば福祉国家論として経済学，倫理学，社会学，政治学の立場から大々的に議論されてきたし，今でもそれは進んでいる．その哲学的基礎としても，（政治的）リベラリズム，（進歩的）リベラリズム，あるいは社会契約主義を中心として議論されている．なお塩野谷（2002）はロールズ（1972）の正義論によるリベラリズムという言葉よりも，社会契約主義という言葉を好んで用いているので，ここでは社会契約主義という言葉を併記した．リベラリズムに対立する思想として，功利主義，リバタリアニズム（自由至上主義），コミュニタリアニズム，が社会保障の哲学的基礎として論争が重ねられてきた．

(3) リバタリアニズム

もともとリバタリアニズムは福祉の権利をすべての人が保有するという考え方を否定する．福祉の権利というのは，ベヴァリッジに始まる福祉国家の考え方を学問的に基礎付けた社会学者マーシャル（1950）による，「市民権」「政治権」「社会権」の3つのシティズンシップの諸権利をさしていると理解してよい．すなわち，すべての市民は福祉を受ける権利があると理解する．この理解に対して，リバタリアニズムは反対するのである．

反対する最大の理由は，人間にとって最高の価値は自由権なので，福祉の権利は自由の侵害につながるとみなすからである．いわば自由が最も尊ばれる社会であれば，福祉の権利をすべての人が有するとはいえないので，自由至上主義と訳される理由でもある．いわば，（国の用意する）福祉を拒絶する自由が人々にはあるとされる．具体的に言えば，公的年金や医療保険制度に加入しない自由も保証せねばならないと考えるのである．

このような自由尊重論は代表的にはノージック（1974）で示されているが，経済学者でもこの思想を重視する人は多い．例えば，シカゴ学派の代表者であるフリードマン（1979）は，社会保障のみならずほとんどすべての分野において，自由経済，すなわち政府の関与を否定する考え方を主張している．例えばフリードマンは政府による規制を排除して，自由競争のもたらすメリットに全幅の信頼をおくので，できるだけ小さい政府がよいとしている．したがって，福祉政策もミニマムに抑えることを主張している．

なぜ，福祉や社会保障をミニマムにすればよいのか，リバタリアンは次のような理由を挙げる．(1)個人の自助努力を無駄にする．(2)家族や共同体，あるいはボランタリー組織による互助体制の方が望ましい．(3)政府のやる政策は非効率なので，政府の施策をできるだけ排除する．(4)政府は大きな政策を行なえば権力をもつことになる．結局，得をするのは権限を保有する官僚組織が君臨することになる．これらの考え方はリバタリアニズムというよりも，ブキャナンを中心とする公共選択学派に近い．

以上をまとめれば，政府の行なう社会保障政策は非効率であるし，民間の自助努力を阻害する恐れが大である．自由を尊重する立場から，福祉は個人（自立），家族，共同体にまかせるのがよいとするのである．

ここで興味深いのは，リバタリアニズムは家族や共同体の役割を重視する点である．この考え方は政府の関与を否定することが第一目的なので，誰かが福祉を担うことの必要性があるので，個人（自立）だけでは限界があることに注目して，家族や共同体を重視するのであろう．しかし，家族の役割を義務としない思想，例えば成人した子供が親を扶養する義務はないとするイングリッシュ（2002）の考え方もある．これに関して森村（2004）も，子供による強制的な親の扶養を法文化することを否定している．リバタリアンも一枚岩ではない．

フリードマンに話を戻せば，福祉に関して現代でも議論となる考え方を提供している．それは「負の所得税」構想である．フリードマンは貧者を救済する手段として，非常に低い所得しかない人に政府が税を還元する政策を主張している．これは"勤労しても"低所得しかない人の生活を保証するため

であるが，政府が生活保護といった給付金を支給するよりも，働くことを条件に負の所得税を政府が支払うとする思想である．

　福祉を手厚くすると，人はモラル・ハザードを起こして勤労しなくなる恐れがある．これを現代流に言えば，ワークフェアー（Work and Welfare）の見地からすると，働くインセンティヴをもたせることも福祉政策の目的の1つとなる．働かなくてもよい生活保護といったものを支給するのではなく，働いてもらってから低い所得の人の所得支持政策として，負の所得税を支払うのも，ワークフェアーの目的に合致する可能性がある．技術的な問題がいくつかあるので，負の所得税はまだどの国でも導入されていないが，ワークフェアーを推進するにはこの政策は有効な政策の1つである．フリードマンの先見性を見せつけられた構想である．

(4)　リベラリズム

　リベラリズムをそのまま直訳すれば自由主義であるが，英語と米語でその意味は微妙に異なる．英語はリバタリアン（自由至上主義）より自由を意味する程度がやや落ちることをさすが，米語はコンサーヴァティズム（保守主義）に対立する意味をもたせて，リベラリズムには進歩主義の香りがある．

　言葉の混乱を避けるために，リベラリズムには様々な言葉が枕詞としてつけられることがある．例えば，民主的リベラリズム，政治的リベラリズム，あるいは社会契約主義ともいわれる．ここでは言葉の問題にはさして介入せず，リベラリズムの思想をロールズの主張に代表させて考えてみたい．

　ロールズの『正義論』は20世紀最大の哲学思想ともいわれ，リベラリズムの考え方を世に知らしめた影響力は大きかった．この大部の哲学書を消化するには，経済学を専門とする素人にとって大変なので，ここではそれを議論しているいくつかの文献に依存して解説する．それらは，塩野谷（2002, 2004a, b），渡辺（2004），盛山（2004），後藤（2002）等である．

　ロールズの正義論は功利主義（ユーティリタリアニズム）の批判から始まる．功利主義はベンサムの「最大多数の最大幸福」で代弁されるように，個人の主観的な満足を社会構成員の総単純和で代表された「社会的厚生関数」

の最大化を図る．経済学の理論分析においてよく用いられる社会的厚生関数として2つの大きな考え方がある．その1つがユーティリタリアン流の個人効用の単純合計値であり，もう一方はロールジアンとも言われるように，個人の効用の総計の最大化を図るときに，社会でもっとも恵まれない人の効用に最大のウェイトをかけるような社会的厚生関数をさす．したがって，前者は恵まれた人もそうでない人も差別せずに，すべての人を同ウェイトで評価するのに対して，後者はもっとも恵まれない人のウェイトを高くして評価する差がある．経済学の世界においても，功利主義とリベラリズムは大きな影響を与えているのである．

ロールズは次の3つを基礎原理とする．第1は，すべての人々は平等な権利と諸自由を持つ．第2は，人々は公正な機会均等の条件の下にいる．第3は，不平等は社会においてもっとも恵まれない人々の利益を是正することに最大のウェイトをおく．第1を基本的自由の原理，第2と第3を格差原理と呼び，ロールズの正義論は2つの原理から成るとする人もいる．

ロールズは社会保障制度を意識してリベラリズム論を展開したものではないが，彼の思想は，社会保障の運営にあたって，基本的な考え方を提供している．ロールズ後の人によって再解釈されたので，ロールズの思想が社会保障の基礎理論として重宝されているのである．

塩野谷（2004b）によると，資本主義・民主主義・社会保障の三層からなる福祉国家は，第1原理によって政治的自由を規定し，第2原理によって公正な機会均等とセーフティ・ネットを規定し，第3原理の格差原理は民主主義と社会保障によって制約された資本主義の帰結とする．

もっとも恵まれない人への配慮は社会保障制度の核心とみなされ，それを保証するのは，自分では解決できない不遇（あるいはリスク）に備えた「保険」という社会的な仕組みで対処されるとした．ロールズの思想の核心がもっとも恵まれない人への配慮であることは確実であるが，それを保証する制度として「保険」を重宝するのにはやや不満がある．なぜならば，保険はもっとも恵まれない人のみならず，当然のことながら中間階級，あるいは高所得階級の人にまでメリットが及ぶ制度だからである．現に，ル・グラン

(1987)，アトキンソン（1995），橘木（2000）では，福祉国家の最大の存在意義は，ごく普通の人（すなわち大多数の中間階級）がリスクから開放されて，所得保障があるような社会保障制度の果たす役割に集約されるとしている．

ロールズは1972年の『正義論』から，1993年の『政治的リベラリズム』，1999年の『正義論』の改訂版に至るまで，時代とともに思想を変えてきた．それを変節と呼ぶ人もいれば，そうでなく思想を深化・矯正させたにすぎないとする意見もあり，その解釈は様々である．ここではその変節の当否には深入りせず，ロールズの福祉国家観を述べておこう．

ロールズは自分の考えは，「財産所有制民主主義」（property-owning capitalism）の福祉国家観に近いとしている（ロールズ，1999）．どういうことかと言えば，経済学者ミードのいう「財産所有制民主主義」の支持であり，俗にいう「福祉国家的資本主義」（welfare-state capitalism）の支持ではない．ロールズはいわゆる福祉国家，すなわち政府が様々な再分配政策を行なう国家では，究極的な効果は再分配の恩恵を受ける人が，結局社会の下層階級を構成することになり，常に福祉に依存せねばならないようになるとみなした．これは別の言葉でいえば，スティグマとモラル・ハザードの存在が福祉国家には避けられないことを述べているのである．

一方，財産所有制民主主義では，人々に平等な基本的諸自由と機会の平等が与えられており，かつ人々が資本（それは物的・人的を問わず）を私的に所有して生産活動を行なうことの意義を強調する．ロールズは人々の自由な経済活動を賛美しているのである．この意味では既に述べたリバタリアニズムの思想と共通するところもある．それと異なる点は，人々に"機会の平等"が与えられる必要を強調しているのである．

ロールズの批判する福祉国家は，結果の不平等に国家が介入することを良しとせず，国家は財産所有制民主主義における機会の平等[1]を確保することを重要とみなしている，とも結論づけられる（橘木，2004）．

ここで1つの疑問が浮かびあがる．ロールズの主張した格差原理（すなわち最も恵まれない人々の優先）はどこに生かされていると理解すればよいの

であろうか．それはもっとも恵まれない人々が社会で経済活動を行う際に，機会を平等にする政策，例えば相続税に累進性を導入したり，教育の機会均等政策を強力に行う，といったように人々のスタート・ラインにおいて，特にハンディを背負っている人が排除されないようにすることで達成できると判断すればよいであろう．

　ロールズは決して福祉国家が手厚い社会保障政策を行ったり，あるいは強力な所得再分配政策を実行したりすることを勧めていない．結果の平等を達成するよりも，機会の平等を達成することの優先度が高いことをロールズは主張しており，例えば北欧でみられるような高度な福祉国家の政策を容認しているのではない，というのが私の理解である．

(5) コミュニタリアニズム

　共同体主義と訳されるこの思想は，リベラリズムと対立するものでもあるし，ユニバーサリズム（普遍主義）とも対立する考え方である．もともとコミュニタリアニズムはロールズのリベラリズムを批判することから出発しているので，リベラル対コミュニタリアン論争とみなすのが一般的であるが，共同主義対普遍主義の論争も見逃せないものを含んでいる．後者に関しては，ラスマッセン（1995）が有用である．

　共同体とは何であるか，ということから始めねばならない．共同体とは家族や地域社会といったことを連想すればわかりやすいが，もう少しフォーマルに言えば，人間社会は様々な人々から成るが，共通の特質をもった人々の集合体を共同体とみなす．家族は血縁で結びついているし，地域は狭い地理の範囲内に住む人々で，共同体でもある．他にも，宗教，性，言語，職業，学校，等々の性質を考えたときに，共通の特質を保有した人々は必ず存在する．宗教であれば，イスラム教，ユダヤ教，キリスト教，仏教の信者は同じ共同体に属している．

　コミュニタリアニズムとリベラリズムの対立点に関していえば，共同体主義が自由主義を批判する点は，ロールズは単一次元に基づく平等にこだわるということである．各自が様々な特質で成り立つ共同体であれば，様々な次

元から成る「複合的平等」の方が，「単一的平等」よりも現実の世界に近いのではないか，とするのである．例えば「単一的平等」の象徴として所得という変数を考えれば，どういう場合が平等でどういう場合が不平等というのかは比較的簡単に判断できる．もっとも恵まれない人というのも最低所得の人，あるいは極貧の人であると定義できる．

しかし，世界は様々な共同体で成立するのであるから，単純に所得という基準だけで平等が語れず，いろいろな次元（すなわち多次元）の視点から正義なり平等が語れるのではないか，というのがウォルツァー（1983）の主張なのである．例えば，組織や団体への参加資格，貨幣や商品，仕事，余暇，時間，教育，家族，政治力，等々，いくらでも平等を語れるわけで，単一の次元では表現できない「複合的平等」が人間社会にふさわしいとみなす．ある人にとっては教育や仕事は重要かもしれないが，別の人にとっては余暇時間や家族が大切かもしれない．こう考えれば，人の平等を語るときは複合的にならざるをえないのである．

共同体主義の考え方は，同じ共同体に属する人々の間で絆が高まるし，成員に共通の善（共通善）が芽生えるし，徳も共同体の中で育成される，といったことが強調される．塩野谷（2002）はこの共通善を「卓越」という言葉で代表させて，共同体主義を独自の見方で解釈している．「卓越」すなわち「徳」を重視する倫理学は，人間のもっている「良き正」（well-being）を高めるのに役立つものとみなすので，社会保障制度の役割においても，人間の能力や努力心を高めることを重視する．したがって，社会保障制度は効率性を高めるようなものであることが望ましく，セーフティ・ネット（安全網）だけではなく，トランポリンやスプリングボード（飛躍台）のように，一層の自己実現を高める効果が期待される，と塩野谷は主張する．塩野谷は社会保障に関していえば，コミュニタリアン的な考え方に親近感を持っているようである．

私自身が共同体主義による社会保障制度の見方でもっとも違和感を感じる点は，同じ共同体内での社会保障制度であれば，他の共同体における社会保障制度との格差が大きくなる可能性を危惧する．同じ共同体内の人々であれ

ば，思想や経済状況も似た者同士が多いので，社会保障制度は人々の満足を得られやすい安定的なものが作られる可能性が高い．これはそれで結構である．しかし，別の共同体にいる人々の間であれば，例えば経済状況の強くない人や弱者だけが集合する共同体の場合，劣悪でしかも不安定な社会保障制度しか用意できない可能性がある．

例を挙げればわかりやすい．日本の医療保険制度は，職業や就業形態によって次の4つの制度から成る．(1)大企業に勤める人の組合健保，(2)中小企業に勤める人の政府管掌健康保険，(3)引退者と自営業者の国民健康保険，(4)公務員の公務員共済，である．これらはそれぞれの制度に属する人々が同じ共同体に属しているとみなせうる．このことが日本の社会保障制度は共同体主義の発想で成立・運営されている，と理解することを可能にしているのである．この4者の間では経済状況が相当異なるので，それぞれの制度間にサービスの程度に格差が生じる[2]．そのため，2002年の改正までは，組合健保と国民健康保険の間では，医療サービスの負担の状況がかなり異なっていた[3]．特に国民健康保険の赤字は深刻となり，最後には前者から後者への財政移転という非常手段が採用されることとなった．これは制度の分立という事態が招いた帰結であった．

制度の乱立から生じる欠点を是正するには，共同体主義ではなく普遍主義（ユニバーサリズム）に立脚して，国民に唯一の普遍的な制度を提供することである．職業，就業形態，経済力といった変数で区別された個別の共同体だけに通用する社会保障制度ではなく，すべての国民が唯一の普遍的な制度に加入することによって，制度間格差を是正できる．これを現に達成している国がある．それはイギリスやイタリアの医療保障制度であり，北欧諸国における年金制度である．

以上のような理由によって，私自身は共同体主義に基づく社会保障制度よりも，リベラリズムや普遍主義に基づく社会保障制度を好む．ただし，すべての国民が唯一の共同体を構成していると拡大解釈が可能であれば，国が共同体であるとみなせる．それが可能であれば，私自身の好みも共同体主義に立脚した社会保障制度であるとみなせる．これは各種各様の異なった人々が

1つの国には在籍しているが，その差を無視して，すべての国民が共通善を認識している，との信頼が必要となる．

2 企業が福祉に寄与することの意義と政策

　福祉の提供者として，大別すれば次の6者がある．(1)個人（本人），(2)家族，(3)企業，(4)NPO，(5)国家，(6)コミュニティ，がそうである．前節における哲学・倫理学の考え方と社会保障の関わりを読むことによって，これらの主体がどのような動機でもって社会保障に関与してきたかが明らかになった．これまで国家については，福祉国家論として大々的に議論されてきたので，本節ではさほど注目されてこなかった企業に注目して，その役割と今後のあり方について考えてみよう．

(1) 企業福祉を歴史上で評価すると

　企業福祉（特に非法定福利厚生）がなぜ発展してきたかを簡単にまとめると次のようになる．
(ⅰ) 労働者の病気や労災上の費用，あるいは住宅提供を企業が負担することによって，労働者が安心して勤労できる環境を与えることができる．
(ⅱ) 引退後の所得保障策（例えば退職金や企業年金制度）に企業がコミットすることにより，労働者の長期雇用が期待できる．もとより企業からすると，従業員が長期にその企業で働くことのメリットを感じているとの前提が必要である．公的年金への事業主負担もこれと同じ解釈が可能である．
(ⅲ) 公共部門の提供する社会保障制度が未発展で不十分な時代にあっては，企業がそれを進んで補完することがみられた．戦前の日本はもとより，戦後の日本も企業において基本的にこの解釈が妥当し，資金に余裕のある大企業が恵まれた企業福祉を従業員に提供してきた．
以上3つの根本理由の精神はどこにあるかといえば，「企業福祉の提供が

労務管理上有効な政策手段である」と多くの企業が信じていたことにある．安心感の賦与，勤労意欲の向上，企業へのロイヤルティ（忠誠心）の醸成，という言葉で要約されるように，企業福祉の提供によって従業員が働きやすさを感じることができた．これによって労働生産性が高まることが期待できるのである．これは労務管理上の目的にほかならない．

しかし，(ⅲ)の理由に関していえば，いくつかの留保条件が考えられる．第1に，国によって公共部門の果たす役割は様々である．換言すれば，公共部門が大きな役割を演じる国もあれば，小さな役割しか演じない国もあるので，企業への期待度も国によって異なる．この差によって企業がどれだけ従業員の福祉に熱心になるかの差を決めるのである．

第2に，支払い能力に余裕のある大企業は企業福祉にコミットできたが，そうでない中小企業に働く人はそのベネフィットを受けることができなかった．これをわが国に応じて解釈すれば，「企業福祉の規模間格差」と言ってよい．日本の労働市場は賃金などの労働条件に企業規模間格差が大きく，「二重構造」と称されて日本の特色であったが，福祉の分野でもこの「二重構造」が成立していたのである．

第3に，この「福祉の二重構造」問題に加えて，最近の日本に関していえば，労働者の中でも正規労働者とパートタイマー，アルバイター，派遣社員といった非正規労働者の間で，企業福祉を受けることの差が大きくなっている．

第2と第3のことをまとめれば，労働者によって企業福祉のサービスを受ける量がかなり異なる，ということになる．これは公平性という観点からすると問題があるといえるが，一方企業の経営は自由であるという観点からすれば問題なし，ともいえる．どちらの判断が正しいか，議論を尽くす必要はあるが，筆者の判断は，社会保障と福祉には普遍主義を支持するので，前者の考え方を支持する．すなわち，労働者の間に福祉サービスに大きな格差が生じるのは好ましくない．

(2) 法定福利と非法定福利は異なる

　労務管理上の政策として企業福祉の存在意義を理解するのであれば，ここで重要なテーマが浮かび上がる．それは企業が独自で提供する社宅，保養所，文化・体育施設，慶弔費，さらに私的年金や退職金・企業年金といった非法定福利厚生は，その企業に働く労働者のみにベネフィットが及ぶのである．企業はこれらの福祉支出を行なっても，確実にその企業で働く従業員の利益になるとみなせる．もとより，ある福祉制度のために支出を行なってもそこの従業員の利益になっていない，と従業員が批判する可能性も排除できないが，少なくとも他企業で働く労働者の利益になることはない．その意味では非法定福利厚生費の支出は，自分の企業で働く従業員に役立つだろうと期待できるので，労務管理上の政策になりうる．

　しかし，年金，医療，介護といった法定福利厚生費の支出に関していえば，必ずしも自分の企業で働く従業員のベネフィットになるとは考えにくい．例えば公的年金保険料への事業主負担を考えれば，すべての労働者の引退後の老後所得保障の財源を拠出するものであり，いわば匿名で非特定の労働者の福祉に財源支出しているのである．もとより，企業からすれば法定福利厚生費の事業主負担のベネフィットは，その企業で働く労働者にもベネフィットは及ぶが，その数は日本の労働者全体の数と比較すれば何千分の1，あるいは何万分の1しか占めていないのである．これでは労務管理上のメリットはほとんど感じられないので，企業は法律で決まっているからしぶしぶ保険料の事業主負担分を拠出する，といっても過言ではないだろう．

　このように評価すると，非法定福利厚生と法定福利厚生に関していえば，企業が両者を拠出する動機は大いに異なるし，支払いのベネフィットを感じる程度も決定的に異なるのである．前者に対してはある程度効果が期待できるので，支出を好んで行なうといえるが，後者に関しては非常に消極的にしか支出していないのである．このことがあるので，企業は法定福利厚生費の拠出に負担感が強いのである．

(3) なぜ法定福利厚生に企業が拠出するようになったか

　非法定福利厚生に対する企業支出において，企業がどう判断しているかの違いを強調したが，ではなぜ法定福利において企業も財政負担するようになったのであろうか．ここでは法定福利においてなぜ企業が，ということに注目する．この支出によって企業はほとんどベネフィットを感じないと強調したので，それにもかかわらずなぜ企業が，というのがここでの問題意識である．

　なぜ企業が，という問いに対しては，19世紀後半におけるビスマルクのプロシャ，第2次大戦中のイギリスにおける『ベヴァリッジ報告』では，企業の役割が強調された．ここでは具体的な制度のもっている意義から考えてみよう．

　それは公的社会保障制度の歴史をたどることによってわかる．ほぼどの国においても最初に導入された社会保障制度は，労災保険と医療保険ということに気づく．そして，年金制度はその後に導入されていることに留意したい．プロシャを例にすれば，労災は1871年，医療保険は1883年，老齢年金は1889年の導入である．わが国でも，健康保険は1922年，厚生年金は1941年（制度として確立したのは1944年）の法律施行である．いずれの国も医療保険が先に導入され，後に老齢年金の導入がみられる．

　この2つの制度の導入時期の差が鍵をにぎる．なぜならば，労働災害や病気に関する保険料支払いは，企業も負担しやすい性質のものだからである．労災は従業員が企業で作業中に発生する災害であるし，企業の責任で起こる場合も多い．病気・傷害は業務内と業務外の双方で従業員に発生するが，早く病気から立ち直って企業での生産活動に従事してもらうことを企業は望む．労災や病気の費用に対して企業が財政負担することは，従業員に安心感を与えるので，労務管理上のメリットがある．したがって，これらの社会保険制度に企業が保険料を何割分か負担するのは，自然の成行きといえるのである．

　老齢年金に関していえば，年金給付の開始は労働者が企業を引退してから行なわれることなので，企業が年金保険料を負担するメリットはほとんどな

い．なのになぜ，年金の保険料を企業も負担するようになったのか．

　それを説明するには，公的年金制度が計画されそして施行された時，既に労災・医療保険制度が定着していたこと，が重要となる[4]．特に重要なことは，労災・医療保険の保険料の何割かを企業が負担することも，事実として定着していたことを強調したい．すなわち，公的年金制度の保険料負担をどのようにするかを検討する時に，労災・医療保険が既に企業の保険料負担を実践していたので，労災・医療保険と同じく社会保険制度である年金制度にあっても，企業に負担を求めるのは多くの計画関与者にとって自然な発想だったのである．

　企業側とすれば，労災・医療保険制度への拠出はやむをえないが，年金制度への拠出には恐らく抵抗があったのではないかと想像される．現にイギリスにおける社会保障制度の聖典『ベヴァリッジ報告』の中で，社会保険料，特に年金保険料に対して負担の重さを避けるべく，企業が否定的な意見を陳述していることからも窺える．

　しかし，世の大勢は労災・医療保険制度にならって，公的年金保険料にあっても企業の負担を要請する時代だったので，多くの国で企業はそれを渋々受け入れたといえるのではないか．日本に関してもここで述べたことが該当するのではないか．特に日本ついていえば，戦中の1944年に厚生年金制度が公式に成立するが，戦争という非常時に国家権力は半強制的に公的年金である厚生年金の保険料を，労働者のみならず企業にも求めたのである．当時を含めて戦後の長い間，日本では年金制度はまだ初期の段階だったので，保険料負担の額も大きくなく，企業の抵抗も強くなかった．しかし，ここ20年ほどの間，年金制度は充実したし，少子・高齢化も進んだことにより，年金の保険料負担が企業にとっても相当増額することになり，最近になって企業は負担増に不満を述べるようになったのである．

(4) 企業の特色

　企業が福祉に関与するようになった経緯は明らかになったと思うが，ここでは企業特有な性質を議論して，企業が福祉に関与することによる問題点を

考えてみよう．企業には次のような特質がある．

　第1に，本人（すなわち人間）の生命は平均で80年，国家（公共部門）はほぼ半永久的に存在するものであるが，企業の生命は非常に短いものから長いものまで，いろいろであるということである．企業の中には創設されてほんの数週間，数ヶ月で倒産や廃業に追い込まれる企業もあれば，起源をたどれば江戸時代に創設されて，100年以上も存続している企業もある．

　企業はこのように存命期間が長短さまざまであることがわかる．しかも戦後の変化に注目すれば，総じて平均存命期間が短くなっている．もう1つやっかいな問題は，企業には合併や分社ということが頻繁に行なわれている．さらに，労働者自身も企業を移動する割合が高くなっている．これらをまとめれば，1人の労働者が1つの企業に新卒後の入社から労働市場の引退まで勤務する例は，非常に稀ということになる．

　企業の開業や廃業，そして労働者の企業間移動は，企業福祉の実践において多くの課題を提供することになる．代表的には退職金の計算，あるいは企業年金の運営ということに，多くの難題を生むことになる．例えば，倒産時の退職金支払いや企業年金の積み立てをどうするか，労働者が企業を移るときに企業年金の権利や積立金をどう移動させるか，といった問題が残る．もとよりこれらの問題を解決する手段はいろいろあるが，事務量が複雑になるし，かつ費用もかかる．さらに，労働者にとって不利にならないような制度を用意することもそう容易ではない．

　第2に，企業には規模による差が存在する．1万人を超える従業員をかかえる企業から，社長と従業員1人という極小の個人企業まで，企業規模には大きな差異がある．これらの異なる規模の間で移動する労働者に関していえば，ここで述べた退職金や企業年金にまつわる諸問題に加えて，従業員の受ける福祉サービスのレベルは相当異なっているということも忘れてはならない．やや極端に言えば，従業員1人の個人企業で企業独自の福祉を用意するのは不可能であるし，社会保険制度によっては加入できない（たとえば失業保険制度や厚生年金制度）ことさえある．自営業といわれる人々も存在する．自営業者は自分で経営するので，他企業でみられる社会保険料の事業主負担

第4章　社会保障の担い手と負担のあり方

はない．さらに，諸々の社会保険制度は一般の企業が加入しているものと異なったものに加入するか（例えば，国民年金や国民年金基金），そもそも制度自身が存在していないものもある．

　ここで既述した2つの点を要約すれば，一般の企業と自営業者の差，企業であっても規模による差が，人々の福祉の問題を評価するときに，様々な難題を生んでいる，ということになる．これを別の言葉でいえば，すべての人に普遍的でかつ公平な福祉サービスを提供することは，企業が媒介となった福祉制度に依存すれば，不可能に近いのである．

(5)　企業の抵抗

　企業が社会保険料の事業主負担を中心にして，国からの税や社会保険料の徴収を嫌がっていることは既に述べたが，ここで現実にどのような行動をとっているかを調べてみよう．国民年金の保険料を払っていない人の比率が，保険料支払い義務者の4割を越えていることはあまりにも有名であるが，企業もこれに似た行動を示しているのである．

　それは社会保険制度にそもそも加入しないということと，たとえ社会保険制度に加入していても，保険料を拠出しなかったり滞納している，ということで示される．後者の場合には景気が良くなれば拠出を再び始める可能性があるが，前者の場合は最初から制度に加入していないので，拒否反応がより強いと判断されるので深刻である．

　前者に関して荻原（2004）が有用な推計を提示している．企業の従業員が加入する厚生年金は，すべての法人事業所と5人以上の従業員を雇用する個人経営の事業所で加入義務があるが，次のような事実がある．2002年度の新規事業所9万6千社のうち，本来ならば厚生年金に加入すべき事業所のうち18％にあたる1万7千社が加入していないのである．20％弱というのはかなり高い比率である．

　5人以上の従業員を雇用している事業者という条件は，失業保険（雇用保険）制度への加入と同じ条件なので，雇用保険と厚生年金への加入の比率を比較すれば，その深刻度がより明らかになる．図1は労災保険，雇用保険，

厚生年金の加入事業所数の変遷を示したものである．2002年度において，厚生年金に加入している事業所数は162万84社であるのに対して，雇用保険に加入しているのは202万3千社である．この数字を比較すれば，約2割の企業が厚生年金制度に加入していないのであり，相当深刻な未加入企業数（39万5千社）ということになる．

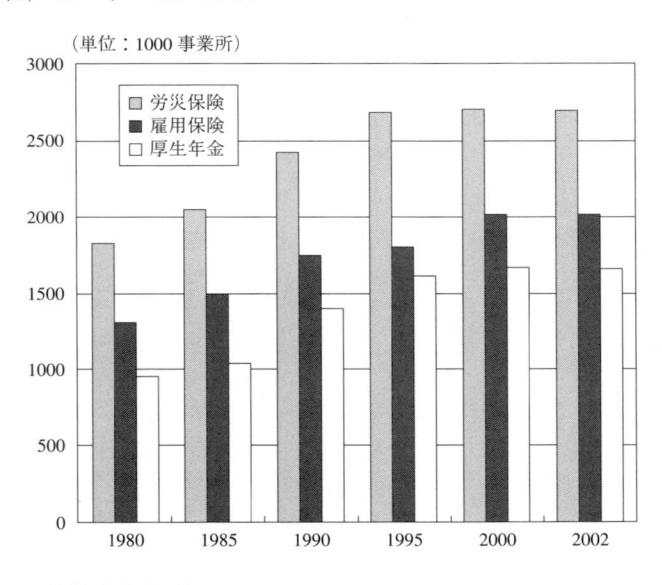

(単位：1000 事業所)

出所：荻野（2004）．

図1　社会保険の加入事業所数の推移

なぜこれだけの高い比率の企業が加入していないのかといえば，景気が悪いという事情は無視できないが，根本的な理由は厚生年金保険料の事業主負担の支払いを企業が嫌悪していることにある．小企業であれば事務負担量の困難さから嫌うだろうし，当局の監視活動も十分に及ばないこともある．後者は既に述べたように企業の生命は短いので，なかなかすべての事業所の生誕，廃業を当局が把握できない事情もある．

ついでながら，図1は労災保険との比較も示している．1995年以降労災保

険の加入企業数はほぼ変化がないし，雇用保険に加入する企業は微増すら示しているが，2000年以降やや減少している．これは労災保険や雇用保険よりも厚生年金への加入をより嫌悪していると解釈できる．公的年金制度として大半の労働者が加入している厚生年金制度に対して，企業が保険料支払いを拒否し，ないし嫌悪している事実の意味は大きい．しかも，年金制度はどの社会保険制度よりも規模が大きく，かつ人々の生活に及ぼす効果が大きいだけにその意味は大きいのである．

企業が厚生年金のような社会保険に加入していない，あるいは支払いを拒否している事実に対して，どのような対策が考えられるだろうか．第1に，徴収活動を徹底的に行なうことが候補であるが，徴収費用のことを考慮すれば限界がある．第2に，違反企業に対する厳罰を厳しくして，徴収を側面から促す案も考えられるが，日本社会では厳罰による政策はなかなか功を奏していないのでこれも限界がある．

厚生年金に加入していない企業で働く人の老後所得を考えれば，このまま未加入を放置しておくことはその人達のみならず，社会全体からみても好ましくない．なぜならば，将来に無年金者を多く生む可能性があるからである．これを避けるために，社会保障の財源調達において，保険料方式をあきらめて税方式に転換する方法が考えられる．社会保険制度であれば徴収に企業が介在するため，どうしても徴収が不完全になる．財源を税にすれば徴収能力が高まることが期待される．私は基礎年金の税方式を主張しているので，厚生年金の保険料方式は自然と消滅することを意味する．そうであれば，厚生年金保険制度に企業が加入しなかったり，納付を拒否・滞納している問題は一挙に解決することになる．

(6) 企業は福祉から撤退してよい

次節において家族の変質は著しく，家族が福祉の提供者として役割を果たすことに大きな期待ができない時代となっていることが示される．

家族にもう期待できないのであれば，進むべき道は次の2つである．1つは，福祉国家の道を選択しないのであれば，福祉の提供者として期待される

主体は，本人（個人）と企業である．個人ということは自立を原則にということになり，外部の関係者はさほど福祉に関与しなくてもよいということになる．企業に期待するということは，これまで通り社会保障給付の財源調達は保険方式を原則とし，企業も折半の事業主負担として保険料を拠出することを続ける．その場合，現状は保険料の徴収がうまくいっていないので，コストを掛けてでも徴収額を確保する手段が必要である．さらに，非法定福利厚生制度もこれまで通り続けるか，むしろ拡大の必要性があるかもしれない．

2つは，福祉国家の道を選択するのであれば，個人と企業は後退してもよい．特に企業に関していえば，私のいう福祉国家は基本的に財源調達として保険料方式から消費税を中心にした税方式に転換することを主張しているので，企業は保険料の事業主負担から逃れることが可能となる．もとより労働者も企業と同様に保険料拠出が免除される．しかし，国民は消費税のアップという負担増を覚悟せねばならない．福祉サービスのレベルがデンマークのような高い水準を国民が選好すれば，平均消費税率は20％前後にまで上げられねばならない．福祉サービスのレベルをイギリスやカナダのような中程度レベルを国民が選好すれば，平均消費税率は20％以下でよい．10～15％の平均税率になるであろう．日本に関しては橘木（2005b）参照．

企業が福祉から撤退してよいという主張は，当然のことながら非法定福利厚生制度からの撤退も含む．撤退という目的は賃金化という手段で補完されるべきものである．

なぜここで述べたような「企業は福祉から撤退してよい，すなわち企業福祉の終焉」を主張するかといえば，次の2つの大きな根拠を加えておきたい．第1に，企業本来の社会的責任は，ビジネスの繁栄と雇用の確保ということであり，国民の賃金・所得の支払いを確実にすることと，できるだけ高い賃金・所得の支払いをすることがもっとも重要である．企業が福祉にあれこれ悩むことよりも，企業経営に全精力を注ぐことが，究極的には国民の福祉向上につながるのである．年金，医療，介護といった具体的な福祉の施策は，政府と国民1人1人が契約を交わして行なえばよい．

これを主張するに際して，企業が福祉に関与することは意外とコストがか

かるし，それを運営するには事務的な難題が多い時代になっているということが，背景にあることを強調しておこう．

第2に，非法定福利厚生費の賃金化案は，企業が押し付けがましく種々の企業福祉を提供するよりも，賃金で支払うことによって使途を自由にすることが，個人主義が尊重される時代にふさわしいといえるのではないか．労働者によっては生活費にまわしてもよいし，企業が提供していた様々な福祉を民間から購入することがあってもよい．

これを主張する大きな根拠は，日本の企業が提供してきた種々の非法定福利厚生支出は，企業の期待した労務管理上のメリットを従来通りのように享受できない時代になっていることにある．どのような点でメリットが低下しているかは橘木（2005a）によって詳しく論じられている．

3　家計（家族）の負担のあり方

経済学では家計という言葉がよく用いられるが，ここでは家計と家族はほぼ同義とみなしてよい．家族というのは愛情で結ばれた最小の経済主体，あるいは社会構成員である．いわば無償の福祉を提供できる人であるし，人類の歴史においていつの時代でも家族は，メンバーに何か不幸が起きたり，経済自立ができなくなったとき，無償のサービスを行なってきた．それを最近では"ケア"という言葉で代表させている．

思いやり，配慮，気遣い，というのが"ケア"の真髄である．こういう精神が福祉を規定するのであれば，別に有償である必要はなく，人は家族メンバーの面倒をみることによって満足するのである．もっとも老人を介護することで代表されるように，つらいこともあるので，進んで面倒をみるときばかりではないが，そこには家族の愛情によって我慢するのである．

こういう形で福祉を担う家族のあり方は，現代の日本でも大きな変革の時代を迎えている．それは家族形態が不安定になっている，年老いた親と成人した子供の同居率が減っている，少子・高齢化といったことにより，家族が福祉に関与する程度は減少しつつある．

そのような変革の姿は次の2つにみられる．第1は，福祉サービスをビジネスの一環としてとらえ，サービス提供を今までの家族のような無償で行うのではなく，福祉サービスを提供する企業や専門業者から有償でそのサービスを購買する方法である．第2は，国家が社会保険制度を発展させて，家族間の私的な福祉サービスの提供だった形態を，社会全体で行う方法である．一昔前は成人した子供が年老いた親を経済支援していた形態を，公的年金制度に変更することによって，国家が介在する社会的な世代間経済支援体制にもっていった事実が，わかりやすい典型例とみなせる．

家族が福祉の担い手としてどこまでコミットしたらよいか，という課題に関していえば，原理・原則というのは何もない．介護を例にすれば一番わかりやすい．成人した子供やあるいは親族が，無償で老親を介護する場合もあるし，ここで述べたように有償でヘルパーに介護を依存する場合もある．有償という経済負担も，今では介護保険制度による給付額でかなりの額が代替されている．

どのようなやり方を選択するかは，老親や子供のおかれた環境や時間，経済状況，介護必要度，等々によって大きく条件が異なるので，どのような形で介護を行なうかといった原理・原則はない．当事者の判断で決められるべきことである．介護の分野のみならず多くの福祉において，家族がどこまで担い手として役割を果たすべきか，一般的な原理はないのである．

介護保険が導入されて数年が経過したが，その主旨は介護する側の負担をできるだけ軽くする目的と，家族の不安定性が高まったことで介護できる家族員が存在しない不幸を避ける目的にある．いわば福祉を家族ばかりではなく，社会で担うという思想の実現であるといってよい．これは別に介護だけではなく，年金，医療，失業といったことにも相通じることである．

本稿では，第2の方式のことをもう少し考えてみたい．すなわち，家計が社会保険料をどのように負担すればよいか，という問題を検討する．具体的には，家計が一体となって社会保険料の負担をすればよいか，それとも家族もメンバーの1人1人が単独に負担すればよいか，といったことに注目する．この問題は実は社会保障給付の財源を，私の主張する消費税中心にもってい

けば消滅する問題であるが,今すぐに消費税負担の方式にできるような時代ではないので,現今の社会保険料方式を前提にして議論する.

典型的な課題は,専業主婦やパートで働く既婚女性の社会保険料負担をどうするか,といったことで代表される.後者に関しては103万円や130万円の壁として象徴されたように,所得税制との関係で労働時間を調整したり,労働時間によっては厚生年金に加入できないことがあった.さらに,夫の扶養者になれば,パートの妻が医療保険に独自で加入する必要がなかったので,保険料負担を避けることができた.103万円と130万円の壁は徐々に解消される方向にあるので,ここでは専業主婦とパート女性と社会保険制度との関係についてのみ論じる.

私個人の判断は,専業主婦,あるいは既婚のパート女性の区別なく,社会保険制度に加入して保険料負担をすべきと考える.社会保険制度は普遍主義に基づいて唯一の年金,医療保険制度を理想とみなすので,乱立する諸制度が統合された場合には,私の案はまだ採用されやすい.唯一の問題は,支払い能力のない専業主婦にまで保険料負担を求めることが可能か,といったことであるが,ここはたとえ働いていなくとも自分の保険料だけは負担すべし,という論理を原則としたい.

現代の日本では年金や医療保険が乱立しているので,ここでの主張はそう簡単に導入できないことはわかっている.しかし,原則はたとえ家族であっても,社会保険制度では夫と妻が一体となって加入するのではなく,妻が働いているか働いていないかに関係なく,夫と妻がそれぞれ単独に加入する方式がベストと考える.今までの日本であれば,家族単位(具体的には夫と妻)で社会保険制度に加入してきたが,これからは妻の勤務の状況に関係なく1人の個人として,それぞれが単体として加入する制度である.

なぜそのような制度を主張するかといえば,次のような理由がある.第1に,離婚で代表されるように家族の不安定性が高まっているので,個人で制度に加入する方が単純明快であるし,人々の間の公平性も高まる.例えば,遺族年金や離婚後の年金権といった問題も,複雑さや運営の困難性の問題を回避できる.第2に,働いている女性と専業主婦の間で起こっているあつれ

き，あるいは公平性の問題といったことも一挙に解決する．

　個人で社会保険制度に加入する案を実行するには，様々な課題をクリアーせねばならない．もっとも深刻な壁は，専業主婦の保険料負担であろう．所得のない専業主婦の保険料負担を求めてよいのか，あるいは可能か，といった問題である．これに関しては，夫の負担で代用させるという案が考えられる．夫の保険料負担は2倍になるかもしれないが，ここは夫婦の合意に期待したい．あるいは，妻も夫と全く同等に年金・医療の給付が保証されるのであるから，働いていない妻も何らかの形式で財政負担をせねばならない，と自覚を促す必要があるかもしれない．

　これを保証するための政策としては，社会保障給付の財源を調達するときに，所得をベースにして決定するのではなく，消費をベースにすれば問題の深刻さはなくなる．なぜならば，所得税は所得を稼いでいる人だけに課税されるという特質があるが，消費はすべての人がする経済行為である．消費を課税ベースにして，財源を調達すれば専業主婦と働く女性のあつれきも縮小するのである．

4　おわりに

　本章は社会保障制度の担い手と負担のあり方を議論してきた．これに関しては様々なテーマがあるが，本稿では次の2つのことを主として論じた．1つは社会保障を成立させる哲学的・倫理的基礎を論じることによって，担い手を考える手掛かりを探究しようとした．2つはこれまで担い手としてさほど論じられてこなかった企業に注目して，日本企業に即して考えてみた．担い手として国家と家族は無視できないが，家族のことは少し論じたが，国家については述べなかった．国家は企業や家計と異なり，純粋には財政負担をしておらず，財政の移転を行なっているにすぎず，金銭的な純負担者ではないことも，ここで論じなかったもう1つの理由である．

注

1 機会の平等と結果の平等の差については橘木（2004）を参照．
2 格差の例として健康保険と公務員共済には付加給付があるのに対して，国民健康保険にはこれがない点が上げられる．
3 2002年改正以前では，健康保険の被保険者（本人）は，1984年から97年改正までは9割給付，1997年改正後2002年改正までは8割給付であったのに対して，この間，国民健康保険の被保険者は7割給付であった．2002年の改正（施行は2003年4月）で健康保険の給付割合が7割となり，両者の自己負担の水準はほぼ同じになった．
4 日本では，労災保険と医療制度が分離したのは戦後1947年である．1922年に制定された健康保険法では，業務上傷病（労災）と業務外外傷病を区別していなかった．第2次世界大戦後，新憲法の下で「労働基準法」が制定された．これに併せて「労働者災害補償保険が制定され，健康保険の労災給付が廃止された．

参 考 文 献

今田高俊（2004）「福祉国家とケアの倫理」，塩野谷祐一・鈴村興太郎・後藤玲子編『福祉の公共哲学』，東京大学出版会，第13章，pp. 235-261.
荻野博司（2004）「事業主負担のあり方を考える」『朝日総研レポート』No. 172, 173.
後藤玲子（2002）『正義の経済哲学——ロールズとセン』，東洋経済新報社．
塩野谷祐一（2002）『経済と倫理——福祉国家の哲学』，東京大学出版会．
────（2004a）「二つの「方法論争」と福祉国家」，塩野谷祐一・鈴村興太郎・後藤玲子編『福祉の公共哲学』，東京大学出版会，第2章，pp. 17-36.
────（2004b）「ロールズの正義論と福祉国家」，塩野谷祐一・鈴村興太郎・後藤玲子編『福祉の公共哲学』，東京大学出版会，第3章，pp. 37-53.
橘木俊詔（2000）『セーフティ・ネットの経済学』，日本経済新聞社．
────（2002）『安心の経済学』，岩波書店．
────（2004）編者『封印される不平等』，東洋経済新報社．
────（2005a）『企業福祉の終焉』，中公新書．
────（2005b）『消費税15％による年金改革』，東洋経済新報社．
森村進（2004）「リバタリアンが福祉国家を批判する理由」，塩野谷祐一・鈴村興太郎・後藤玲子編『福祉の公共哲学』，東京大学出版会，第8章，pp. 141-157.
渡辺幹夫（2004）「ロールズにおける「福祉国家」と「財産所有制民主主義」」，塩野谷祐一・鈴村興太郎・後藤玲子編『福祉の公共哲学』，東京大学出版会，第4章，pp. 55-71.
Atkinson, A. B.（1995）*Incomes and the Welfare States*, Cambridge: Cambridge University

Press.

English, J. (2002) "What Do Grown Children Owe Their Parents?" in H. LaFolette (eds.), *Ethics in Practice,* Second Edition, London: Blackwell.

Friedman, M. and R. Friedman (1979) *Free to Choose,* Harcourt Brace Janerich. (西村千明訳『選択の自由』, 日経ビジネス人文庫)

Le Grand, J. (1998) "On Researching the Distributional Consequences of Public Policies," in R. Gordon and J. Le Grand (ed.), *Not Only the Poor: The Middle Classes and the Welfare State,* London: Unwin Hyman.

Marshall, T. H. (1950) *Citizenship and Social Class,* Cambridge: Cambridge University Press. (岩崎信彦・中村健吾訳『シティズンシップと社会階級』, 法律文化社)

Nozick, R. (1974) *Anarchy, State and Utopia,* London: Basic Press. (嶋津 格訳『アナーキー・国家・ユートピア』, 木鐸社)

Rawls, J. (1972) *A Theory of Justice,* Oxford: Clarendon Press. (矢島鈞次監訳『正義論』, 紀伊国屋書店, 1979)

——— (1996) *A Theory of Justice,* Revised version, Harvard University Press.

——— (1993) *Political Liberalism,* Paperback eds., Columbia University Press.

Rasmussen, D. (1995), editor *Universalism vs. Communitarianism,* The MIT Press. (菊地他訳『普遍主義対共同体主義』, 日本経済評論社, 1998)

Walzer, M. (1983) *Spheres of Justice: A Deference of Pluralism and Equality,* Basic Books. (山田 晃訳『正義の領分―多元性と平等の擁護』, 而立書房, 1999)

第5章 社会保障制度の行方
―― 日本への含意 ――

府 川 哲 夫

　日本の社会保障には分野ごとに様々な課題がある．年金制度は中長期的な財政問題や世代間格差問題の他に，雇用と年金のインターフェイス，年金給付の役割の再定義，などの課題がある．医療の分野では高齢者の医療制度，医療提供体制の効率化，医療の質を向上させるしくみ，などの課題がある．高齢者介護や家族政策においても，それぞれ制度固有の目的が果たされているかどうかが問われなければならない．

　さらに社会保障には各分野を横断的に考えなければならない問題が増えている．負担の面では社会保険料全体の負担の上限が議論され，給付の面では社会保障給付の全体像が議論されるようになっている．基礎年金の水準は生活保護の水準と無関係ではなく，医療の入院給付は年金給付と関連づけて議論されるようになっている．公的制度の中では現金給付は負担と給付の関連性の明確化が求められる一方，現物給付は能力に応じた負担とニーズに基づく給付という考え方が広がっている．社会保障制度は税制や雇用制度との整合性が求められる一方で，公的制度の役割の変化とあわせて私的しくみの発展を視野に入れなければならなくなっている．

　先進各国の社会保障制度改革においては，各国固有の考え方や取組みが見られる一方で，抱えている課題や志向している解決策において共通性も多い．その一例としては：
・少子高齢化の進展や成熟経済への移行にともない，社会保障の持続可能性の確保が大きな課題となっている．
・社会保障が労働供給や企業の国際競争力に大きな影響を及ぼし，特にヨー

ロッパ諸国では引退を遅らせ，事業主負担を増やさない方向での改革が行われている．
・社会保障制度として果たすべき役割・優先順位・守備範囲などについて，私的なしくみとの関連で見直しの議論が行われている．

などが挙げられる．

　日本の社会保障を21世紀の少子高齢社会にふさわしい制度に根本的につくりかえていくためには，給付と負担の両面から社会保障の機能を再検討することが必要である．先進諸国の中で日本の社会保障の規模はまだ小さい．その理由としては次のような点が挙げられる：1) 年金給付がまだ小さい（ただし，今後急速に大きくなることが確実であり，将来大きくなり過ぎるために年金改革が行われている），2) 医療給付が小さくて済んでいる（ただし，65歳以上の医療費は他の先進諸国と同様の規模に達している），3) 失業給付や家族給付が小さい．3) に関しては，3世代世帯の多さに見られる家族の機能や企業の福利厚生の役割によるところが大きい．しかし，介護保険の導入に象徴されるように，家族の生活保障機能は年々低下し，国際競争にさらされている企業は生き残りのためにコスト削減に努め，企業福祉の役割も変化せざるを得ない．

　日本のこれからの社会保障を考える上でキイとなる問いは社会保障の規模とその持続可能性，社会保障の果たすべき役割（給付の内容と形：社会連帯を重視するか個人の責任を重視するか，等），制度に内在するインセンティブ，などである．本章では制度横断的に社会保障の負担と給付を考え（**1，2**），**3**で公的制度と私的制度のインターフェイスを通じて公的制度の機能を考え，**4**で社会保障制度のもつべきインセンティブ構造を考察し，**5**でまとめと結論を述べる．これらの議論を通して，アメリカや西ヨーロッパ諸国の経験をもとに，その中でどのようなエビデンスが得られているか，あるいは，どのようなアイデアが試されているか，ということを議論する．この過程を通じて，日本における社会保障改革の議論に役立つ論点が浮かび上がってくる．

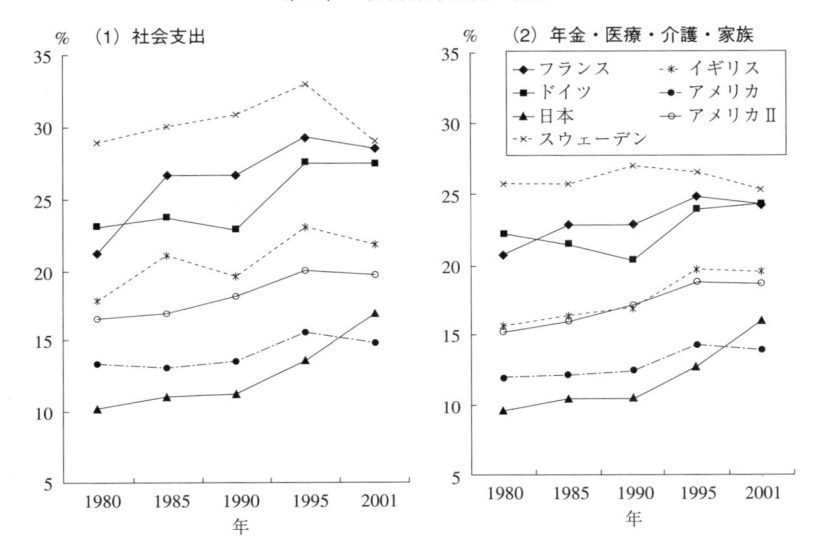

第5章 社会保障制度の行方　　127

%　（1）社会支出

%　（2）年金・医療・介護・家族
　　◆ フランス　　＊ イギリス
　　■ ドイツ　　　● アメリカ
　　▲ 日本　　　　○ アメリカⅡ
　　× スウェーデン

注：年金：老齢年金＋遺族年金＋障害年金．
　　介護：（高齢者－年金）＋（遺族－年金）＋（障害者－年金）．
　　アメリカⅡは公的医療費を総医療費の80％と仮定した場合を示す．
出所：OECD（2004），Social Expenditure database, 1980-2001.

図1　社会支出及び社会保障の規模：1980-2001年

1　制度横断的に負担を考える

(1)　マクロの負担

　社会保障の規模に関してヨーロッパ大陸諸国とイギリスやアメリカとではかなりの差が見られる．図1は主要6か国の社会支出及び社会保障支出（ただし，年金・医療・介護・家族の合計；社会支出のうち，失業・労働市場・住宅・その他は除外した）の対GDP比の推移を示したものである．社会支出の対GDP比は日本とアメリカが15％前後で近いレベルにあり，ヨーロッパ大陸諸国は30％近い．アメリカでは非高齢者の医療保険が公的保障の対象ではないので，その分負担が見かけ上低くなっている．仮に企業が負担している従業員に対する医療保険を加えると，アメリカの負担は日本より高くなる（図1のアメリカⅡ）．年金・医療・介護・家族のトレンドは失業率の

変動等が除かれた分安定したものとなり,急速に上昇している日本も含めて,10％台の後半から25％までの間に収斂する傾向がみられる．

社会支出の財源では保険料の増加を抑えるためにヨーロッパ諸国の社会保険方式をとっている国でも税財源のシェア拡大が実施されてきた．主に税財源に頼っている国（税方式の国）では，社会保険方式の国におけるソーシャル・パートナー間の調整に比べて政策決定を迅速に行う余地がある反面，必ずしも厳密なコスト効果に合致した結果にならない可能性がある（スミス,2005)．

(2) 事業主負担

賃金水準は表1の6か国の中ではフランスやスウェーデンで低く，ドイツで高い．賃金に社会保険料（事業主負担分）を加えるとドイツはさらに高くなり，日本の1.3倍，フランスの1.2倍である（表1)．賃金付随コストは社会保険料（事業主負担分）の他に法定外福利費や退職金・企業年金等の費用がある．日本の賃金を100とすると，ドイツの賃金は118，アメリカは112である（表1)．それぞれの国の賃金を100とした時の労働コストはドイツ179，日本167，アメリカ139である（コンラット＆有森,2005；Clark,2003)．アメリカの場合，社会保険料（事業主負担分）は公的医療保険がないため賃金の8％と低いが，企業年金の費用が賃金の5％，従業員の医療・労災の費用が賃金の10％を占めている．従業員に対する医療保険がある企業に限れば，その負担はさらに大きく，また，従業員のためにかかる医療費は企業の損金として扱われて課税されないため，条件の良い（つまり高額な）医療保険を提供できる企業と医療保険を提供できない企業との間に二重の不公平が生じる（バートレス,2005)．企業の社会保障負担を考える場合には，社会保険料の事業主負担分に関する帰着が問題になる．社会保険料の労使負担割合はアメリカやドイツでは労使折半であるが，フランスでは1対3，スウェーデンでは1対5でいずれも事業主の方が多い（表1)．しかしながら，事業主負担分の帰着が賃金であると仮定すると，労使負担割合にも特段の意味はないことになる．

第5章 社会保障制度の行方

表1　6か国比較

		フランス	ドイツ	日本	スウェーデン	イギリス	アメリカ
総人口（100万人）a)	2002	59	82	127	9	59	288
65歳以上人口の割合（%）		16.3	17.3	18.4	17.2	15.9	12.3
GDP　a)　　1,000億ドル	2002	14	20	40	2	16	104
1人当たりGDP 1,000ドル（PPP）	2002	28	26	27	27	28	36
法人税率（%）　b)	2003	35.4	40.2	40.9	28.0	30.0	39.4
VAT／消費税（%）　b)	2003	19.6	16.0	5.0	25.0	17.5	8.25
就業者に占めるパートタイマー	計	12.9	19.6	26.0	14.1	23.3	13.2
の割合（%）　c)	男	4.7	5.9	14.7	7.9	9.6	8.0
	女	22.8	36.3	42.2	20.6	40.1	18.8
15-64歳の就業率（就業者／人口）（%）	計	61.9	64.6	68.4	74.3	72.9	71.2
c)	男	67.7	70.4	79.8	75.6	79.3	76.9
	女	56.0	58.7	56.8	72.8	66.4	65.7
失業率（%）　c)		9.4	9.3	5.3	5.6	5.0	6.0
労働コスト（製造業，1人平均）d) 2003							
賃金（1,000ドル, PPP）		24.4	35.5	30.3	25.1	30.9	33.5
賃金＋社会保険料（事業主負担分）		34.5	42.9	33.9	33.4	34.0	36.0
賃金に対する割合（%）							
賃金＋社会保険料（事業主負担分）		142	121	113	133	110	108
所得税		13	21	6	24	16	16
社会保険料							
被用者		14	21	12	7	8	8
事業主		41	21	14	33	10	8

出典：a) OECD Health Data 2004.
　　　b) OECD Tax Database 2003.
　　　c) OECD (2004). OECD Employment Outlook.
　　　d) OECD Taxing Wages 2002/2003.

(3) 経済への影響

　手厚い社会保障を提供している国は保険料率が高くなるので，雇用の伸びで見ると，低負担・低給付の国と比較して過去15年の間それほど良い成績ではなかった（バートレス，2005）．社会保障負担が経済成長に悪影響を及ぼすか否かについても，これまで様々な議論が行われてきた．社会保障負担，特に企業負担（事業主負担）が経済に及ぼす影響に関する議論にははっきりした結論が出ていない．社会保障の拡充がアメリカにおいて長期的な経済成

長を阻害してきたかどうかは疑問の余地がある（バートレス，2005）．スウェーデンの手厚い社会保障が経済にどのような影響を及ぼしたかという研究でも，いわゆる福祉国家が経済成長を阻害したとは必ずしも言えないというものであった（Palme, 2005b）．

社会保障負担に絶対的な上限はないと思われるが，ドイツでは社会保障負担はもう限界にきていると考えられている．2004年における社会保険料率の合計は42％であるが（表2），ドイツ政府は年金保険料を19.0％，医療保険料を13.0％まで引き下げて，社会保険料率の合計を40％に抑制することをめざしている．アメリカでは社会保険料は給与税（payroll tax）と呼ばれている．給与税は歪みも少なく国際競争力を損なうものでもないと考えられ，アメリカの税金のなかで給与税は租税行政上の効率性から言えば最善の税であり，95％の人が払っていると言われている（バートレス，2005）．アメリ

表2　6か国の社会保険料

	フランス 2003	ドイツ 2004	日本 2003	スウェーデン 2004	イギリス 2003	アメリカ 2004
医療保険						メディケア
保険料率(%)	13.55 a)	14.5	8.2	11.08 c)	e)	2.9
上限報酬(月額)	—	3,860E	¥980,000			—
年金保険						
保険料率(%)	25.5 b)	19.5	13.6	17.21 d)	e)	12.4
上限報酬(月額)	2,432 E	5,150E	¥620,000			$7,325
拠出上限(%)	135	190	195	160		240
（平均賃金に対する割合）						
失業保険(%)	6.18	6.5	1.4	3.70	e)	5.4
介護保険(%)		1.7	(1.0)			
消費税，付加価値税(%)	19.6	16	5	25	17.5	8.25 (ニューヨーク州)

注：a) 0.75％（被用者）+12.8％（事業主）．
　　　さらに7.5％のCSG（総合福祉拠出金）が賦課されている．
　　b) 10％（被用者）+15.5％（事業主）．
　　c) 被用者負担分はない．
　　d) 7％（被用者）+10.21％（事業主）；17.21/（100 - 7）= 18.5％．
　　　遺族年金のための事業主負担1.70％は17.21％の中に含まれていない．
　　e) 国民保険（医療への拠出を含む）への拠出率（適用除外者は免除料率だけ下がる）
　　　：11％（被用者）+12.8％（事業主）．

カの社会保険料合計は21％とドイツの約半分である．それにもかかわらず，アメリカの公的年金改革において保険料引上げが選択肢に入りにくいのは，事業主が従業員に提供している医療保険のコストが大きく，事業主負担が限界にきていると受け止められているためである．裕福な人から貧しい人へ，健常者から病人へ，どの程度の所得移転を行うのが望ましいのか，という点に関して社会的合意が必要である．そのためには，公的保障の規模について国民に十分な情報を提供し，有権者が投票時に判断できるようにする必要がある（スミス，2005）．

2　制度横断的に給付を考える

社会保障における制度ごとの給付の配分に関する問題は国の形にかかわる問題である．イギリスのように医療や介護に重点を置き，年金の分野では公的制度は低所得者への支援に集中し，中所得以上の者には私的仕組みを用意して政府の役割は最小限にとどめる，というのも1つの行き方である．イギリスの公的年金給付（対GDP比）は4％と低いが，強制適用の企業年金・個人年金まで含めれば約9％にのぼり，高齢者の所得保障を安く済ませられるわけではない．主要6か国の公的支出（対GDP比）の過去20年間の推移をみると，年金給付が増加している国とそうでない国，介護・家族給付に手厚い国とそうでない国，私的支出に頼っている国とそうでない国，等と各国の特徴が浮かび上がる（図2）．先進諸国において介護に要する総費用はおよそGDPの1～3％に分布して大きな差があるが，北欧諸国が最も手厚く，その大部分は公的支出である（OECD，2005）．

(1)　現金給付は所得比例

経済変動や人口構造が変化する中で，公的年金制度の持続可能性を確保するためにさまざまな制度改革の取り組みや議論が行われている．年金制度の改革では，1)退職者に安全で十分な所得を提供できるよう制度の対応能力を高めること，2)制度の財政的持続可能性を高めること，3)変化していく社

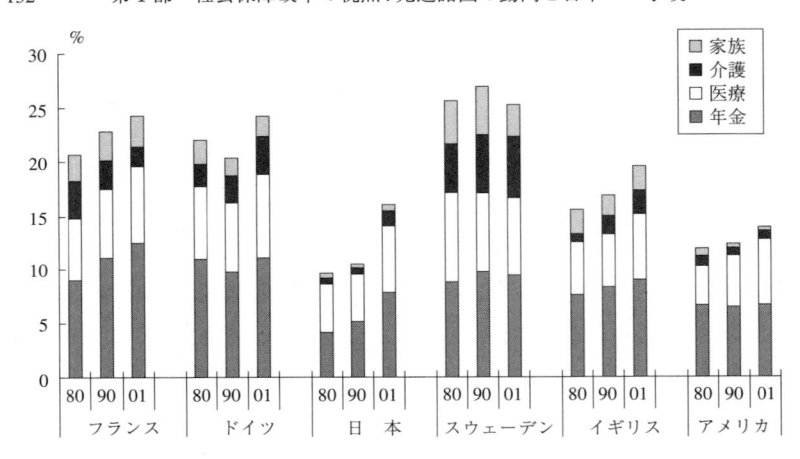

注：年金：老齢年金＋遺族年金＋障害年金.
介護：（高齢者－年金）＋（遺族－年金）＋（障害者－年金）.
出典：OECD(2004), Social Expenditure database 1980-2001.

図2 年金・医療・介護・家族における公的支出の対GDP比：1980-2001年

会や個人のニーズに対して制度の適応力を高めること，の3点が大きな課題として浮かび上がっている（府川，2005）．

　公的年金の給付削減が避けられない中で，先進各国では公的年金，企業年金，私的貯蓄の3つの役割分担について再検討を行っている．一部の国では国の主たる責任として最低所得を高齢者に保証しているが，先進国の大半においては年金給付が何らかの形で過去に稼得された所得に連動している．前者の場合は有権者の中に年金を強く支持している人が安定的に存在しないため，しばしば年金給付額が変動するが，公的年金を拠出に連動させると，中流以上の人たちも年金制度を支持し，政治的には給付水準に対する支持も安定してくることになる（バートレス，2005）．従って，先進諸国の公的年金給付は所得比例であることが一般的であるが，所得代替率は低所得層で高く，高所得層で低いことが多い．このため，高所得者にとっては公的年金の所得代替率は不十分であり，企業年金による補完が重要である．公的年金の役割

が縮小すれば私的年金の役割はさらに拡大する．

　主要6か国の公的年金給付のうち老齢・遺族の対GDP比を比較すると，アメリカの6％からフランスの12％まで大きな開きがある（表3）．フランスの給付が大きいのは支給開始年齢が早いこともその一因と考えられる．アメリカやイギリスでは企業年金の役割が大きいため，公的年金の役割は相対的に小さいものになっている．表3の6か国の中で年金制度に最低保証給付のない国は日本とアメリカである．日本の基礎年金は最低保証年金と似て非なるものである．フランスでは満額年金を受給する拠出期間を満たしている者に最低賃金の85％の最低年金が保証される．ドイツでは老齢年金の水準は生活保護給付との対比で常に論じられている．ドイツの生活保護の水準は平均手取り賃金の40％に相当し，40年加入で平均的な賃金を得ていた者にとってその年金給付が生活保護水準に達するのに約26年かかり，賃金の低かった者や早期受給した者の年金額はさらに生活保護水準に近づく

表3　6か国の公的年金

	フランス	ドイツ	日本	スウェーデン	イギリス	アメリカ
公的年金給付のGDP比（％）　a）（2001）	12.5	11.0	7.9	9.3	9.0	6.6
老齢	10.2	9.8	6.4	6.8	6.4	5.2
遺族	1.5	0.3	1.2	0.6	0.5	0.8
障害	0.8	0.9	0.3	1.9	2.1	0.6
一般被用者を対象とした公的年金　b）						
給付						
年金開始年齢	60	65	(65)	61－	65	(67)
過去の賃金の再評価　c）	P	gW	nW	－		gW
給付の調整　b）	P	gW	P	gW	P	P
最低保証年金	有	有	無	有	有	無
財源構成（％）　　　　（2000）						
保険料		70	71	74	77	85
税		24	13	17	22	－
その他		6	16	9	1	15
各年金の相対シェア（％）						
公的年金		85		80	60	45
企業年金・個人年金		15		20	40	55

注：a) OECD (2004), Social Expenditure database, 1980-2001.
　　b) 府川（2005）．
　　c) P：物価上昇率，gW：賃金上昇率，nW：ネット賃金上昇率．

(Schmaehl, 2000). アメリカではBush Commissionが貧困レベルの100％又は120％の最低保証年金を提案した.

(2) 現物給付はニーズに応じて

　高齢者の増加による医療費の増大が先進国共通の課題となっている．特にアメリカの医療費増加はGDPの伸びを上回り，OECD諸国平均の伸び率よりも大きい．そのため，アメリカでは高齢者医療保険に対する支出はいずれ公的年金給付額を上回ると予測されている．高齢者1人当たり医療費と非高齢者1人当たり医療費との関係は国によってかなり異なる．高齢者に対しては不必要・不適切な入院も起こりがちである．一方で，高齢者と一般を年齢で区分するのは便宜的なものである．

　人口高齢化によって深刻になるのはむしろ介護ニーズに要する費用である．医療に要する費用と介護に要する費用のそれぞれについて効率化を図ることは必要であるが，両者を総合したコストをコントロールすることが重要な課題となる．高齢者の介護費は医療費より人口高齢化の影響を強く受けるため，施設サービスのニーズを減らし，超高齢層における介護費をコントロールすることが極めて重要である（府川，2003）．そのためには要介護にならないよう予防に力を入れ，在宅サービスを拡充することが必要である．多くの国では，どのように高齢者医療と介護を統合していくかということを考えている．医療と介護をどこで調整するかという問題については，「医療サービスと介護サービスの機能の違いに着目して両者を制度的に分けるが，サービス提供の面では医療と介護の連携を推進する」というアプローチがある一方で，オランダやイギリスのように両者を制度的に統合するアプローチもある．

(3) 給 付 配 分

　社会保障制度の中の現金給付の代表例が年金である．医療保険は基本的にはサービスであり，介護もやはりサービスが中心になる．現金給付と現物給付のどちらにウエイトを置くかという問いの答えはそれほど単純ではないが，年金を基本にすえた上で医療と介護の負担を考えるというアプローチがある．

一方で，所得保障は自助努力を中心にして，公的制度は現物給付に重点をおくアプローチもある．給付の効率化の観点からは，医療の入院給付や介護の施設給付において入院・入所中の食費・宿泊費（いわゆるホテルコスト）の本人負担化も1つの流れと考えられる．高齢者向け給付と育児や住宅の取得といった若い世代に対する所得移転プログラムのバランスも重要な課題になっている．いずれにしても，公的制度がどの分野に重点を置くかは相対的なもので，絶対的な基準があるわけではない．

3　公的制度と私的仕組みのインターフェイスを通じて公的制度の機能を考える

　企業は社会保障制度内で事業主負担を担っているのみならず，企業年金をはじめ独自の福利厚生に関する負担をしており，国際競争の観点から企業負担についての関心が高まっている．社会保障は公的制度だけで完結しておらず，社会保障のあり方を考える上で企業や家庭を視野に入れる必要性がますます高まっている．その典型的な例が職域年金や医療費である．強制的な職域年金は限りなく公的年金に近いし，医療サービスの一定部分は公的制度の外で支出されている．公的制度のスリム化，企業福祉の縮小，個人責任の拡大は，社会保障と私的保障のインターフェイスに焦点を当てることによって，より良い解決策を見いだすことができると考えられる．

(1)　年金：所得再分配，Income Smoothing

　市場所得の不平等は税や社会保障によって是正されている．また，全ての先進国において社会保障給付による不平等の是正効果は税による是正効果よりかなり大きい（Eurostat, 2002）．世帯規模の縮小や女性の労働力率の上昇にともなってインフォーマル・セクターの生活保障機能が弱まっている．一方で，社会保険制度財政の中・長期的安定を図るため公的な仕組みの役割を減らして私的仕組みを活用しようとする動きが広まっている．

　ほとんどの先進国において単年の所得再分配という点では税制より公的年

金制度の方が大きな役割を果たしているが，生涯に亘る所得再分配に関して公的年金制度はそれほど機能していない（バートレス，2005）．アメリカの公的年金では所得が低ければ年金の賃金代替率は高くなる構造になっているが，所得が低い人は所得の高い人ほど長生きしないため，公的年金の生涯にわたる所得再分配効果はさらに低下する（バートレス，2005）．イギリスでは社会保障による再分配の規模は他の国に比べて小さい．しかし，各世代が福祉国家からどれだけを受け取り，どれだけを拠出してきたかをみると，世代間のバランスが非常によくとれている（ヒルズ，1997）．その理由の1つとして，イギリスでは高齢者も税金を払っていることが挙げられる．ドイツや日本の制度においては，高齢者にかなりの税控除が認められている．イギリスにおける経験によると，貧困者だけにサービスの焦点を当てると，結局国民の支持がなくなり，サービスの質そのものが落ちてしまう（ヒルズ，1997）．

ドイツやスウェーデンでは個人年金勘定が導入された．特にドイツでは，個人年金勘定に政府が助成金を提供することで，将来の公的年金給付が減ることを若年労働者に納得してもらうという政治的手段として個人年金勘定が導入されたと解釈される（バートレス，2005）．個人年金勘定の有無にかかわらず，実際に将来の負担を削減するためには公的年金給付を削減するしかない（バートレス，2005）．公的年金給付のレベルが下がったときには，それを補完する企業年金の役割は決して小さくはないので，企業年金制度を安定的に維持していくことは重要な問題である．

(2) 医療：所得やリスクに関係なく平等なアクセス

医療費の対GDP比もイギリスや日本の約8％からアメリカの約15％まで大きな差がある．アメリカの医療費は多くの西ヨーロッパ諸国や日本で医療費増加の抑制に努めた1980年代に伸び続け，1993-2000年の安定期を経て，2001年から再び上昇し始めている（図3）．公的医療費だけを見れば日本，イギリス，アメリカがいずれもGDPの6％台であるが（図3），アメリカで

第5章　社会保障制度の行方　　　　　　　　　　　　　　　　137

は一般被用者を対象とした公的医療保険がないため，私的医療費の医療費全体に占めるシェアが55％と極端に高い（図4）[1].

　公的医療システムの最大の目的は，国民が所得やリスクに関係なく平等に医療サービスにアクセスすることを保障することである．医療サービスに対する国民のニーズが高まる中で財政的な制約あるいは負担の限界を考慮すれば，このシステムを維持するために医療費増加をコントロールすることが必要であるが，それ以外に医療資源利用の効率化，患者の権利の向上と患者の選択の拡大，プライマリー・ケアと2次・3次医療の連携の向上，などがシステムの機能向上には欠かせない．高齢者の増加及び介護サービスの充実によって，高齢者の医療費と介護費の合計が今後増加することはやむを得ないが，その前提としてサービス提供の効率化とサービスの質の向上は不可欠である．サービスの質の面ではサービスの受け手がサービスを選択できること

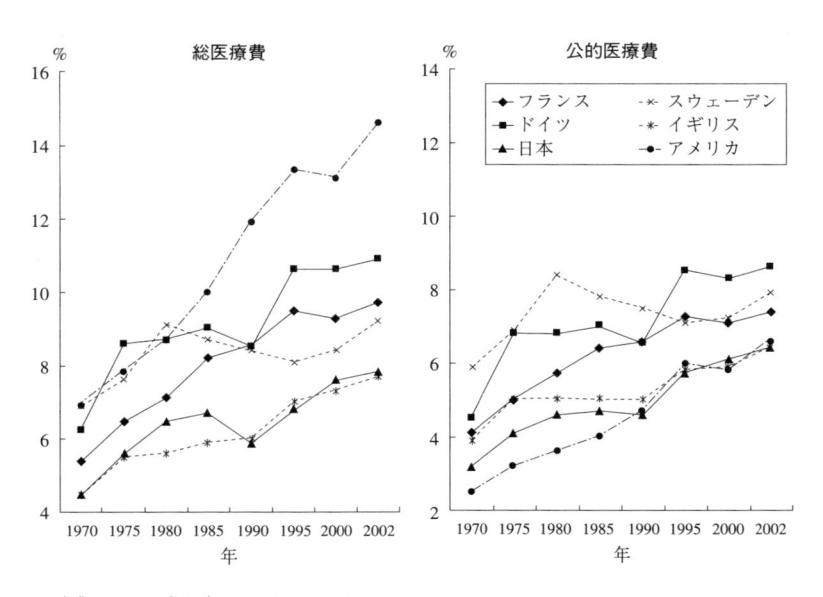

出典：OECD（2004），Health Data 2004.

図3　医療費の対GDP比：1970-2002

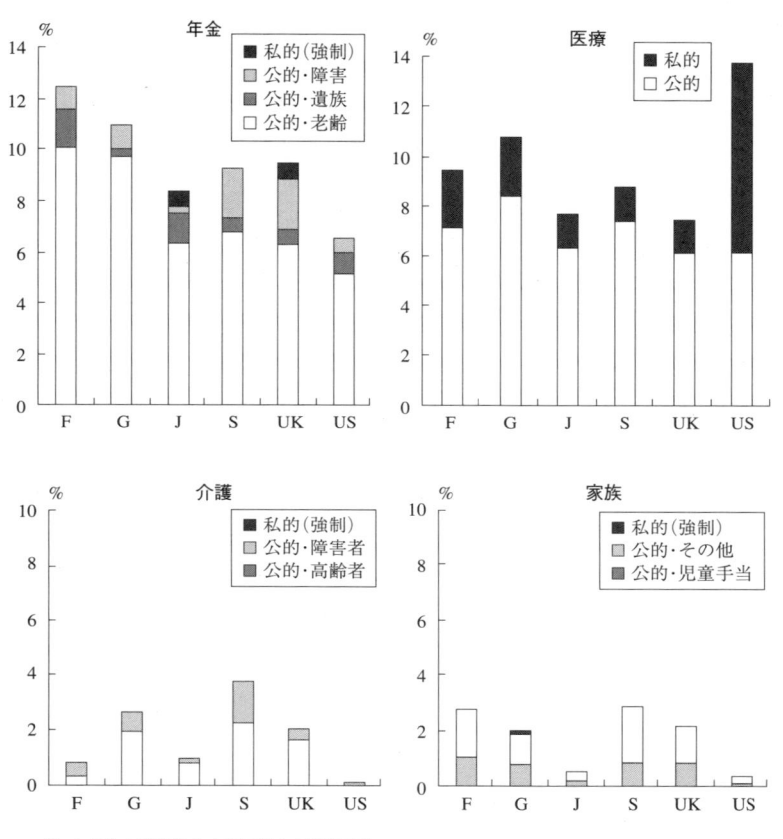

注：年金：老齢年金＋遺族年金＋障害年金．
　　介護：（高齢者－年金）＋（遺族－年金）＋（障害者－年金）．
　　私的医療費はOECD Health Data による．
　　F:フランス, G:ドイツ, J:日本, S:スウェーデン,
　　UK:イギリス, US:アメリカ.
出典：OECD（2004）, Social Expenditure database 1980-2001.

図4　分野別社会支出の対GDP比：2001年

が特に重要である．一方で，介護サービスに関しては被保険者集団のリスクはよくわかっているという条件が満たされていないため民間保険ではうまく対応できない（Mossialos and Dixon, 2002）ことにも留意する必要がある．医療サービスや介護サービスにおいては予防を重視することが支出増加を抑制

第5章　社会保障制度の行方　　139

するための根本的な解決策につながると考えられる．

4　社会保障制度のもつべきインセンティブ構造

　社会保障制度は受給者やサービス提供者の行動に大きな影響を及ぼしている．社会保障制度のなかで，人々が望ましい行動や選択を行うような誘引を与えるために各国でどのような工夫をしているか．本節はこの点に焦点を当てる．

(1)　就業中立性

　西ヨーロッパ諸国では1980年代に高い失業率を緩和するために「早期引退」政策がとられたが，1990年代に入ってどの国でもこの政策を転換し，近年ではより積極的に寿命の伸びに応じた「引退延期」政策を進めている．人口の高齢化に対処するためには，人々が引退を遅らせ，社会保障にかかる圧力を緩和する必要性が高まっている．このため，先進諸国では高齢期の所得源の1つとして稼働所得が改めて見直されている．

　15-64歳人口に対する就業者の割合はフランスやドイツで低く，スウェーデンで高い（表1）．高齢者数の増加とともに高齢者の潜在能力の活用が重要な課題となっている．EU諸国では55-64歳の男女の雇用率を2010年までに50％に引き上げるという目標が掲げられている．2003年において55-64歳人口のうち就業している割合はスウェーデンが男女とも60％以上と高く，フランス・ドイツで男が40％台，女が30％台と低い（図5）．日本では65-69歳男性の50％以上が就業しているが，大部分のヨーロッパ諸国ではこの比率は20％未満である（OECD, 2005）．60歳以上の者の労働力率の高さは日本の際立った特徴である．

　年金制度では支給開始年齢が個々人の引退年齢に大きな影響を与えていると考えられる．各国の制度においては，長く働くインセンティブを付与しようと努力している．スウェーデンの新年金制度では年金の年金受給開始年齢及び受給割合を個人の選択に任せ（年金額は受給開始年齢に対応して数理的

に調整される），かつ，自分の属する世代の平均余命が年金額に反映される（府川，2005）．つまり，人々の引退行動に関して年金制度が中立的，かつ，平均余命の伸びが年金財政に影響を与えないような仕組みとなっている．また，アメリカでは，年金年齢以降に受給開始した人は年金給付を減額されずに働き続けられるようになったが，就業インセンティブの点で所得制限の撤廃は重要である．

(2) 予防・健康習慣へのインセンティブ

医療制度にいかなるインセンティブが内在しているかという点も重要な問題である．「より多く医療サービスを提供し，病床を満たす」ことの経済的インセンティブをなくし，適切なサービスを適切な量だけ提供することにインセンティブを付与することが今後の方向と考えられる（Sultz and Young, 1997）．医療サービス提供者の行動を是正するためには incentive constraint が

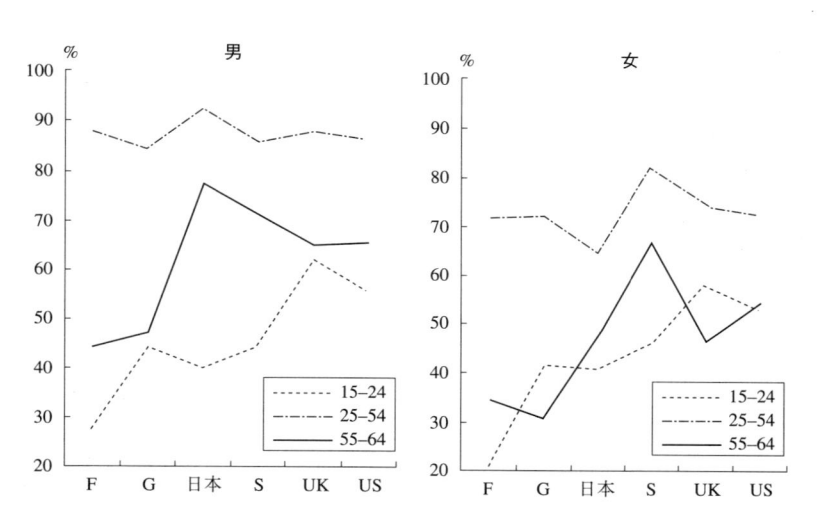

注：1. F:フランス，G:ドイツ，S:スウェーデン，UK:イギリス，US:アメリカ．
　　2. 就業率は就業者数／人口．
出典：OECD（2004），OECD Employment Outlook.

図5　性・年齢階級別就業率（2003年）

働くような診療報酬支払い制度に変え，保険者がその本来の機能を果たせるような環境にすることが必要である（郡司, 2001）．1か月単位の項目別出来高払い方式を改めて，診療のエピソード単位で患者毎に診療報酬を支払う方式は，より質の高い情報を引き出す上で極めて有効である．社会保険方式の国では伝統的に患者のフリー・アクセスが認められていたが，これらの国でゲートキーパー制のような患者の自由を制限する方策に関心が持たれている．反対に，税方式の国では患者の選択を広げるような方策が進められている．

慢性疾患や生活習慣病の増加に伴い，各国の医療制度の中でサービス利用者や提供者が疾病予防に留意するインセンティブは今後増えていくと考えられる．需要側に介入するような政策はこれまであまり効果がないとみられていたが，ゲートキーピングや患者一部負担に工夫が凝らされるようになってきた．患者の一部負担は今までのところあまり有効に使われてなかったが，最近少しずつ有効な手段になりつつある．

5 まとめと結論

日本の社会保障を西ヨーロッパ諸国やアメリカと比較するといくつかの特徴が挙げられる．日本の医療費は相対的に低い水準にとどまっているが，年金や介護では構造的な問題をかかえている．高齢期の所得源の1つとして稼働所得が見直されているが，日本の50歳以上の労働力率の高さは大きな社会的資産である．負担の限界あるいは企業の国際競争力の観点から，西ヨーロッパ諸国ではすでに保険料の引き上げが選択肢ではなくなり，アメリカでも保険料の引き上げは極めて不人気である．日本でも保険料の引き上げには国民の抵抗が強いが，その根底には制度に対する不信があるとみられる．

今日では公的年金給付は老後の経済的な基盤をなし，社会システムとして国民の共有財産となっている．先進諸国の年金改革では，これまで給付に合わせて負担を調整することが多かったが，負担に合わせて給付を調整する考え方に転換されてきている．「最低限の保障に関する部分について国が責任を持てば良く，それ以上の部分については国が口を出すことはない」という

議論がある一方で,「公的年金で最低限の保障だけをしようと考えている国においては,遅かれ早かれ何らかの形で強制的な制度を作る必要に迫られている」(シュメール,2002) 状況である.世界銀行の2005年レポートでは各国の年金改革の主要な目的は「年金給付が社会的にみて妥当なこと,財源が負担可能なこと,財政が持続可能なこと,想定外の事態が発生しても頑健なこと」と述べている (高山,2005).

ライフコースのいつの時点でも医療費の負担について特に心配しなくてよい社会に住めることのメリットは大きく,社会の安定にも大いに寄与している.日本の医療保険制度に様々な問題はあるが,根底からシステムを変えなければならない程パフォーマンスが悪いわけではない.日本の医療システムが依拠している原則のうち何を守り,何を変える必要があるのか,について十分議論する必要がある.診療報酬支払制度の改革はインセンティブの問題として重要である.また,医療サービスの質を保証する仕組みが不十分である点は,患者の立場やニーズが十分には尊重されていないことと深くかかわっている.

人口高齢化が進展する中で,高齢者介護は社会全体としても大きな関心事である.介護サービスは超高齢者にとって普遍的なニーズである.日本で介護サービスの提供が措置制度から保険制度に変わったことはきわめて大きな前進である.高齢者介護の仕組みは高齢者の尊厳にかかわるだけでなく,国のかたちをみる上でメルクマールとなるものである.高齢者の介護費は医療費よりも人口高齢化の影響を強く受けるため,要介護にならないよう予防に力を入れることが極めて重要である.

社会保障の全体像は各国で様々である.社会保障をみる上での座標軸は社会保障の規模,社会連帯の度合い,制度の形(公的制度内の配分,公私のインテグレーション)であろう.社会保障においては連帯給付を支えるために連帯負担を求めるわけであるが,その前提としては制度の整合性・公平性が確保され,制度の目的が国民に支持されていることが必要である.年金と医療・介護は財源確保の面で競争関係にある.社会保障の規模をどの程度とするのが良いのか;同じ規模の社会保障でも医療・介護に重点を置くのか,年

金に重点を置くのか；どの程度の所得再分配を行うのが良いか；これらは最終的には国民の選択によるものであり，国民が適切に選択するために十分な情報を提供することが重要である．制度に対する信頼がなければない程，国民は負担の少ない選択に傾きがちである．高齢化関連給付の改革は給付の寛大さを減少させる他，特定の世代に負担を集中させず，勤労者の貯蓄意欲を高め，低所得者に配慮するなど，バランスのとれた対応が必要である（**OECD, 2003b**）．社会保障に対する負担（税，社会保険料，利用料）が軽減されても，それによって縮小した生活保障機能を個人で補わなければならず，老後のコストが消えてなくなることはない．

社会保障制度のもつべきインセンティブ構造もそれぞれの国の背景や国民性によって多様である．大多数の国民の支持を得るには，年金制度は所得比例給付の性格をもつ必要があると考えるのが一般的である．医療サービスの質を向上させるためのインセンティブ付与にどこの国も苦心している．目的を明確にすることは大切であるが，その目的を達成するための方法も複数あることを認識しておくことも重要である．先進諸国の国民にどのようなコンセンサスが存在するかということは，日本の社会保障を考える上で大いに参考になる．コンセンサスの例としては，1) 社会保障で所得再分配を行う[2]；2) 制度に内在するインセンティブは明示的にする；3) 拠出と給付のリンクや情報開示は国民の支持の前提となる，等があげられる．

少子高齢化の中で，各国はそれぞれの文脈の中で公的な制度と私的な仕組みの望ましい組み合わせを考えることがますます重要になっている．日本の国民性に合ったシステムを構築する際に考慮に入れるべき点としては，1) 高齢者の就業意欲の高さを活用して，高齢者の柔軟な就業を促進すること；2) 労働市場の改善や育児に関する社会的サービスの向上によって，女性の労働能力を活用すること；3) 価値観の多様化に伴い，柔軟な働き方を許容し，処遇や社会保険適用において労働時間による差別をなくすこと；4) 現状の社会連帯の内容・度合いについて国民に対する説明責任を果たすこと；5) 診療報酬点数表による誘導や103万円の壁にみられるように，日本国民も経済的インセンティブに反応することを踏まえて，正しいインセンティブ

を制度に付与すること，等が考えられる．

　社会保障制度を財政的に持続可能なものにするために，各国でさまざまな工夫をしている．多様なライフコースをたどる国民にとって必要なときに頼りになる社会保障制度が存在し，社会保障制度が大多数の国民に支持されていることも，制度の持続可能性に劣らず重要である．「大きな政府か小さな政府か」は西ヨーロッパではもはや対立軸ではない[3]．年金分野で国の役割が小さいとみられるイギリスでも，強制適用の職域年金を加えれば，年金給付の対GDP比はほぼ9％に達する．スウェーデンが公的年金の1階部分を所得比例年金に変更した今日，主要国の中では公的年金制度が果たしている役割の大きさからみると，イギリスだけが取り残されている状況である[4]．医療費の面ではアメリカが特異的に高く，日本は優等生のようにみえる．しかし，イギリスなどで推進されている「患者を中心にすえた医療」という観点からみると，日本にはまだ改善の余地が大いにある．「社会連帯か自助努力か」も真の対立軸ではなく，程度問題である．社会連帯を重視するか個人の責任を重視するかは，国のあり方にかかわる根本的な問いであるが，社会保障制度において個人の選択と責任を重視することは，社会的公正や社会連帯を軽視することではない．社会連帯と自己責任のバランスをいかに図るかを各国は模索している．社会保障の規模が同じでも，その負担・給付構造によって国民の効用は変わってくる．このため社会保障の規模と同時に，社会保障制度が国民の効用を最大化しているか否かが問われている．

注

1　他の国では私的医療費のシェアは15〜20％程である．
2　所得再分配は税財源で行うという考え方の国もある．
3　高齢者の貧困問題をある程度無視できるアメリカでは「大きな政府か小さな政府か」は依然として対立軸である．
4　イギリスで問題が消滅しているわけではなく，職域年金に問題が押しつけられている．

参考文献

郡司篤晃(1998)『医療システム研究ノート』丸善プラネット.
―――(2001)「医療費の地域差の要因と改革への提言」『医療費の地域差』,東洋経済新報社.
コンラット・ハラルト,有森美木(2005)「ドイツの年金改革」『先進5か国の年金改革と日本』,丸善プラネット.
シュメール・ヴィンフリート(2002)「年金と財政」『日独社会保障共同シンポジウム 高齢者の医療・介護・年金保険』,健保連.
スミス・ピーター(2005)「ヨーロッパの医療システム改革と日本への示唆」『季刊社会保障研究』40(4), 324-336.
高山憲之(2005)「年金に関する世界銀行の新レポート」『年金と経済』, 24(2), 54-58.
バートレス・ゲィリー(2005)「先進諸国の年金改革から得られる政策的意義」『季刊社会保障研究』40(4), 315-323.
ヒルズ・ジョン(1997)「福祉国家の再構築」『季刊社会保障研究』33(1), 18-25.
府川哲夫(2003)「高齢者にかかる医療・介護のトータルコスト」『選択の時代の社会保障』,東京大学出版会.
―――(2005)「公的年金の役割」『先進5か国の年金改革と日本』,丸善プラネット.
Bodenheimer Thomas S. and Grumback Kevin(2002), Understanding Health Policy, McGraw-Hill.
Clark Robert(2003), Social Security Reform in the United States : Implications for Japan. The Japanese Journal of Social Security Policy, Vol.2, No.2(December 2003), 83-94.
Eurostat(2002), The social situation in the European Union.
Mossialos, E. and Dixon A.(2002), Funding health care: an introduction. In Mossialos, Dixon, Figueras and Kutzin(eds.), Funding health care: options for Europe, Open University Press.
OECD(1994), Caring for Frail Elderly People: New Directions in Care.
――― (1996), Caring for Frail Elderly People: Policies in evolution.
――― (1998), Maintaining Prosperity in an Ageing Society.
――― (1999), A Caring World: The New Social Policy Agenda.
――― (2003a), Low fertility rates in OECD Countries: Facts and Policy Responses, DELSA/ELSA/WD/SEM(2003) 15.
――― (2003b), Policy for an ageing society: Recent measures and areas for future reform, ECO/WKP(2003) 23.
――― (2004a), Health Data 2004.
――― (2004b), Social Expenditure Database 1980-2001.

OECD (2005), Extending Opportunities : How active social policy can benefit us all.
Palme Joakim (2005a), Features of the Swedish pension reform. The Japanese Journal of Social Security Policy, Vol.4, No.1 (June 2005).
─────── (2005b), The Future of Social Security in Sweden.
Report of the President's Commission, Strengthening Social Security and Creating Personal Wealth for all Americans, December 2001.
Schmaehl Winfried (2002), New Developments and future Directions of the Public Pension System in Germany, Journal of Population and Social Security:Social Security Study, March 2002.
Sultz H.A. and Young K.M. (1997), Health Care USA, Aspen.
WHO (1997), European Health Care Reform.
─── (2000), The World Health Report 2000.

第Ⅱ部
持続可能な社会保障をめざして

第6章 公的年金における保険料と税の役割

井 堀 利 宏

1 給付と負担の関係に関する理論：保険料と税の共通点と相違点

(1) 問題の所在

　まず最初に，保険料と税の共通点と相違点についてのポイントを理論的に整理しておきたい．いうまでもなく両者の共通点は，強制的に徴収することであり，また，課税ベースが賃金所得であるという点である．したがって，以上2つの点でこれら2つの徴収方法はかなり似ている．しかし，重要な相違点もある．それは，税の場合に給付とのリンクがないのに対して，保険料の場合に給付とのリンクがあることである．本節では，この相違点を詳しく議論したい．

(2) 社会保険料と目的税

　一般的な税と異なり，公的年金など社会保険制度における収入である保険料は「ある特定の収入」と「ある特定の支出」とに何らかのリンクを設定する．これは一種の目的税と解釈できる．井堀（2003）で議論しているように，そもそも目的税には2つの意味がある．1つは，収入の使途をある支出に特定化するものであり，社会保険料はそのもっとも基本的な形である．すなわち，社会保険料は，社会保険給付という支出にリンクされた目的税とみなすことができる．収入の使い道が特定される社会保険料は，負担者にもわかりやすい税金である．社会保険料以外では，自動車関係の税金も，この形での目的税である．あるいは，戦争や災害対策など特定の歳出需要を賄うために，

あるいは，財政赤字の削減というきわめて一般的な増税需要に応えるために，ある税が増税されるケースがある．こうした場合の増税や新税も目的税と呼ばれる．

しかし，目的税はもう1つの意味でも用いられることがある．それは，ある目的を達成するために課税される税金という概念である．たとえば，環境汚染対策としての炭素税や環境税は，汚染対象に課税することで汚染量を抑制するのが目的の税であり，それによる税収の使途を特に指定してはいない．もちろん，環境対策に支出するというケースもあり得るが，一般財源に組み入れられる場合もあり得る．そうした場合でも，炭素税や環境税は目的税と呼ばれている．社会保険料はその課税ベースが賃金所得である点で，賃金所得税と同じであり，保険料を徴収すること自体に特別の政策目的はないから，第2の意味では目的税とみなすことはできない．

(3) 社会保険料のメリット

したがって，賃金所得税と異なる保険料の基本的特徴は，収入の使い道をあらかじめ決定するという点にある．このように予算編成の自由度を縛るのが良いのかどうかは，社会保険制度の評価と関係している．伝統的に経済学，財政学では，収入と支出の決定を分離して行う一般税の方が望ましいとされてきた．実際，目的税や公的保険制度は支出面で余計な制約を課す分だけ，望ましくないとされてきた．これは，課税や支出を理想的な政府にとっての資源配分手段と見なす考え方である．

これに対して，課税や支出に関する決定を有権者と政治家との間で情報が交換される政治的プロセスの一部であると考えると，保険料の新しい役割が重要になる．すなわち，目的税としての保険料という縛りによって，将来の政権担当者の望ましくない行為を制約できる．有権者が政治家に対してより厳しい目を向けるほど，目的税としての社会保険料の意義は大きくなるだろう．Brett and Keen（2000）を参照されたい．たとえば，高齢者など社会的弱者の経済状態が悪化する可能性があるけれども，政治家がそれを真剣に考慮しない場合には，社会保険料で社会保障対策への支出を拘束する意義は大

きい．

　このように，保険料のメリットは，その財源が社会保険（あるいは福祉）に特化していることをどう評価するかにかかってくる．もし一般財源化すると，悪い意味での政治的バイアスがかかるケースでは，この弊害を回避するために保険料制度のメリットは大きくなる．たとえば，税負担が無駄な公共事業に消えるよりは，社会保険料として有益な福祉に優先的に配分される方がまだ良いという議論である．目的税としての社会保険料によって，将来の政権担当者が望ましくない行為をすることを制約することができる．通常の一般財源に回されると，無駄な歳出に配分されるかもしれないときに，ある有益な配分先があらかじめ指定される社会保険料には，それなりに納税者の意向が反映される．最近地方自治体が目的税の導入に前向きなのも，住民にわかりやすい形で税負担を求めざるを得ない事情がその背景にある．

(4) 社会保険料のデメリット

　しかし，社会保険料は特定財源として既得権化しやすいという弊害もある．少子高齢化社会における高齢者の政治力を考慮すると，社会保険料の水準がもっともらしく設定され続けるかどうかは疑問である．今後の財政再建において，また，高齢化社会において社会保障の歳出需要は増加する一方で，財政赤字の拡大には限界がある．増税は避けて通れない課題である．

　たしかに福祉需要の増大に対して，保険料の引き上げは有効な手段である．それでも安易に保険料率が引き上げられる懸念もある．高齢者は今後ますます政治的発言力が大きくなる．そうした世代の便益を支える財源として保険料が用いられると，必要以上に保険料率が引き上げられて，大きな政府の弊害が表面化するかもしれない．老人医療費や老人への年金給付一般に対する財源として，保険料を安易に引き上げることには弊害が大きい．生活保護や限定的な基礎年金給付，最低限の老人医療費など，狭い範囲の社会保障給付の財源としてなら，それなりのメリットもあるだろう．したがって，今後も社会保険制度を維持するのであれば，対象となる福祉の範囲を狭く限定する必要がある．

(5) 社会保険料の課税ベース

　年金保険料は勤労期の負担で老年期の給付をカバーするという受益者負担の考え方で正当化されることも多いが，使途の特定化が重要な目的であると考えると，必ずしも受益者負担の原則にこだわる必要はない．社会保険料は，たとえば，賃金所得を課税ベースとしないで，消費（より厳密には各個人の支出）を課税ベースにして保険料収入を徴収するという考え方もあり得る．この場合は，直接税として支出税が利用可能であるということが，前提となる．

　こうした支出税タイプの社会保険料が利用可能であれば，実質的に（直接税タイプの）消費税を福祉目的税に限定するのと同じ効果を持つことになる．すなわち，消費税収を一般財源にしないで，あえて消費税の使い道を福祉に制約するというやり方である．これは消費税を福祉目的の財源に限定するという大義名分で，増税に対する国民感情を和らげる効果もある．その結果，保険料（労働所得税）による社会保険収入から，消費税による福祉社会保険料へ変化する．

　ところで，社会保険料の課税ベースは，必ずしも労働所得や消費である必要はない．資産も有力な課税ベースである．しかし，次の段落で述べる動学的不整合性を考慮すれば，資産よりも労働所得税や消費の方が望ましいかもしれない．計画期間の当初で資本蓄積が税率と敏感に反応する場合，資本にあまり課税しない労働所得税あるいは消費税が望ましい．

　保険料の課税ベースが資産の場合，政府がのちに再決定するときに，資本が固定される限り，資本への高率の課税が望ましくなる．ところが，税率が高いほど資本収益が下がるので，人々は貯蓄を減らす可能性がある．この場合（すなわち資本蓄積が税率に反応する場合），政府は，将来も低い保険料を維持すると約束していたにもかかわらず，貯蓄が減り資本所得からの税収が予想より低くなるので，将来時点になると保険料を引き上げる誘因が大きくなる．したがって，このような保険料は時間に関して整合的ではない．さらに，こうした不整合性を納税者が予想すると，家計は最初から過小な貯蓄

第6章　公的年金における保険料と税の役割　　153

しかしなくなり，最善でない結果になる．

(6) 一般財源の投入

ところで，年金会計に補助金として一般財源から税金を投入すると，両者の相違点はあいまいになる．また，社会保険料が制約として有効であるには，その社会保険料からの税収以内で福祉財源がとどまる必要がある．一般財源も同時に投入するなら，あえて社会保険料を目的税として別勘定にする意味はない．

2　経済活動に対する保険料と税の共通点と相違点

(1) 基本的な比較

税負担が経済活動に及ぼす効果は，所得効果（税負担による直接のマイナス効果）と市場価格をゆがめることによるミクロ的なマイナス効果（攪乱効果）の2つである．前者はどんな税金であれ，政府に資源を移転する以上，必ず生じる効果である．後者は，価格弾力性の大きさに依存する．たとえば，労働所得税があることで労働供給が大きく抑制されれば，後者の攪乱効果は大きくなる．この点については，標準的なテキストであるAtkinson and Stiglitz（1980），井堀（2003）を参照されたい．

これに対して，社会保険料の場合，支払いと受益の間にリンクがあるのかどうかが問題となる．もし，リンクがなければ，労働所得税と同じく，攪乱的な代替効果と所得効果が生じる．しかし，このリンクがあれば，あまり経済的な悪影響はない．すなわち，賃金を課税ベースとする保険料で手取りの賃金所得が減少しても，その分だけ社会保険料の負担が将来の所得に回ることが担保されているので，実質的には政府が間接的な貯蓄をしているのと同じになる．その分だけ民間の家計が私的な貯蓄をする必要がなくなるため，実質的な可処分所得は低下しない．したがって，マイナスの所得効果は生じない．さらに，保険料の負担が増加しても，実質賃金は変化しないと家計が認識するので，ミクロ的な攪乱効果も生じない．その結果，社会保険料の場

合には，負担のコストは生じない．

(2) リスク分散と経済活動

次に，リスク分散と経済活動の観点から税と社会保険料を比較してみよう．保険は，リスク分散の代表的な手段である．リスク回避的な個人が支配的であれば，保険需要が生まれる．市場で民間企業が保険を提供する場合もあれば，公的保険を政府が供給する場合もある．

不確実な所得，一時的な所得の代表的な例は，遺産，贈与，土地や株式の投機的な売買による所得であろう．これらの所得に対しては，リスクを回避する消費者にとって社会保険かあるいは同等の効果をもたらす課税と補助金の組み合わせが望ましい．もちろん，損失を被る場合には補助金が必要になる．その結果，一時的な所得の変動を税制によって完全に相殺することができる．ただし，このような仕組みを累進税制として現実に適用するには，課税と補助金とをセットで運用することが必要である．そうでなければ，課税よりも保険料の方がリスク分散にはより有効である．なお，安全資産の個人間のばらつきよりも，危険資産の個人間のばらつきの方がより大きくなれば，より手厚い社会保険や累進的な税制が望ましくなる．

純粋に一時的な所得であり，運・不運のみで格差が生じれば，モラル・ハザードの問題は起きない．したがって，完全な所得再分配政策が望ましい．そうした所得を稼ぐ際に自助努力がある程度効いているとすれば，それが一時的な所得と分離できない以上，完全な再分配政策では，モラル・ハザードを引き起こす．

年金が積立方式（あるいは個人勘定方式）で運用され，同じ世代内での長生きのリスクのみが分散される場合は，公的年金は私的年金と同じ性質を持つために，公的保険料を負担することそれ自体で，実質的な負担は発生しない．すなわち，保険料が保険数理的に公正であれば，完全にリスクを分散する保険契約を締結することができる．この場合，保険料は家計にとって実質的な負担にはならない．これは，民間保険に自発的に加入する場合，保険料支払いが負担にならないのと同じである．しかし，賦課方式のように，保険

数理的に公正でない保険料を政府が強制的に徴収するのであれば，これは家計に実質的な負担をもたらす．

わが国では少子高齢化社会の進展とともに，賦課方式の年金収益率が世代ごとに大きく異なっている．特に，1960年以降に生まれた若い世代では，年金収益率は大きく低下している．もちろん，世代内でも長生きのリスクや病気になるリスクを全体でカバーするメリットはあるから，単純に年金収益率だけで比較はできない．しかし，全体としての収益率が大きく低下すれば，平均的な個人にとって公的保険料は大きな負担をもたらす．その結果，若い世代では保険料の支払いは税負担のように，マイナスの経済的な効果を持ってくる．

(3) 消費税と社会保険料の同等性定理

ところで，賃金所得税と社会保険料は，収入を確保するという視点で同じ経済的効果を持つ点はすでに説明した．では，消費税と社会保険料でどのくらい類似性があるだろうか．実は，賃金所得税と消費税に関しては，同等性の定理が成立する．したがって，経済学的には社会保険料と消費税とも，それほど大きな相違はないことになる．以下この点を説明しよう．

一定の収入を確保するという制約で，それを保険料で徴収するのか，税金で徴収するのかという問題を考えてみよう．保険料でもその課税ベースは賃金所得であるから，保険料と（比例的な）労働所得税とは無差別になる．では，保険料と消費税とは相違があるだろうか．この点を考える際には，一般消費税と労働所得税にかんする等価定理が有益である．この定理は，税収中立下で一般消費税と労働所得税が無差別であることを主張している．以下，簡単な2期間モデルを想定して，この点を説明する．

家計は，現在と将来からなる2期間の最適な消費配分を考える．現在の所得をすべて現在に消費してしまえば，将来時点で何の所得も得ず，将来の消費もできない．現在の所得のうち一部を貯蓄すれば，それが利子収入を生み，将来の所得となり，将来時点での消費にまわせる．家計は，このような予算制約のもとで生涯を通じての効用を最大化するように，現在消費と将来消費

の組み合わせを選択する．

代表的個人は2期間生存し，第1期に賃金所得 w を稼ぎ，第2期には引退するとしよう．第1期の消費 c_1 は w から貯蓄 s を引いた残りである．彼は老後の消費 c_2 のために現在貯蓄 s をし，その収益率を r とする．消費税の税率を t_c とすると，第1期，第2期の予算制約は，次のように定式化される．

(1) $c_1 = Y - s - t_c c_1$

(2) $c_2 = (1+r)s - t_c c_2$

t_c は一般消費税率である．したがって，現在価値でみた予算制約は次のようになる．

(3) $c_1 + c_2/(1+r) = Y/(1+t_c)$

この式は，労働所得税の場合の制約式と似ている．特に，

(4) $1 - t_w = 1/(1+t_c)$

のときに，両方の式は一致する．言い換えると，(4)式が成立するように税率が決められていれば，労働所得税と一般消費税は同じ税とみなせる．このとき，政府の税収も両方の課税方法で同じになる．たとえば，$t_w = 0.2$ のとき，$t_c = 0.25$ であれば，両方の税は同じである．言い換えると，税収を一定にするもとで，消費税の税率と労働所得税の税率を変更しても，何の効果もないことになる．

数値例で言うと，たとえば，期間全体の所得が100のとき20％の所得税が課せられれば，可処分所得＝消費は80となり，20（＝100×0.2）が税金に回される．80の消費に対して25％の消費税が課せられれば，100の所得のうちで80を消費して20（＝80×0.25）の消費税を負担する．どちらのケースも，消費額は80で税金は20である．すなわち，税収を一定にするという「税収中立」のもとで，消費税の税率と労働所得税の税率を変更しても，何の効果もない．したがって，負担の面では保険料と消費税とは同じになる．

(4) 中立命題との類似性

これは，直感的には，課税ベースが両方の課税で等しいことによる．すなわち，消費の現在価値は労働所得の現在価値に等しい．課税ベースが等しい

以上，受け取る段階で課税する（労働所得税）のと，支払う段階で課税する（消費税）のとは等しい効果を持つ．この等価定理は，公債の負担に関するリカードの中立命題（Barro（1974））にも対応するものである．現在価値で家計の行動が表現できないときには，リカードの中立命題は成立しないが，消費税と労働所得税の等価定理も成立しなくなる．

　たとえば，家計が流動性制約にあり，現在価値化した予算制約式のもとで行動できない場合には，等価定理も成立しない．あるいは，累進的な労働所得税と比例的な一般消費税との代替も，当然成立しない．累進税の場合には，その期その期の課税ベースで適用される税率が異なるから，現在価値化した制約式のみでは家計の行動は扱えなくなる．

　しかし，このような想定でなくても，すなわち，等価定理を前提としても，なお，消費税と労働所得税の代替は重要な経済的な意味をもつ場合がある．それは，1つにはマクロの貯蓄に与える効果であり，もう1つは移行過程での世代間の利害の対立である．いずれの効果も，課税のタイミングを変更することがもたらす効果であり，ミクロ的な誘因効果ではない．等価定理が意味するように，家計の予算制約式には全く同じ効果をもたらす以上，ミクロ的な効果は等しい．ただし，消費税と労働所得税では，実際に税金を支払うタイミングが異なる．

(5) 移行期のタイミング効果

　以上説明したように，保険料（あるいは労働所得税）を引き上げるか，消費税を引き上げるかは，定常状態ではそれほど大きな相違はない．しかし，改革の時点（移行期）では大きな相違をもたらす．まず最初に，移行過程における世代間の対立を説明しよう．保険料ではなくて消費税率の引き上げは，世代間での税負担の分担に大きな影響をもたらす．世代間の税の分担問題を，簡単な表を用いて整理してみよう．2世代が1期遅れで重複している2世代重複モデルを考える．各世代は，青年期と老年期の2期間生存する．t-1期に生まれてt期に死ぬ世代を，t世代と呼ぼう．

　政府は，各期に10だけの税収を確保する必要があるとしよう．この10の

158　第Ⅱ部　持続可能な社会保障をめざして

税収は，各世代からその生存しているときに，すなわち，青年期にある世代と老年期にある世代に対して，課せられる．各世代の人口は1で，成長しないものとする．消費税率の引き上げは，10だけの税収を徴収するタイミングを変更させて，結果として，各世代に異なった負担をもたらす．

　表1は，第2期までに政府が10の税収を，青年期世代に5，老年期世代に5の大きさで課税することで，まかなっている状況を想定している．表1(a)では，第3期の税制改革によって，青年世代に0，老年世代に10という具合に，徴税のタイミングが生涯の先の時期に変更されるケースを示している．これに対して，表1(b)では，第3期の税制改革によって，逆に青年世代に10，老年世代に0という具合に，徴税のタイミングが生涯の前の時期に変更されるケースを示している．いずれのケースでも，政府にとっては，毎期10という同額の税収が確保されている．

(6)　各世代の負担

このような税制改革の各世代の負担に与える効果を，分析しよう．各世代の負担は，表1の数字を横に足すことで，考えることができる．表1(a)のケ

表1 (a)　移行世代と税制改革

世代＼時期	1	2	3	4	5
1	5				
2	5	5			
3		5	10		
4			0	10	
5				0	10

表1 (b)　移行世代と税制改革

世代＼時期	1	2	3	4	5
1	5				
2	5	5			
3		5	0		
4			10	0	
5				10	0

ースでは，世代3の負担が15に増加しているのに対して，ほかの世代の負担は10にとどまっている．表1(b)のケースでは世代3の負担が5に減少しているのに対して，ほかの世代の負担は10にとどまっている．(a)(b)2つのケースを比較すると，税制改革後行われる時点で老年期にある世代（世代3）にとって，税制改革の内容によって，税負担の大きさが大きく変化することがわかるだろう．

この2つのケースを比較すると，世代3以外の世代では，10という等しい負担のままであることがわかる．その限りでは，ほかの世代にとってはこの税制改革は無差別である．とすれば，世代3の負担が実質的に軽減される分だけ，表1のケースの中では，(a)よりも(b)の方が，望ましいといえよう．この理屈からすれば，青年期への負担を増加させる方向への負担のタイミングの変化は，常に望ましいということになる．

この表では，世代3が税制改革の移行期における世代の利害を代表している．移行過程における世代にとってみれば，若いときに支払った負担額は過去の数字であり，もはや変更不可能である．問題はこれから行われる税制改革によって自分のこれからの負担額＝老年期の負担額がどうなるかである．したがって，青年期の世代への課税のタイミングを移行させる税制改革は，移行期における世代のこれからの負担額を減少させて，それらの世代にネットの便益をもたらす．

(7) 移行過程の老年世代

保険料や労働所得税を減税して消費税の税率を引き上げるのは，世代間の負担でみると，青年期の世代から老年期の世代へと負担が転嫁されたものと考えられる．徴税のタイミングが，生涯の先に延ばされるからである．したがって，移行過程での老年期にある世代は，そのような税制改革から不利益を被る．

消費税率の引き上げと労働所得税の減税の組み合わせは，過去に消費と貯蓄の意思決定を行って，現在は老年期の消費のみを行っている老年世代にとっては，変更のきかない経済変数＝老年期消費に対する課税である．その意

味で，消費税率の引き上げは，一括固定税の導入と同様の資源配分上の効果を持っている．つまり，経済にあまり攪乱的な悪影響をもたらさないで一定の税収を確保できるという意味で，効率的な課税方法である．しかし，効率的ではあっても，老年世代の税負担が増大するという世代間での分配においては，マイナスの効果を持っている．

逆に，青年期の方へ徴税のタイミングを変化させるような税制改革，たとえば，消費税率の引き下げと労働所得税の減税の組み合わせは，移行期における老年世代の税負担のみを軽減させて，ほかの世代には税負担の増加を直接にはもたらさない．このような税制の変更は，実は，暗黙のうちに公債を発行しているのと同じである．

(8) 貯蓄に与える効果

ところで，消費税率の引き上げのような税制改革の各世代の税負担に与える影響は，上の議論につきるものではない．将来世代にとっても，表1の2つのケースは，完全に無差別とはいえないのである．なぜなら，税負担のタイミングの相違によって，貯蓄が変化するからである．利子率と人口成長率の大小関係にかかわらず，老年期から青年期へ課税のタイミングが変化すると，貯蓄は減少する．将来の税負担が軽減されると，それに備えての貯蓄をする必要性も小さくなる．

逆に言うと，税支払いのタイミングを将来にずらすような税制改革は，貯蓄を増加させる．保険料や労働所得税から消費税への代替は，課税のタイミングを将来にのばす税制改革であり，貯蓄を増加させる効果を持っている．これは，将来世代にとっては利用可能な資本ストックの増加をもたらし，その経済厚生を上昇させる．表1(a)のような税制改革は，移行期の世代にとってはマイナスであっても，将来世代にとってはプラスに働く．詳しくは，Batina and Ihori (2000) を参照されたい．

3 所得再分配における保険料と税の影響

(1) 世代内の再分配効果

　所得再分配政策は，世代間の再分配効果と世代内の再分配効果の2つの観点から議論することができる．まず最初に，世代内の再分配政策から考えてみよう．完全競争経済を想定し，各家計間で労働能力に差があるとする．この差が賃金格差，所得格差になって現れる．この能力格差は個人情報であり，政府にはわからない．その結果，賃金wの水準も個人情報であり，政府は全体の賃金分布の形状は知っているが，誰がどれだけの賃金をもらっているのかは，わからない．家計は，労働供給をLだけ行い，cの大きさの私的消費をする．すべての家計が同じ効用関数uをもっており，次のように定式化できる．

　　(5)　$u = u(c, L)$

所得税が線型に限定されると，政府の選択可能な変数は，限界税率と一括補助金の2つになる．すなわち，次のような租税関数のパラメータを選択することになる．

　　(6)　$T = -\alpha + (1-\beta)wL$

ここで，αが一括補助金であり，$1-\beta$が限界税率である．Tはその家計が支払う所得税負担額である．

　線型の最適所得税の特徴については，次の3つの命題が成立することが知られている．

　(イ) 最適な限界税率は，社会的に不平等への関心が高くなると，大きくなる．
　(ロ) 最適な限界税率は，労働供給の弾力性が大きくなると，小さくなる．
　(ハ) 最適な限界税率は，能力格差が拡大するとともに，大きくなる．

　なお，非線形の所得税体系での一般的な議論は，Mirrlees（1971）以来多くの研究が蓄積されている．

(2) 負の所得税はなぜ一般的に採用されていないのか

ところで，税収制約をゼロとおくと，このモデルは税負担と補助金の支給を同時に決定している．これは，負の所得税体系である．しかし，現実には，税制で累進的所得税を採用しているが，課税最低限以下の所得者に補助金を還付していない．財務省＝税金の徴収，厚生労働省＝社会保障の給付という役割分担がある．税という負担と補助金という給付のリンクは，累進所得税の世界では存在しない．

ここで，負の所得税のメリット，デメリットを考えてみよう．メリットの第1は，理論的に統一した枠組みで税負担と社会保障給付が行える点である．これは，とくに勤労意欲抑制効果の観点からメリットがある．負の所得税では，社会保障給付と税負担とが連動しているから，すべての個人が直面する限界税率は同じ $1-\beta$ であり，「貧困の罠」という弊害がない．

「貧困の罠」とは，生活保護など，所得税を支払わないで社会保障給付を受けている家計にとって，自前の所得が増加すると，同額だけ社会保障給付が削減され，手取りの所得が増加しない現象である．すなわち，社会保障が「措置」としてあるべき給付額を実現するように支給されるために，自前の所得が増加すると，実質的にそれに対して100％という高率で課税されることになる．その結果，貧困世帯は自前で勤労意欲を活性化する努力（たとえば，人的投資をして将来の所得機会を自分で大きくする努力）を失い，いつまでも政府からの公的扶助に依存する．この「貧困の罠」という弊害を克服するには，自前の所得が増加した場合に，100％以下の水準で公的給付を削減する必要がある．しかし，税負担と社会保障給付を個別に政策決定する場合には，どの程度の削減率が望ましいのかをセットで決めることができない．負の所得税として，両者を統一的に取り扱うことではじめて，「貧困の罠」を回避することができる．さらに，行政的なコストという面でも，保険料の徴収と税金の徴収は同じ業務であり，両者を同じ組織で行う方が，より効率的に実施できる．その分だけ，同じサービスを国民に提供するとすれば，国民の実質的負担を軽減できる．

しかし，負の所得税にもデメリットはある．もっとも大きなデメリットは，所得の発生形態が個人間で異なる場合，通常定義される包括的所得は必ずしも公平性の指標として適していないという問題点である．負の所得税では，所得以外の経済的格差の指標を課税ベースとして取り込むことが不可能である．しかし，経済的格差を指標化するとしても，現実的な要因を考えると，所得税の世界だけでは，「真の」格差はモニターしきれない．また，どんなもっともらしい定義ができたとしても，所得を捕捉することは困難である．したがって，当該個人（家計）の資産状態や消費活動などを具体的に（あるいは過去にさかのぼって）個別に検討することで，はじめて当該個人（家計）が弱者であり，公的補助が必要かどうかを判断できる．また，公的補助を支給する以上，その使い道を細かく限定することも正当化できるし，それで勤労意欲が阻害されないように，監視することも可能になる．このような視点を考慮すると，現実には負の所得税が一般的に採用されていないのは，もっともらしいと言える．

ただし，社会保険給付を独立して行うにしても，現実には，所得以外の資産調査を徹底することにも限界がある．また，公的補助の使い道を政策担当者が必要以上に限定するケースも見られる．経済社会環境が多様化するにつれて，当局が監視するコストも増加する．また，クロヨンの現象も，職業選択の自由があれば，長期的にはそれほど不公平ではないという議論もある．以上みたように，負の所得税にはメリットとデメリットがある．今後は，負の所得税のメリットをより生かす方向で，税負担と社会保障給付のリンクを活かす方向で見直すべきだろう．

4　年金改革とその負担

(1)　世代間の再分配政策

以下では，世代間負担の視点で年金制度における保険料と税負担を比較してみよう．税方式と比較して，年金保険料のあり方は，年金方式として賦課方式と積立方式のどちらを前提とするかで，その望ましい姿も異なる．賦課

方式を維持するのであれば，リスク分散機能が重要であるから，平均寿命を超える高齢者に対する極端な累進課税も正当化できる．所得税から年金保険料を控除すべき理由はない．この点は，Richter（1987）によるモデル分析が参考になる．また，井堀（2002）も参照されたい．

(2) 積立方式と年金給付のあり方

議論を明確にするために，まず最初に，公的保険が保険数理上公正な保険料で運用される場合から，検討しよう．たとえば，年金が積立方式（あるいは個人勘定方式）で運用され，同じ世代内での長生きのリスクのみが分散されるケースである．この場合は，私的年金と同じ性質を持つために，公的保険料を負担することそれ自体で，実質的な負担は発生しない．

積立方式の場合には，年金所得は私的な貯蓄と同じく資産所得である．基本的には非課税が望ましい．その理論的な根拠は，「課税ゼロの定理」である．すなわち，1990年代に入って，無限期間の最適化行動を想定するラムゼイ型の成長モデルを用いて，最適税率について理論的に明快な結果が得られている．「長期的には資本所得への課税はゼロにするのが望ましい」．したがって，包括的所得税は長期的には望ましくない．労働所得への課税あるいは消費税が長期的には望ましい課税ということになる．この標準モデルは，一財経済であり収穫一定の新古典派の生産関数を想定する．消費者は無限期間の最適化行動を行って，消費と貯蓄を異時点間で配分する．このように計画期間の長さは金融資産課税のあり方を議論する際に，重要な論点となる．政府はある必要な税収を確保するために，労働所得税や資本所得税を課す．

特に，経済主体が長期的な視点をもっている場合，計画期間の当初に資本に課税することと，将来の資本所得に課税することとは，トレードオフの関係があることが指摘されている．すなわち，古い資本に対する課税は本質的には一括固定税であり，新しい資本所得に対する課税のみが，資本蓄積の決定に攪乱的な影響を与える．計画期間の当初では，古い資本所得への課税が一括固定税であるという特徴が支配的な効果をもつので，資本への高率課税が望ましい．しかし，次第にこの効果は小さくなる．新しい資本への課税が

もたらす攪乱的な効果の方が大きくなり，定常状態では資本への課税はいっさい行わないことが最適となるケースも生じる．

また最近では，ラムゼイ型の成長モデルではなく，内生的成長モデルを用いても，最適課税の問題が扱われている．内生的成長モデルでは，経済の成長率は内生的に決定されるので，政策によっても影響される．その場合，資本所得課税によって成長率が低下することが示されている．したがって，政府は長期的には資本所得に課税すべきでない．

ただし，非課税であることは，課税しないだけではなく，補助金も出さないことを意味する．資産所得を非課税にする手法として，年金保険料を消費税，支出税と比較することが有益であろう．まず，間接税タイプの消費税は消費段階でのみ課税する．次に，直接税タイプの支出税は貯蓄を経費と見なして，所得税の課税ベースから控除する一方で，貯蓄の収益（および貯蓄の元本）には課税する．どちらの手法でも，資産所得は非課税となる．労働所得を課税ベースとする保険料も同等の効果を持っている．したがって，課税上も同じ取り扱いが望ましい．

ところが，現在の年金課税では，支出税のように，年金拠出段階で保険料負担が課税ベースから控除されるのに対して，支出税とは異なり，給付段階でも大幅な控除が認められている．これは，実質的に年金貯蓄に補助金を出しているのと同じである．したがって，年金貯蓄を非課税にするには，年金拠出段階での控除を廃止するか，あるいは，給付段階での非課税を廃止するかどちらかの改革が必要となる．他の年金の機能との関連でいえば，所得税の算定において年金保険料控除を維持しつつ，給付段階で年金課税を強化して，給付水準を実質的に見直す方がもっともらしいだろう．保険料ではなくて，税方式に変更して労働所得税とすれば，所得から控除することもなくなる．これは資本形成を非課税にする点で望ましいと言える．

ただし，場合によっては，効率性の観点からむしろ，年金所得を非課税とするばかりではなくて，むしろ年金資産形成に補助金を出す方が望ましいことも考えられる．たとえば，積立金が公的な資本ストックの形成に配分される制度を維持するときに，公的資本からの外部性が年金収益に反映されない

とすれば，社会的に公的資本が不足するかもしれない．そうした場合には年金資産を税制上優遇して，公的資本形成を促進することが望ましい．そうした状況が現実的であれば，現在のような大幅な年金給付への税制上の優遇も認められるかもしれない．これは，社会資本が希少であった高度成長期にはある程度当てはまっていた．しかし，社会資本の生産性が低下した21世紀においては，あまり妥当しそうにない．

もう1つのポイントは，年金課税の時間的な経路である．資産所得に対しては長期的に税率を低くするのは望ましいが，短期的にはむしろ税率を高くする方が望ましい．したがって，特に高齢化・少子化の進展が急速であるわが国では，短期的に年金給付に対する課税を強化するのは，世代間の公平性，効率性の観点から正当化できるだろう．高齢化が定常状態になる21世紀の半ばでは，年金課税を軽減することで，長期的なメリットが享受できるとしても，それまでの移行過程では年金課税を強化することのメリットも大きい．

(3) 年金改革と公平性

次に，公平性の観点から，年金改革のあり方を整理しておこう．積立方式に移行すれば，同じ世代内での年金所得の格差がより明確になる．保険料という拠出額は賃金所得に比例するから，賃金所得の格差は年金給付＝年金所得の格差でもある．また，積立方式は，引退期と年金支給開始年齢とをリンクする必要がないため，年金所得と勤労所得を同時に手に入れる高齢者が多く存在するようになる．公平性の観点から累進的な税体系が望ましいとすると，賃金所得と年金所得を区別することなく，それらに累進税率を適用して，総合課税することが望ましいだろうか．

ここで次の点に注意したい．第1に，所得格差の原因が何であるかを明確にする必要がある．たとえば，人的資本の能力格差を反映して，労働所得に格差が存在するために，結果として，年金拠出額，年金資産ストック，あるいは年金給付所得に格差が存在することも考えられる．このケースも，労働所得格差，能力格差に対してどう課税すべきかが問題となる．

第2は，年金所得それ自体になんらかの格差を想定することが適当かどう

かという点である．個人勘定の年金資産運用が行われるとしても，年金所得自体に能力の差を認めるのは，労働所得に能力の差を認めるよりも相対的に困難である．賃金率が能力の差を反映していると考えるのは，ある程度もっともらしいが，年金の運用収益率は，取引単位における制約はあるにせよ，個人間でほとんど共通と考えられる．したがって，年金所得を高額所得者がより多く得ているとしても，その理由が何かをより明確にしないで，垂直的公平の原則を適用するのは問題が大きいといえよう．

人々の間での生涯にわたる効用水準格差，不平等格差を課税によって是正するときには，遺産に対する相続税や労働能力あるいは労働所得に対する累進所得税を用いるべきである．累進的な年金所得税によって不公平を是正しようとしても，あまり有効とは言えない．

公平性の観点から，積立方式での年金制度において，累進的な年金所得税が望ましいのは次のようなときだろう．捕捉の面を考慮すると，納税者番号制度が実施されていない以上，特に金融資産に関する相続税は，容易に回避することができる．また，労働能力は，税務当局にとっては，観察不可能な指標である．したがって，相続税や労働能力に対する適正な課税は，なかなか現実には実施できない．遺産，労働能力といった，所得格差をもたらす直接の対象に適正に課税できない次善の状況では，労働所得税とともに年金所得税を用いる必要が生じる．なぜなら，積立方式の年金を前提とする限り，遺産や労働能力の高い人には，労働所得とともに年金所得も多くなるからである．労働所得とともに年金所得にも累進的に課税することで，間接的に，不公平を是正できる．

一般的に，課税原則の2大原則である効率性と公平性を同時に実現するには，それぞれの基準の達成に比較優位を持っている複数の課税方法をうまく組み合わせることが重要である．最善解を求める問題においては，公平性を実現するために，相続税や労働能力課税を活用すればよい．しかし，相続税や能力課税のような直接不平等を生み出す源泉に課税できない次善の世界では，労働所得税とともに年金所得税に累進的に課税する他はない．この場合，公平性の観点から，それぞれの税率構造は累進的にして，また，効率性の観

点から，労働所得と年金所得を包括的に同じ所得として総合的に課税するのではなくて，労働所得税と年金所得税の相対的な累進税構造は，超過負担を小さくするように，それぞれ別個に設定すべきである．その場合に，年金所得税の累進構造は，労働所得税の累進構造よりは，緩やかであるべきだろう．

(4) 賦課方式と年金改革

このケースでは，税と保険料の比較がより意味を持ってくる．わが国の年金改革の基本は，積立方式への移行とスリム化（＝部分的な民営化）であろう．しかし，政治的な制約が強ければ，次善の策として，現行賦課方式を前提として小幅な改革にとどまらざるを得ないかもしれない．かりに現状の賦課方式を基本的に維持するしか，選択の幅がないとしよう．あるいは，報酬比例部分が積立方式（個人勘定方式）に移行するとすれば，賦課方式の基礎年金部分が公的年金の中心となる．いずれの場合でも，公的年金の基幹部分として賦課方式を維持する限り，基礎年金の財源と給付の課税方式が問題となる．これは，給付水準の見直しと保険料の見直しの2つの観点から議論できるだろう．

平均以上長生きしている個人とそうでない個人間でのリスクを世代内で分散するという機能を重視すれば，課税後の年金給付が事後的にあまり変動しない方が望ましい．平均寿命を超えた個人にとっては，基本的にリスク回避機能が重要であるから，こうした報酬比例部分に対応する年金給付に累進的な課税を行うことはもっともらしい．また，こうした長生きのリスクは外生的な要因で決定されるところが大きく，したがって，累進的に課税してもモラル・ハザードの弊害も少ない．

また，年金保険料を所得税の所得控除に入れている点は，大幅な見直しが必要になる．前述したように，賦課方式の年金制度では，公的保険料は実質的な負担を持つ税と同じである．つまり，賦課方式のもとでの保険料は，社会保険税に他ならない．税である以上は，それを所得税の所得控除に入れる積極的な理由はない．したがって，公的年金が改革されて，積立方式の部分が個人勘定に移行すれば，その部分は所得税からの控除を認めることもでき

るが，賦課方式で運用される基礎年金部分については，所得控除を廃止すべきであろう．

(5) 政策的な含意

このように，年金改革のあり方は，年金方式として賦課方式と積立方式のどちらを前提とするかで，その望ましい姿も異なる．賦課方式を維持するのであれば，リスク分散機能が重要であるから，平均寿命を超える高齢者に対する極端な累進課税も正当化できる．所得税から年金保険料を控除すべき理由はない．また，年金給付のスリム化にも論理的な矛盾はない．

しかし，個人勘定など実質的に積立方式に移行する部分については，年金所得課税のあり方については長期的な視点が重要となる．この場合は，他の資産所得と同様に，年金所得を非課税にする方がもっともらしい．それでも，年金保険料を所得控除している以上，年金給付には適切な課税が必要である．また，高齢化社会への移行期には年金給付のスリム化を強化することは，効率性の観点から正当化できる．なお，世代内の格差是正については限定的に捉えるべきであろう．

このように年金改革は，賦課方式と積立方式という2つの財源調達方式を区別することが重要である．現行の公的年金制度は2つの財源調達のどちらを採用しているのかが曖昧になっている．建前としては積立方式でありながら，実態は賦課方式に限りなく近い．しかし，税制上の取り扱いは建前に縛られて，積立方式を想定した優遇が採用されている．しかも，政策的配慮が追加されたために，積立方式のあるべき姿からみても，過度に年金給付を優遇している．公的年金の役割分担を賦課方式＝基礎年金部分と積立方式＝個人勘定部分に明確に見直すとともに，それぞれにあった年金制度を別個構築することが望ましい．

ところで，前述したように，わが国では社会保険給付に多額の国庫補助が投入されている．これは，保険方式の公的年金を税を財源とする社会保障に実質的に変質させる．税金を投入して，社会保障を行う以上は，その対象を狭く限定すべきである．これは，**3**の負の所得税と同じ考え方である．保険

料方式を維持する以上は，税金を投入して，保険料と給付の対応関係を不明確にすべきではない．さらに，わが国では税金で国庫補助をするという名目で，事実上財政赤字で財源の負担を将来に転嫁している．これは，世代間の公平という観点では，ますます事態を悪化させるものである．

5 おわりに

民主主義の政策決定を想定すると，政府は割引率も高いし，短期的な視点で行動しやすい．短期的視点で行動する政府が，社会保障制度のように，長期的なルールにコミットしたもっともらしい枠組みを構築するのは困難である．したがって，その場しのぎで社会保障負担を微調整したり，財政赤字を出して税負担を回避する行動がみられる．さらに，短期的視点で社会保障制度やその負担を修正することは，根本的な問題処理を先送りすることにもなる．

少子高齢化社会では，必要最小限のセーフティー・ネットを効率的に，公平に構築するとしても，社会保障の負担は増大せざるを得ない．それをどこまで税と保険料負担で分担するかは，重要な選択課題である．そのためにも，社会保障制度の中身を抜本的に見直して，財源を税や保険料負担に求めるべき給付の範囲を精査するべきである．年金改革については，賦課方式と積立方式の年金財政を明確に区分し，それぞれにあった年金制度を別個構築することが望ましい．そして，年金制度を見直すだけではなくて，公的年金給付の大幅なスリム化が不可欠である．また，社会保険料負担は，リスク分散の観点から保険数理上公正な範囲に限定すべきであろう．

保険料の賦課対象は，（歴史的経緯から）収入や所得に限られるのに対して，税の賦課対象は収入や所得に限られず，消費，所得，資産などより広い．このような賦課対象の広狭は，公的年金における保険料と税との役割分担において，前者が使途を特定するという目的税的な性格を持っているのに対して，後者は一般的な財源調達手段にすぎないという相違によると考えられる．したがって，目的税のメリットが大きければ，狭い範囲に課税対象を限定す

る意味もあるだろう．しかし，目的税のメリットが大きくなければ，また，そのデメリットが大きければ，課税による攪乱的な影響を最小化するために，幅広い範囲の課税ベースから最適に課税ベースを構築できる一般的な税方式の方が望ましいと言える．

　最後に，スウェーデンでは障害年金と遺族年金を税方式として老齢年金を概念上の積立方式とする改革が実施され，保険料では給付とのリンクを明確化する改革が行われている．また，アメリカでは賦課方式の公的年金に個人年金勘定を上乗せしたり，あるいは部分的に代替したりする案が提案されている．納税インセンティブへの影響を考慮した最適課税論の観点からみると，このような公的年金の改革動向は，負担と給付のリンクを構築する点で，重要である．こうしたリンクがあってはじめて，保険料負担はマイナスの所得効果を回避することができる．国民負担率が50％を超えたとしても，負担と受益のリンクがある程度あれば，負担が増加するとしても，必ずしも民間経済に大きな重荷が加わることにはならない．その意味でも，公的年金制度を改革して，賦課方式と積立方式の年金財政を明確に区分し，それぞれにあった年金制度を別個構築することが望ましい．

参 考 文 献

井堀利宏（2002）「社会保障と税制」『フィナンシャルレビュー』65号，4-20.

―――（2003）『課税の経済理論』，岩波書店．

Atkinson, A.B. and J.E. Stiglitz, 1980, *Lectures on Public Economics*, McGraw-Hill.

Barro, R., 1974, Are government bonds net wealth? *Journal of Political Economy* 82, 1095-1117.

Batina, R. and T. Ihori, 2000, *Consumption Tax Policy and the Taxation of Capital Income*, Oxford University Press.

Brett, C. and M. Keen, 2000, Political uncertainty and the earmarking of environmental taxes, *Journal of Public Economics* 75, 315-340.

Mirrlees, J., 1971, An exploration in the theory of optimum income taxation, *Review of Economic Studies* 38, 175-208.

Richter W.F., 1987, Taxation as insurance and the case of rate differentiation: according to consanguinity under inheritance taxation, *Journal of Public Economics* 33, 363-379.

第7章　生活保護改革・障害者の所得保障

駒村　康平

1　はじめに

　雇用環境の悪化に伴い，生活保護被保護人員数は増加傾向にある．この一方で，年金，医療，介護といった社会保障一体的な改革と並行して「生活保護制度の在り方に関する専門委員会」で生活保護制度改革の議論が行われ，2004年12月に「生活保護制度のあり方に関する専門委員会報告書」が発表された．

　生活保護制度の見直しに際しては，「利用しやすく，自立しやすい制度へ」[1]という報告の下に検討が進められてきた．このためには，生活保護の受給条件などの見直しだけでは不十分である．生活保護制度の機能を従来のセーフティネットからスプリングボード・トランポリンに変質させるために，実効性のある自立支援プログラムとの連携によることも不可欠である．また，若年無職者対策，障害者への所得保障といった広い意味での重層的な最低所得保障制度の構築が必要である．

　本論の構成は，2で貧困・低所得世帯の測定をし，3では，貧困・低所得者世帯に対するセーフティネットである生活保護制度の諸問題を明らかにし，4では，所得保障政策が不十分な障害者向け政策の諸問題を分析する．

2 低所得・貧困世帯の測定

(1) 貧困率の尺度・定義について

貧困率の尺度は，貧困比率（head count ratio）以外にも，貧困ギャップ率（poverty gap ratio），センのS測度がある．

この中でもっとも頻繁につかわれる貧困比率は，貧困ライン以下の人口・世帯割合である．ただし，貧困比率では，貧困の深刻度については明らかにならない．そこで，貧困の深刻度を示す指標として世界銀行などでは，貧困ギャップ率が採用されている．これら各尺度については，セン[2]による先駆的な研究があるが，ここでは尺度そのものには深入りはしない．

貧困の定義を左右するのが，貧困ラインの選択である[3]．貧困ラインの候補としては，①絶対貧困ライン，②相対貧困ライン，③政策貧困ラインがある．

絶対貧困ラインは，身体を維持し，活動できる程度のエネルギー摂取量を確保するために真に必要な所得水準である[4]．例えばFAOやWHOは，1日1人当り3000kcal（体重65kg，年齢20〜39歳までの男性）を，当該国の地域の気温，平均体重などで調整してエネルギー摂取量を設定している．この最低限のエネルギー摂取量を確保するために必要な食糧を購入できる支出額が，絶対貧困ラインとなる．絶対貧困ラインは，開発途上国などで，食糧不足などにより生命が脅かされるような人々の実態を知るためには有効な基準である．

一方，相対貧困ラインは，相対的な所得水準を基準としている[5]．たとえば，OECDは，中位所得の50％の所得を貧困ラインと設定している．図1はOECD各国の比較で，日本の貧困世帯比率は15.3％と上位にある．

絶対貧困ラインや相対貧困ラインは，国際比較において有益であり，また実際に，これまで社会保障政策，所得保障政策においてはベンチマークの役割を果たしてきた．しかし，こうした貧困基準によって，直接に各国の公的扶助制度の問題点を分析することはできない．これら基準とは異なり，政策

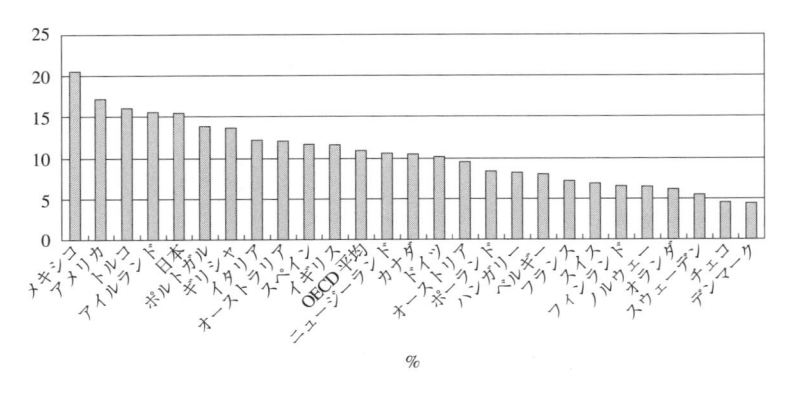

第7章　生活保護改革・障害者の所得保障　　175

資料：Marco Mirad'Ercol & Michael Forster (2004) より作成．

図1　OECD各国の貧困率

的な貧困ラインは，具体的な生活保護（公的扶助）制度や税制度から計算される最低所得保障額を貧困基準とする．これら政策的な貧困ラインは国際比較に適さないが，現状の所得保障政策の評価については有効になる．

　低所得世帯・貧困世帯の基準は，各社会保障制度でそれぞれ異なる（表1）．もっとも中心になるのが生活保護基準であるが，これ以外にも医療・介護保険・福祉制度などの利用時負担の軽減基準として市町村民税世帯非課税基準などがある．

　本論の目的は，国際比較ではなく日本の貧困世帯・低所得世帯向け政策の評価であるため，生活保護ラインや市町村民税世帯非課税基準を貧困ラインとして採用し，貧困尺度としては生活保護の捕捉率を分析するために貧困比率に基づいて議論を進めることにする．

(2) 生活保護基準による低所得世帯の測定

　駒村（2003）は，1984年，89年，94年，99年の全国消費実態調査の個票データを使い，生活保護制度が定める所得水準以下の低所得世帯の比率（以下，低所得者世帯率）を推計した[6]．

　低所得世帯率は図2で示すように，二人以上の一般世帯では89年の

表1 低所得世帯の基準

低所得世帯の基準	制度
生活保護基準	生活保護・身体障害者短期入所事業など
市町村民税非課税基準	表2参照
市町村民税と生活保護基準	延長保育促進事業
市町村民税と老齢福祉年金	表2との組み合わせ（介護保険料など）
所得税額基準	
7段階区分AからG	身体障害者ホームヘルプ事業
7段階区分1から7区分	保育料
AからD区分	
19階層	育成医療
14階層	身体障害者福祉法入所（扶養者負担）など
40階層	身体障害者福祉法入所（本人負担）など
国民健康保険料軽減基準	国民健康保険
国民年金保険料申請免除基準	国民年金

4.02％を底に上昇しており，最近は約9％程度となっている．さらに都道府県別に低所得世帯率を推計すると，都道府県の格差は大きく，99年で低所得世帯率が最も高いのは沖縄県の27.0％で，最も低い岐阜県の3.8％となっており，その差は7倍程度になる（図3）．

さらに都道府県別に各年の低所得世帯率の相関をみると相関係数0.8から0.9で有意になっており，低所得世帯の存在が構造的になっていることが明らかになっている．

第7章　生活保護改革・障害者の所得保障　　177

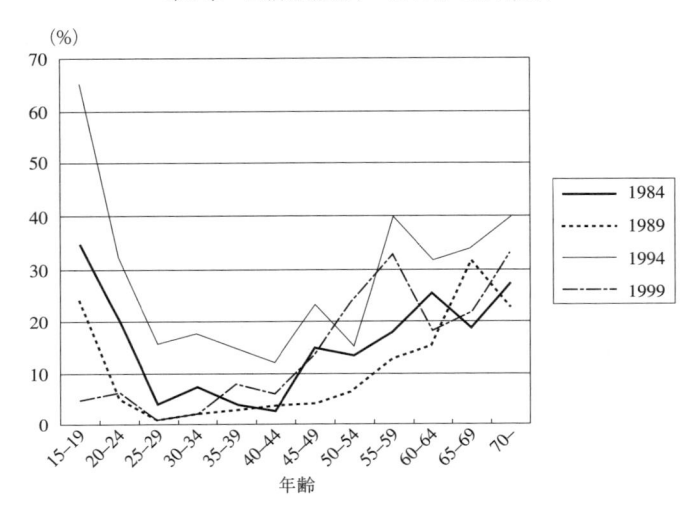

出典：駒村（2003）．

図2-1　単身・年齢別低所得世帯率

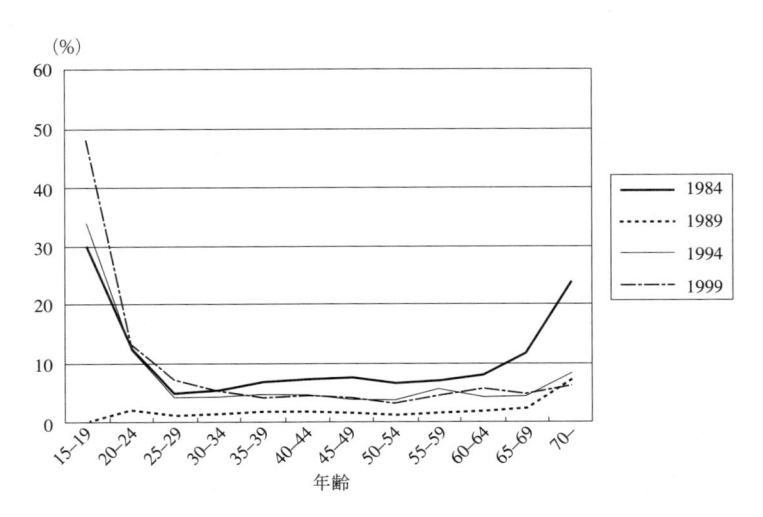

出典：駒村（2003）．

図2-2　一般世帯・年齢別低所得世帯率

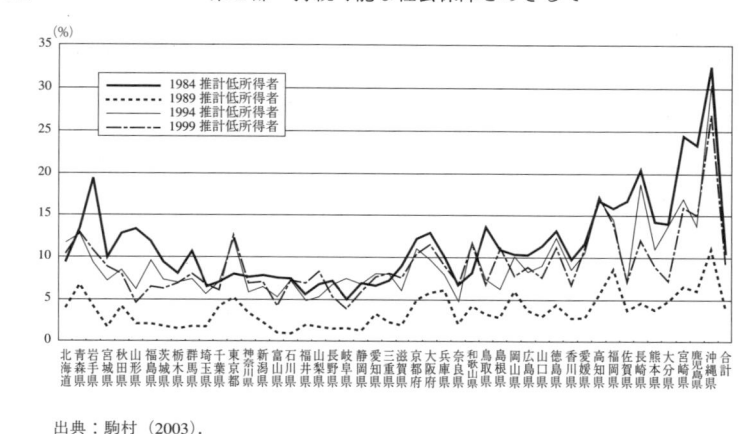

図3　都道府県別広義推計低所得世帯

出典：駒村 (2003).

(3) 市町村民税非課税世帯基準による低所得世帯

生活保護ラインに加えて，市町村民税非課税基準も重要な低所得世帯基準である．市町村民税の非課税基準は，表2のように各種社会保障制度における利用時負担など軽減の基準として使われている．

この住民税非課税世帯[7]がどの程度存在するのか，1999年全国消費実態調査（都道府県A分・二人以上の一般世帯のみ）を使用して推計を行った[8]．図4が推計結果である[9]．

比較のために生活保護基準での推計も行い[10]，市町村民税非課税世帯基準と生活保護基準の両条件を満たす世帯も推計した．

二つの基準を比較すると，概ねすべての世帯主の年齢において市町村民税の非課税世帯の割合は，生活保護基準以下世帯の割合よりも高い．年齢計で，非課税世帯基準でみた貧困世帯比率は14.9％，生活保護基準でみた貧困世帯比率は5.6％となっており，尺度によって貧困世帯の割合に約3倍の違いがある．これは，市町村民税の非課税基準が，生活保護基準よりも高いためである．一方，年齢別貧困率がU字になっているのは両者で共通している．

第7章 生活保護改革・障害者の所得保障

表2 市町村民税非課税基準を使った制度

制度名	基　準
高額医療費制度における低所得者特例	健康保険　　　市町村民税非課税， 国民健康保険　市町村民税世帯非課税
老人医療一部負担金に関する低所得者特例	主たる生計維持者が市町村民税非課税
高額医療費支給制度（老人）における低所得者特例	市町村民税世帯非課税
入院時食事療養費における標準負担額に関する低所得者特例	市町村民税世帯非課税
介護保険料の設定方法	第2段階　市町村民税世帯非課税， 第3段階　市町村民税本人非課税
高額介護サービス費における利用者負担の上限額	市町村民税世帯非課税
生活福祉資金貸付制度対象世帯	市町村民税非課税程度
介護保険施設における利用者負担低所得者への軽減措置	市町村民税世帯非課税
身体障害者施設　費用負担徴収　扶養義務者分	市町村民税非課税世帯など
保育料	市町村民税非課税世帯 （7階層区分における第1階層）

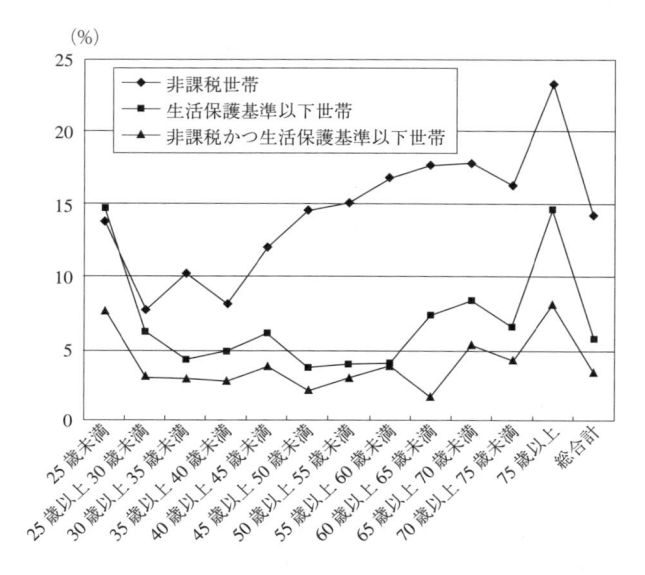

図4　住民税非課税世帯と生活保護基準以下世帯の比率

40歳以降，加齢と共に二つの比率の差は広がっていく．市町村民税非課税世帯基準は，40歳から上昇するが，生活保護基準は，60歳以上65歳未満から急上昇する．75歳で急激に上昇する点で両者は共通している．

このことから，直ちにどちらの貧困水準が実質的な生活困窮度を示したものかは，断言することはできないが，25歳未満世帯と65歳以降世帯に貧困リスクが集中していることは確認できる．

3　生活保護制度の現状と課題

(1)　生活保護の概況

生活保護制度はその対象も制度も経済・社会の状況から直接的な影響をうける．生活保護制度は1949年に始まり，戦後しばらくの期間は社会保障の中心的な制度であった．その後1950年代後半から60年代にかけての被保護世帯の構成は，老齢，母子世帯が比較的少なく，むしろ高い失業率を背景に，労働力を有する世帯主がいても不完全就業者となっている世帯が半分を占めていた．この時期は都市部の被保護者数は景気変動に一定のラグを持ちながら変動し，北海道・東北など農家が多い地域の被保護人員数の増減は，季節変動があることが指摘されていた（佐藤吉男，1959）．

生活保護被保護者人数は高度経済成長とともに長期的には減少傾向にあった．しかし，1973年の第一次オイルショック以降は増加に転じ，1984年をピークに被保護者数は減少する．その後，1992年から横ばいとなり，1996年より再び被保護者数は増加に転じて，2002年に約124万人，人員保護率0.98％，被保護世帯数約87万世帯，世帯保護率1.89％に達している．

地域別に見ると，人員保護率が高いのは北海道2.07％，大阪1.93％，高知1.78％，福岡1.68％，京都1.61％などであり，低い都道府県は富山0.2％，福井0.25％，岐阜0.26％，愛知0.26％，長野0.27％など北陸・中部である．指定都市・中核都市でみると，大阪市3.13％，旭川市2.64％，高知市2.54％，札幌市2.35％，京都市2.27％などが際だって高い．

一方，世帯数でみた生活保護被保護世帯数（以下，被保護世帯数）は

第7章　生活保護改革・障害者の所得保障

1984年まで，ほぼ一環して増加傾向にあったが，85年から90年代半ばまでは減少傾向となり，90年代後半からは再び増加に転じ，2002年には過去最高の約87万世帯に達している．

このように被保護世帯数と被保護者人数ではやや動きが異なっている．1960年代から1980年代は，世帯数ベースの受給状況と人数ベースの受給状況は異なる動きをしており，両者が同じ動きをするようになるのは，1984年以降である．被保護者人数と被保護世帯数の動きのギャップの原因は，世帯人員構成の変化にある．戦後間もない1953年時点では，世帯人員別の被保護世帯数ベースでの単身世帯の割合は27％で，被保護者人数ベースの8.1％にすぎなかった．一方，世帯人員5人以上世帯が被保護世帯数ベースに占める割合は28.4％であるが，被保護者人数ベースに占める割合は47.4％であった．ところが，2002年では，世帯人員別の被保護世帯数に占める単身世帯の割合は73.6％になっている．このため被保護者数ベースでは全体の51.5％が単身者となった．一方，世帯人員5人以上世帯が，被保護世帯数ベースに占める割合は1.4％，被保護者数ベースに占める割合は5.4％となっている．このことから，制度発足当初は，多人数貧困世帯をカバーしていた生活保護は，高度経済成長期以降は，単身世帯をカバーするようになったことがわかる．

生活保護受給世帯のストックに相当する受給中の全被保護世帯を「稼働世帯」と「非稼働世帯」に分けて見ると，1952年時点で稼働世帯が占める割合は，55.2％であったが，2002年では，稼働世帯の比率は11.9％となっており，圧倒的に非稼働世帯が多い[11]．被保護世帯の構成比に占める高齢者世帯の割合は，1958年には20.7％であったが，2001年には46％とほぼ生活保護世帯の半分を占めている[12]．

生活保護受給期間別の構成比を見ると6ヶ月から3年未満という比較的短期間の受給世帯の割合は1960年には53.8％で，10年以上の受給期間の世帯は9.4％にすぎなかったが，2002年には短期は37.2％，長期は26.7％となり，受給期間は長期化している[13]．全般的に，高齢者世帯の受給期間は長期であり，母子世帯の受給期間は比較的短期である．

生活保護受給世帯のフローに相当する新たに保護を受ける世帯の保護開始理由も変化している．1956年には「世帯主の傷病」という理由の全保護世帯数に占める割合は27.1％であり，「稼働収入減」が理由になる割合は23.4％であった．その後，「世帯主の傷病」を理由にする割合は増加し，平成5年には78.3％に達し，一方，「収入減」の割合は平成2年には3.5％まで減少した．その後，バブル崩壊以降の景気後退のなか，稼働収入減理由は増加に転じ，2002年には過去50年ではもっとも高い16.6％となっている．

以上，生活保護の現状は，新規受給者は景気変動の影響を受け増加する一方，高齢化の影響などにより受給者の固定化が進んでいる．

(2) 生活保護の捕捉率

上記のような生活保護の動向であるが，生活保護制度が貧困世帯をすべてカバーしているわけではない．実際には生活保護水準を下回るにも関わらず，生活保護を受けていない世帯も少なくない．生活保護が捕捉している低所得世帯の割合は捕捉率と呼ばれる[14]．これまでの先行研究によると，表3のように国際的に日本の捕捉率は極めて低い．

2.(2)で推計した生活保護基準による低所得世帯率をもとに，都道府県別の生活保護捕捉率を推計してみよう．まず，全国での生活保護の捕捉率は，1984年16.5％から，1989年の25.2％をピークに低下しており，1994年は12％，1999年は18％程度になっている．都道府県別に見ると1999年で捕捉

表3 公的扶助（生活保護）捕捉率の国際比較 （単位：％）

年代	アメリカ（注1）	イギリス	ドイツ	フランス	日本
70	41〜46				
80		81.5（注2），86.5（注3）			5〜40
90	75	64〜65（注3）	34〜37	52〜65（注4）	10〜20

参考資料：Virginia Hernanz, Franck Malherbet and Michele Pellizzari（2004），駒村康平（2003）．
注1：フードスタンプ制度の捕捉率．
 2：非年金受給者．
 3：年金受給者．
 4：RMIとAPI制度．

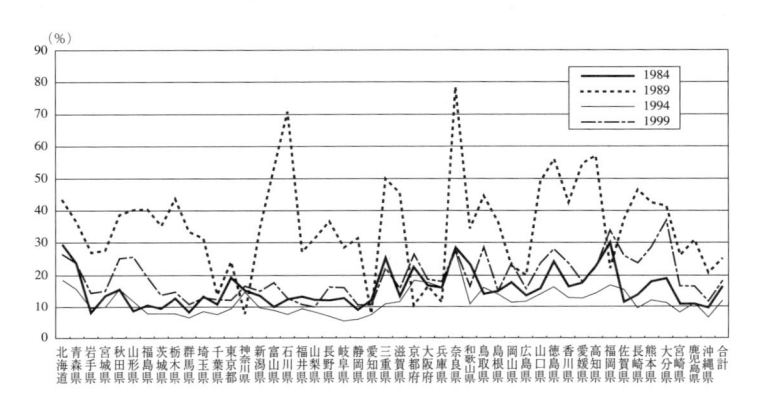

第7章　生活保護改革・障害者の所得保障　　　　　　　　　　　　183

```
(%)
90 ┬─────────────────────────────────
                          ─── 1984
80 ┤                       ‥‥‥ 1989
                          ─── 1994
70 ┤                       ─‥─ 1999
60 ┤
50 ┤
40 ┤
30 ┤
20 ┤
10 ┤
 0 ┴─────────────────────────────────
   北青岩宮秋山福茨栃群埼千東神新富石福山長岐静愛三滋京大兵奈和鳥島岡広山徳香愛高福佐長熊大宮鹿沖合
   海森手城田形島城木馬玉葉京奈潟山川井梨野阜岡知重賀都阪庫良歌取根山島口島川媛知岡賀崎本分崎児縄計
   道県県県県県県県県県県県県都川県県県県県県県県県県県県府府県県山県県県県県県県県県県県県県県島県
                            県                       県
```

出典：駒村（2003）．

図 5　都道府県別捕捉率の推計

率のもっとも高い都道府県は，大分の37.24％，最低は山梨の9.98％となっており，格差4倍程度となっている（図5）．

　都道府県別に各年の捕捉率の相関について測定すると，1989年を除き0.5から0.7の強さで有意になっており，都道府県別の捕捉率の差も安定的に存在する．すなわち捕捉率の高い都道府県は常に高く，低い都道府県は常に低いといったように捕捉率の差が構造的になっていることがわかる（図6）．

(3)　セーフティネットのほころび

　地域間の捕捉率の大小，すなわちセーフティネットのほころびの程度の違いが，どのような原因によってもたらされたのか分析しよう．この原因としては，制度面，受給者側の行動と給付側の行動といった三つの要因に分けることができる．

　制度面についてであるが，資産保有の条件，親族・家族からの扶養，就労可能性などにより，所得面での受給条件を満たしたからといって必ずしも受給できるわけではないという事情がある．

　受給者側の要因であるが，すなわち生活保護受給にふさわしい低所得世帯が親族・家族からの扶養，権利意識の希薄，生活保護制度に関する情報・知

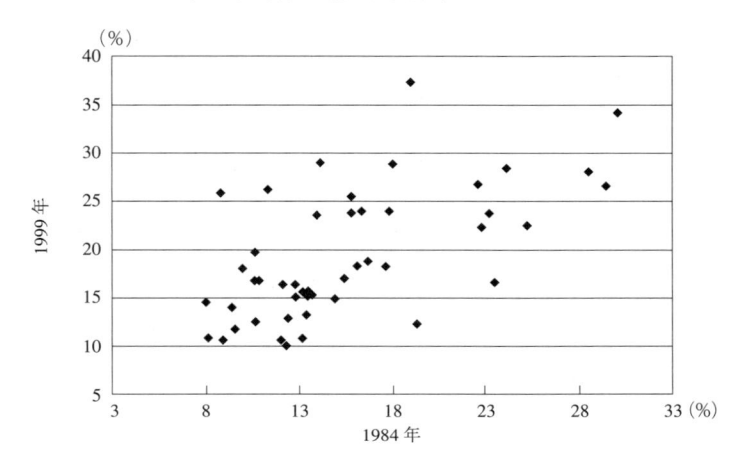

出典：駒村（2003）．

図6　1984年と1999年の捕捉率の分布

識，屈辱感などの理由から受給申請を行わず，その結果，捕捉率が低下しているという可能性もある．

　支給側の要因であるが，行政側にとっては，生活保護受給者の増加は，財政圧迫要因になるため，いわゆる水際作戦といわれるように支給を抑制している可能性もある．

　どの要因が強いのかは一概に述べることはできないであろうが，分析から以下のようなことがいえる．

　①生活保護申請率と低所得者世帯率の相関をとっても有意な関係は見られなかった．低所得者の割合が多いからといって，申請率が高いわけではない．このことから，一見，受給サイドに原因があるようにも見えるが，行政が生活保護申請の受理を拒むこともあり，申請率自体が行政のコントロール変数になっている可能性もある．

　②詳細に見ると，捕捉率のトップ10の都道府県と認定率（申請した数に対する受給数の比率）のトップ10の都道府県をリストアップすると表4のようになる．北海道，福岡などの旧産炭地域と漁業が衰退した地域が捕捉率，

第7章　生活保護改革・障害者の所得保障　　　　　　　　　185

表4　捕捉率が高い上位10と下位10（1999）

上位10位

捕捉率	認定率
北海道	北海道
福岡	福岡
奈良	徳島
徳島	長崎
大分	大分
大阪	大阪
秋田	青森
山口	鹿児島
香川	高知
京都	沖縄

下位10位

捕捉率	認定率
山梨	愛知
福井	岐阜
群馬	長野
島根	山梨
沖縄	静岡
石川	富山
岩手	千葉
静岡	福井
愛知	埼玉
長野	栃木

出典：駒村（2004）．

認定率，共に上位にきている．

　一方，捕捉率，認定率の低い都道府県は，中部地方に集中している．こちらの方は受給サイドの抵抗感，地域・親族の連帯感，資産の状況などといった受給サイドの要因が強いかもしれない．このように地域間で捕捉率に差が発生する理由はまだ明確ではない．地域の経済社会的な特徴のみならず，生活保護の受給決定過程までさかのぼった実証的研究が必要になる[15]．

(4)　生活保護制度の改革

　労働市場の流動化・高い失業率，低成長，家族形態の変化，新しいタイプの問題を抱え社会的な援護を必要とする人々の増加[16]といったように生活保護制度を取り巻く環境は大きく変化した．また，急速に進められている社会保障制度全体の見直しのなかで生活保護制度をどのように位置づけるか，被保護世帯の抱える問題の多様化にどのように対応するか検討するために生活保護制度のあり方に関する専門委員会が厚生労働省社会保障審議会福祉部会に設置され，2004年12月に生活保護制度の在り方に関する専門委員会報告書（以下，報告書）を公表した[17]．そこでは，被保護世帯の増加，固定化，

抱える問題の多様化を指摘し,「利用しやすく,自立しやすい」制度への転換めざし,生活保護基準の検証,自立支援のあり方,制度運用の見直しについてふれている.以下,この報告書をベースに生活保護制度の見直しについて検討を進める.

① 生活保護基準の検証

現行の生活扶助基準の設定は3人世帯が標準になっており,世帯人数分を単純な足し上げによって算定される第1類費(個人別消費部分)と世帯規模の経済を考慮して世帯人数に応じて設定されている第2類費(世帯共同消費部分)を合算して計算される.第1類と第2類の構成比によっては,生活扶助基準は多人数世帯ほど高くなる可能性がある.図7によると人員が少ない世帯では,低所得世帯になる割合はやや高いが,その割合は標準の3人世帯から4人世帯で最低となり,その後は上昇するU字形になっている.この傾向は,図8のように有業者数別でみても同様である.このように多人数世帯において,低所得世帯率が高いことは,多人数世帯の生活扶助基準が高めに設定されている可能性を裏付けている(中川, 2002;會原, 1985).

報告書では,第2類費の構成割合や多人数世帯の換算率の見直しを行う必要性を指摘している.この一方で,単身世帯基準や第1類費の年齢区分の見直しなど,生活扶助水準の見直しが指摘されている.

また,報告書では一般母子世帯との比較から被保護母子世帯の消費水準が低くないことから,母子加算の必要性を否定している.しかし,平成15年度全国母子世帯等調査結果によると母子世帯の多くが所得200万円以下であり,1人あたり所得も非母子世帯よりも遙かに低いこと,国際的にみても日本の母子世帯の貧困率が高いこと[18],駒村(2004)で見たように,母子世帯は,食費・家賃などをかなり厳しく抑えていることなど一般母子世帯の厳しい生活状態を考慮すると,一般母子世帯とのバランス論が加算廃止の根拠になるか疑問である[19].

② 自立支援プログラムの導入

報告書では,今後の生活保護の新しい役割として自立支援を組み入れ,生活困窮者を地域社会へ参加させたり,労働市場に再挑戦させるため,多様で,

第7章　生活保護改革・障害者の所得保障　　　187

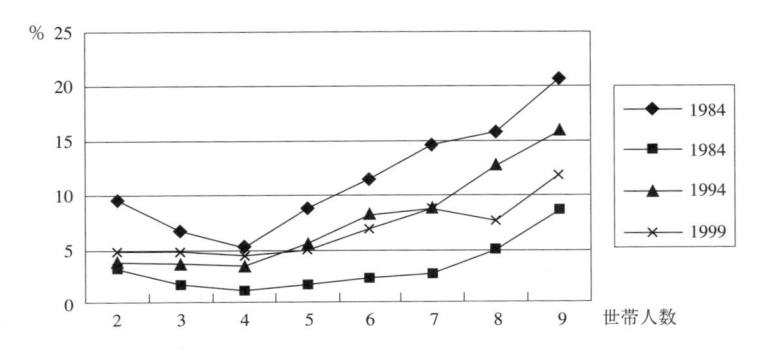

出典：駒村（2003）．

図7　世帯人員別低所得世帯の割合

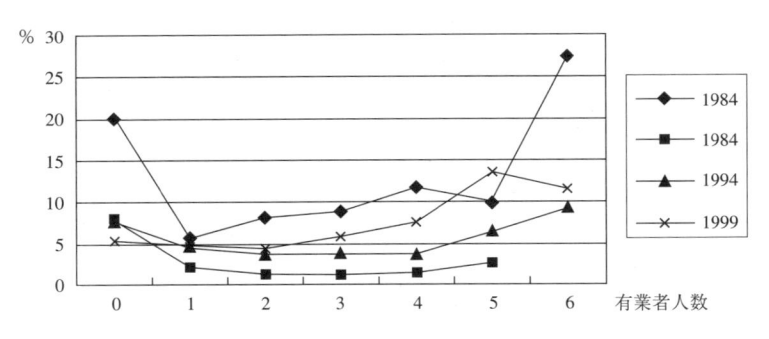

出典：駒村（2003）．

図8　有業者人数別低所得世帯の割合

早期からのシステム的な自立・就労支援策が必要であるとしている．ここでの自立支援は，広く就労自立支援，日常生活自立支援，社会生活自立支援といったものである．そして，地方自治体が多様な自立支援プログラムを用意することが期待されている．生活保護に依存した状態から人々が自分の持っている様々な能力を生かして社会参加することを支援すること自体は進めるべきであろう．しかし，有効な自立支援プログラムが確立していないこと，また地方自治体でそのようなプログラムを実際に有効にできる人員が整って

いないことなど具体化するためには，多くの課題がある[20]．

③　制度運用の見直し

報告書では，自立支援・稼働能力の活用以外にも資産の活用のあり方も言及されている．資産保有限度は，現在最低生活費の0.5ヶ月分であるが，過度な資産保有制限が生活保護を使いにくくし，そしてひとたび生活保護に入ればそこから脱却しにくいものにしている可能性がある．厳しい資産保有制限は，かえって自立を遅らせる危険性もあることから，報告書は新破産法の水準も考慮しながら次のような見解を示している．「例えば新破産法にかんがみ，最低生活費の3ヶ月分までは保有可能とすることも考えられる．しかし，一般世帯との均衡や国民感情，自治体の財政負担等の理由からこれに反対する意見もあった．」

図9は，2(2)及び(3)で作成した世帯タイプ別に生活保護制度が定める最低生活費の何ヶ月分に相当する現金・通貨性預貯金を持っているか比較したものである[21]．実際の生活保護制度では，最低生活費の0.5ヶ月分の保有が許されており，所得面で生活保護基準を満たしていた世帯のうちで，資産面の生活保護基準を満たしている貧困世帯は，44.3％となる．この基準を3ヶ月分程度にすると，低所得世帯の約85％が現金・通貨性預貯金の基準を満たすことができるようになる[22]．

以上，生活保護制度の問題点と改革の方向性を展望してきた．「利用しやすく，自立しやすい」など専門委員会の示す方向性にはいくつかの新しいアイデアがあり，評価すべき点も多い[23]．しかし，穴だらけのセーフティネットや受給者の固定化に見られるように現行の生活保護制度は機能不全に陥っている．多様で有効な自立支援プログラムの確立と地方自治体の能力を高めることなしには，自立支援政策の効果は期待できず，むしろ自立支援への不参加を理由に支給廃止などが行われる恐れもある．

現在の生活保護制度のままでは，労働市場の不安定化・高い失業率といった新しい社会・経済状態に対応できない．とくに若年の不安定労働層は，現在でこそ親世帯の中に吸収されてまだ生活保護の対象者となっていないが，将来の表面化する潜在的な貧困者であろう．

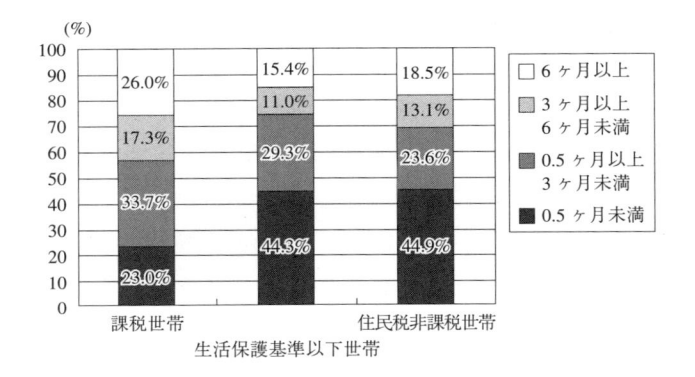

第7章　生活保護改革・障害者の所得保障

図9　通貨性預貯金保有状況

（課税世帯／生活保護基準以下世帯／住民税非課税世帯）

凡例：□ 6ヶ月以上　／ 3ヶ月以上6ヶ月未満　／ 0.5ヶ月以上3ヶ月未満　／ ■ 0.5ヶ月未満

- 課税世帯：6ヶ月以上 26.0%、3ヶ月以上6ヶ月未満 17.3%、0.5ヶ月以上3ヶ月未満 33.7%、0.5ヶ月未満 23.0%
- 生活保護基準以下世帯：15.4%、11.0%、29.3%、44.3%
- 住民税非課税世帯：18.5%、13.1%、23.6%、44.9%

　先進国の多くが，若年者失業から派生する若年貧困者をカバーするために，雇用保険の下に，自立支援とセットに緩やかな資力調査を伴う失業手当を用意している．日本も雇用保険と生活保護の間に，有期の手当を導入しセーフティネットの重層化を行い，同時に有効な自立支援プログラムを確立させる必要がある．

　また，生活保護水準は，戦後の制度発足直後の絶対貧困水準から高度成長期にスライド率で調整し，相対貧困水準に移った．生活保護水準は最低所得保障水準として，社会保障制度の基礎になる部分である．今日，年金改革，医療・介護保険改革など社会保障制度横断的な改革が行われているが，基礎年金に対するマクロ経済スライドの適用などに見られるよう，社会保障改革と生活保護制度との整合性が十分考慮されているとは言いがたい．今後，政府は，科学的・統計的に最低所得水準を検証し，税財源をどのように使うか，国と地方の役割分担のあり方，社会保障制度横断的に整合性のある所得保障政策を確立する必要がある．

4　障害者の社会保障

　貧困世帯になる危険の高い世帯類型の一つが障害者世帯である．障害者向

け社会保障給付費は，日本は国際比較でも低い方に属するため，より充実すべきと考える[24]．しかし，現実には，急激な高齢化と財政制約を背景に，昨今の社会保障横断的改革の影響を逃れることができなくなりつつある．特に障害者世帯向けの社会保障制度は介護保険と支援費制度の統合問題，障害者自立支援法など重要な転換期に直面している．こうした改革は障害者福祉サービスの枠組みだけで検討されるべきではなく，障害者所得保障政策，障害者雇用政策などを含めた障害者向け施策全体から見直される必要がある．

(1) 障害者の動向——人口高齢化の影響と年金水準

身体障害児・者は2001年で約351.6万人，知的障害児・者は約45.9万人，精神障害者は約258.4万人となっている．

「平成13年身体障害児・者実態調査結果報告」に基づいて何歳に身体障害を負ったかを示す年齢階層別の障害発生率を見ると，その比率は，0歳から3歳が7.8％でもっとも高く，4歳から39歳までは低下し，40歳以降高くなり，65歳以上では3.1％である[25]．

このため人口の高齢化が障害者数を増加させ，障害者比率を引き上げる可能性がある[26]．これまでの身体障害発生確率が今後も続くと仮定し，人口構成の変化が障害者数に与える影響を予測すると，中・高齢者の人口比率の上昇は，身体障害者発生確率の高い子どもの減少の影響を相殺し，身体障害者数は2020年まで増加し続け，人口に占める身体障害者の比率は上昇するであろう．

ただし，身体障害者の数が高齢化によって上昇しても，高齢者には年金が給付されるためにただちに貧困な障害者が増加するわけではない．高齢の障害者が増加しても，年金制度がしっかりとしていれば，その影響は吸収できるであろう．しかし，年金の空洞化に見られるように，必ずしも年金が十分である保障はない．実際に満額の基礎年金を受給できるものは多くなく，国民年金（老齢年金）の水準は伸び悩んでいる[27]．さらに2023年までマクロ経済スライド方式により実質0.9％の引き下げ効果も考慮する必要がある．特に年金の空洞化は，短期保険，すなわち障害年金が受給できない若年障害者

(2) 身体障害者の経済状況

　身体・精神・知的障害者について在宅・施設までもカバーした経済的な情報をもった調査はない．精神・知的障害者をめぐる社会保障制度の対応の遅れは重要であるが，本論では多くの情報をもつ平成13年身体障害児・者実態調査結果報告に基づいて，在宅の身体障害者に視点を絞り，身体障害者の経済状況を展望してみよう．

　平成13年身体障害児・者実態調査結果報告によると18歳以上の身体障害者数は，在宅約324.5万人，施設に約18.1万人で，このうち就業者は約73.8万人，身体障害者のうち23.3％が就業している[28]．

　就業率は，聴覚・言語障害が最も高く，肢体不自由がもっとも低い．また就業率は身体障害者手帳の等級1，2，3が低く，4級から急速に高くなる（図10）．

　就業している障害者の収入は月3万円未満が12.1％でもっとも多いが，所得の分布は障害の種類によって大きくことなり，内部障害は30－50万円がもっとも多い（図10）[29]．

　就労していない障害者の所得情報はないが，就労している障害者に比べて，所得は著しく低いと考えられる（OECD, 2004）．

　障害者の所得保障の中心である，公的年金の受給状態であるが，障害に起因する年金の受給者は176.2万人[30]であり，一方，障害者全体の14％が公的年金受給なしとなっているため，完全な無年金の障害者は約30～48万人と推計される[31]．

　全障害者のうち国民年金，厚生・共済年金のみの受給が46.6％，その他の公的障害年金の組み合わせで7.7％，老齢・遺族年金は9.6％である．

　障害に起因する年金を受給している割合は，身体障害者手帳の等級2級から3級で大きく下がる（図10）．障害に起因する年金を受給していない理由は，「障害の程度が年金の対象に該当しなかった」が37.9％で最も多く，障害を負ったのが65歳以降であるが13.2％，未納期間があったが2.7％，国民

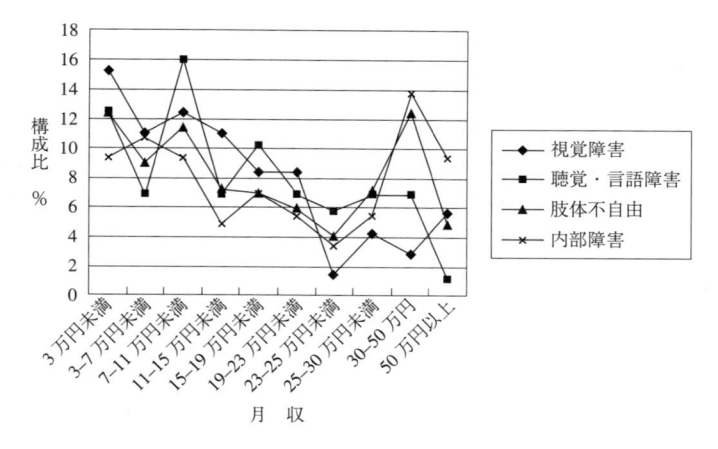

資料：平成13年身体障害児・者実態調査結果報告より作成．

図10　障害種類別就労所得

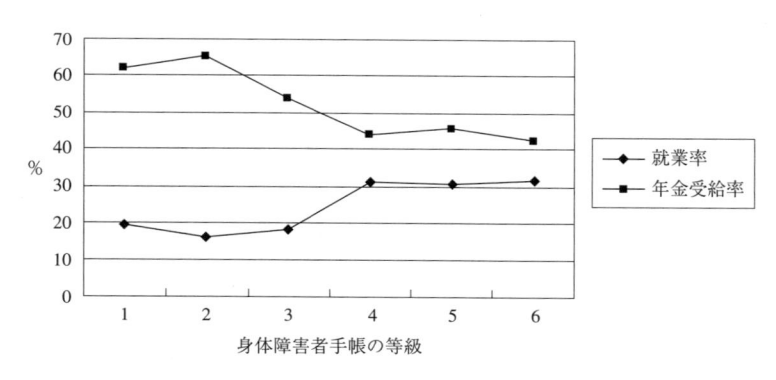

資料：平成13年身体障害児・者実態調査結果報告より作成．

図11　障害度（身体障害者手帳）別年金受給率・就業率

年金に未加入であったが2.3％，受給資格があるが高所得であるため支給停止が3.3％となっている．また「障害の程度が年金の対象に該当しなかった」ものの割合は，障害等級の低い場合ほど，高くなっている（図12）．

　障害年金以外の国の所得保障制度としては，特別障害者手当[32]と障害児福祉手当[33]があるが，これら公的手当の受給率は19％にとどまっている[34]．

生活保護を受給している障害者世帯は約9万世帯[35]、生活保護世帯に占める割合は10％で安定している[36]．生活保護受給率は3％程度[37]で、全世帯保護率の1.89％の1.5倍前後である．

(3) 障害者向け所得保障を巡る問題

1）障害者の就労率は低く就労所得を十分期待できない、2）障害者が機能障害を克服し、社会参加・就労するためには特別な支出が必要になる、3）労働能力減失による喪失所得保証、といった理由から障害者向けの所得保障が必要になる．障害者向け所得保障制度は、年金制度、障害者手当、税制上の優遇措置、そのほか労災保険、傷病手当金などがあるが、中心になるのが、障害年金である．しかし、(2)で見たように障害年金を受給できない無年金障害者も少なくない．

無年金障害者の原因は、加入要件を満たしていない、納付要件を満たしていない、障害状態要件を満たしていない、の三つに分けることができる．

加入要件を満たさない場合の典型例は、国民年金が強制加入になる以前の任意加入であった期間に、国民年金に加入しておらず、障害年金が受給できないというケースである．1989年までは20歳以上であっても学生は任意加入[38]であり、学生無年金障害者[39]を生み出す原因になった．1985年まではサラリーマンの専業主婦も同様に任意加入であった[40]．これらのケースの無年金障害者は特別障害給付金制度[41]により救済されることになった．

未納を原因とした無年金の身体障害者は、平成13年身体障害児・者実態調査によると、2.1万人存在することになっているが、より多くの無年金の原因は障害の程度が対象に該当していない場合である．

(4) 障害概念を巡る保険と福祉のギャップ

年金保険の短期給付である障害年金は、厚生年金保険では、成立時点から1・2級が用意され、1954年新厚生年金法では3級が加わった．一方、国民年金は、保険料を拠出した人々に対する障害年金と、制度加入まえの20歳前に発生した障害や制度発足以前に初診日のある障害を対象にした「障害福

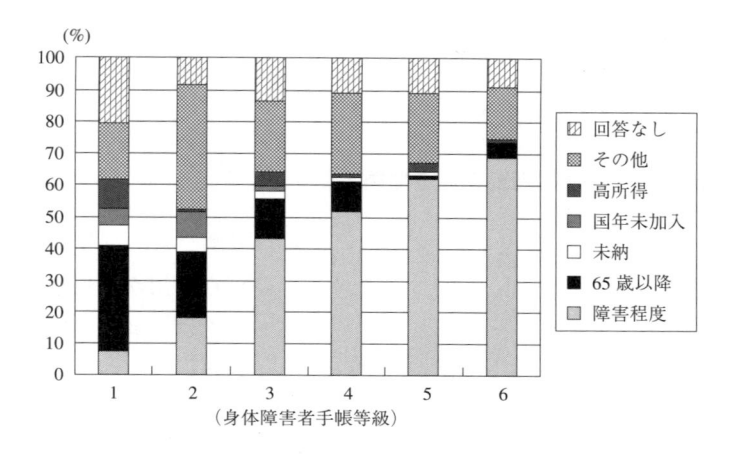

資料:平成13年身体障害児・者実態調査結果報告より作成.

図12 身体障害者手帳等級別の障害に起因する年金を受給していない理由

祉年金」の2本建てとなった[42].

保険事故である障害の程度については,厚生年金は労働能力の欠損度合(経済上の取得能力の減損)[43]で測定するのにたいし,国民年金は生活能力の欠損度合(日常生活維持能力の損失・減退)が標準であり[44],共に客観的に測定するために廃疾表が用意された[45].障害年金の給付水準については,老齢年金とほぼ等しい水準とされた[46].ただし,障害の程度を考慮し,2級を標準にして,介護料的な加算が行われた[47].

1986年の基礎年金創設により,公的年金共通部分として障害基礎年金が統一され,労働能力の欠損度合と生活能力の欠損度合の双方から障害の概念を規定した.また全額国庫負担だった無拠出年金の「障害福祉年金」は,障害基礎年金と統一され,無拠出であっても年金額は同じとなった[48].

86年改革によって,社会保険方式による障害者所得保障の整備は完成するが,その障害者の基礎的所得保障を保険方式で行うことが望ましいか,詳しく検証する必要がある[49].特に無年金障害者の主たる原因である障害概念・基準を巡る問題は,障害者向け対人社会サービス(障害者福祉)と障害

者向け所得保障の整合性を考える際に重要になる．

　一般に，社会保険制度は，リスクと選択の混合によるモラルハザードを抑制するために保険事故の発生が客観的に確認される必要がある．社会保険におけるリスクとは被保険者本人が選択できないものであることが望ましい．このため介護保険も介護認定はなるべく客観的な形を取るようにしている．この点，障害年金も保険事故の客観化のために保険事故を別表などで具体的に定めている．しかし，公的年金成立当初と異なり，障害者福祉では，障害概念を社会との関わりで捉えることが定着しつつある．機能・形態障害が大きいからといって必ずしも能力障害が大きいわけでも，社会的・経済的に不利になるわけでもない．障害から発生する社会的不利は社会と本人が協力して克服可能であるというように障害の概念が変化している．これに対し，障害年金における保険事故すなわち障害認定は，機能・形態障害から能力障害を類推する形になっている．このため，年金制度での障害は医学的レベルでのそれにとどまっており，障害者福祉との間に齟齬が生まれている[50]．障害者福祉において変化する障害者像は，障害者の所得保障の中心である障害年金を今後も社会保険方式で行うことが望ましいのか，どの程度柔軟な対応ができるのか，再検討を迫っている[51]．

　保険方式による障害基準・認定と障害者福祉との障害概念のギャップの拡大は，介護保険と障害者支援費の統合問題でも明らかになっている．

　介護保険制度は，加齢によって心身の機能が低下した高齢要介護者に生活機能の保障を目的とし，客観的に要介護状態を測定し，必要な標準的なコストを保障する．一方，障害者福祉は，疾病・先天的な欠陥，外傷などの機能障害により生活機能が低下した障害要介護者（要介助者）に生活支援のみならず社会参加・就労を可能にすることを目標としている．

　統合された介護保険制度は，現行介護保険にあわせて生活機能の確保を給付目的とするのか，社会参加の介助までも給付目的にするのか．本人が選択可能な社会参加に関連する介助給付が保険事故となじむのか疑問である．しかし，急激な少子高齢化，財政制約の強まる中で，介護保険，障害者支援費制度ともに財源確保が困難になり，高齢者・障害者の共通部分には保険方式，

障害者の社会参加介助等は税財源でまかなう案なども検討されており，難しい制度設計が迫られている．

また，介護保険・支援費制度の統合の議論があるが，この議論を進めるためには障害者の生活・経済状況とその変化を把握できる統計的調査が不可欠であり，データの整備を引き続き行っていく必要があろう．介護保険・障害者福祉の統合については障害者雇用政策，障害年金・障害手当といった障害者向け所得保障の見直しとセットで議論を進めるべきであろう．

注

1　「生活保護制度の在り方に関する専門委員会報告書」（平成16年12月）の第3節「制度見直しの基本的視点」を参照．
2　貧困率では，貧困ラインを下回っている人数のみがわかるのであって，その深刻度は測定できない．また貧困ギャップ率では「貧困層間の不平等（の激しさ）」(貧困ライン未満での不平等度)を計測する事ができない．そこで「貧困ギャップの2乗数（SPG）（フォスター＝グリアー＝ソーベック尺度）」がある．SPGは，貧困ラインからの不足分が大きいほど，貧困指標に大きく反映する事になる．貧困尺度については，セン（1976）は，貧困比率，貧困ギャップ率が，単調性公準・移転公準の二つの公準を満たしていない点を指摘し，よりすぐれた貧困尺度としてセンのS測度を提示している．センの研究については，絵所・山崎編（2004）参照．
3　貧困ラインを支出ベースで考えるか，所得ベースで考えるかという選択肢もある．
4　ブルース・ブラッドベリー・マークス・ジョンティ（2003）は，絶対的貧困ラインを固定実質価格貧困ラインと言い換え，ある属性の世帯が，別の国もしくは時代において同じ財・サービスを購入することに必要な所得水準としている．Iceland（2003）なども参考になる．
5　ブルース・ブラッドベリー・マークス・ジョンティ（2003）は相対的貧困ラインは社会的排除の概念と密接に関連していると指摘している．
6　関連する先行研究については，岩田（2005），中川（2002）がまとめている．
7　市町村民税世帯非課税者とは，その世帯に属する者すべてが市町村民税が非課税であるもの．
8　本推計は筆者らが委託をうけて，データ使用の許可をうけて分析した報告書から引用している．市町村民税非課税世帯の抽出を以下のような手法を使って行った．
　① 世帯主，世帯主の配偶者，その他の世帯員の情報から，各世帯員の収入の種

第7章　生活保護改革・障害者の所得保障

類ごとに控除を行い，所得金額を算出する．
② 各人の所得金額から市町村民税非課税か否かを見極め，世帯員全員が市町村民税非課税（均等割非課税）の世帯を抽出する．
9 市町村民税世帯非課税世帯の比率は75歳以上で25％となっているが，高額療養費制度における自己負担限度額の見直しの際に，自己負担額を軽減される低所得者の定義が，世帯主及び全世帯が住民税非課税とされ，それよりも低い特に低所得者との合計は30％とされていたことと符合する．
10 駒村（2003）の推計方法とやや異なる部分があり，推計値に若干の違いが生まれている．推計方法の違いは，下表のように住宅扶助を考慮し，収入認定については簡略化した点である．

級地	1級地・2級地		3級地	
世帯区分	単身世帯	2人以上世帯	単身世帯	2人以上世帯
平成11年	41,700円	54,200円	30,800円	40,000円

11 受給開始理由を見ると2000年以降は長引く不況を受けて傷病を理由とする割合は低下し，稼働収入減が急増している．
12 高齢者世帯の9割が単身世帯である．このほか，生活保護世帯に占める割合は，障害者世帯が4割，母子世帯が8％程度である．
13 ただし，1996年以降は短期が増加している．また母子世帯の方は6ヶ月から3年未満の保護期間が5割を占めている．
14 捕捉率の推計に関する先行研究については駒村（2003）参照．
15 英国ではこうした給付過程に遡った研究もある．
16 社会的な援護を要する人々に対する社会福祉のあり方に関する検討会（2000）「報告書」を参照．
17 生活保護制度の在り方に関する専門委員会「生活保護制度の在り方に関する専門委員会　報告書（平成16年12月15日）」，「生活保護制度の在り方についての中間取りまとめ（平成15年12月16日）」，竹下義樹，大友信勝，布川日佐史，吉永純（2004）を参照．このほか生活保護を巡る問題としては，国と地方の役割分担を見直すいわゆる三位一体改革のテーマとなり，厚生労働省，総務省，財務省，地方自治体といった関係者によって「生活保護費及び児童扶養手当に関する関係者協議会」が設置され，より厳密な検討が行われている．国と地方の役割分担については紙面の制約により別稿（駒村，2005A）に譲り，本論では論じない．
18 マジェラー・キルキー（2005）．
19 母子世帯に対する所得保障については駒村（2005B）を参照．
20 自治体が行っている現行の自立支援事業の問題点については，北川（2005）参

照．また報告書には，被保護者が合理的な理由なく自立支援プログラムへの参加を拒否し，稼働能力の活用等を行わない場合は，保護の廃止等も考慮するという記述がなされており，注意する必要がある．
21 ここでの現金通貨性預貯金の保有状況は都道府県Aの全国消費実態調査の分析に基づいている．
22 現行においても資産はあるが，所得が低いものに対しては生活福祉資金貸付制度がある．
23 星野（2005）は報告書が1）従来からの固定的な貧困概念にとどまった点，2）社会保障制度全体からの位置づけと役割の再定義を怠った点，3）低所得層を十分カバーしていない可能性のある全国消費実態調査を生活保護基準・検証の材料としている点，4）資産の再分配について問題提起がなかった点について批判している．3）については全国消費実態調査は他の家計調査にない資産に関する情報を保有しているメリットがあることは指摘しておく．
24 障害者向け社会保障給付については，国立社会保障・人口問題研究所（2004）「平成14年社会保障給付費－機能別社会保障給付費の対国民所得比の国際比較」，OECD（2003），勝又（2002）などを，国際比較については竹前・障害者政策研究会編（2002）を参照せよ．
25 「平成13年身体障害児・者実態調査結果報告」より筆者が算出した年齢別の障害発生率は次の通り．0～3歳:7.8％，4～12歳:1.3％，13～17歳:0.85％，18～39歳:1.2％，40～64歳:2.8％，65歳以上:3.1％．
26 少子高齢化によって40歳以上の比率は上昇し，2000年で40歳以上人口比は51.8％であるが，2020年には60％，2050年には66％になる．40歳から64歳までの人口比率は2030年までは35％で横ばいである．高齢化と障害者数に与える影響についてはOECD（2004），p. 27参照．
27 「平成14年度公的年金財政状況報告」から国民年金（老齢年金）の給付の対前年変化率を算出すると，平均受給額の伸び（対前年変化率）は，1999年:2.5％，2000年:1.7％，2001年:1.4％，2002年:1.2％であった．また国民年金（老齢年金）の新規裁定額の伸びは，1999年:2.0％，2000年:1.6％，2001年:－0.6％，2002年:0.5％であった．
28 障害者の就労状況については，丸山（2002），都村（2004）参照．
29 事業所で雇用されている障害者の平均賃金・工賃は，身体障害者25万円，知的障害者12万円，精神障害者15.1万円となっている．福祉工場ではそれぞれ19万円，9.6万円，8.1万円，授産施設では2.2万円，1.2万円，1.3万円となっている．内閣府（2005）参照．
30 平成15年の障害年金受給者は厚生年金45.2万人（42.5），国民年金154.3万人

第7章　生活保護改革・障害者の所得保障

(147.3)，国家公務員共済1.3万人（1.2），地方公務員の障害年金受給者は3.4万人（3.2），私学共済が1.8万人（1.7）の合計206万人（195.9万人）（（　）内は13年度）である．したがって，平成13年については，知的・精神障害，在施設の障害者の年金受給者は19万人程度と推測される．

31　遺族年金，老齢年金受給者は受給者としている．

32　受給対象者は20歳以上（施設入所者，長期入院者を除く）で身体又は精神において著しい重度の障害があり，日常生活において常時特別の介護を必要とする場合である．本人，配偶者及び扶養義務者の所得制限がある．

33　身体又は精神において著しい重度の障害があり，日常生活において常時特別の介護を必要とする20歳未満の障害者が対象である．本人，配偶者及び扶養義務者の所得制限がある．

34　いずれも身体障害者についてである．知的障害者（在宅20歳以上）については，年金・公的手当の受給率は82.8％，在宅の精神障害者については，障害年金の受給率は25.7％，障害年金以外の年金が11.2％，公的手当は2.1％となっている．内閣府（2005）参照．

35　二人以上世帯は約1.7万世帯であるため，障害者世帯のうち単身世帯は約80％となる．

36　生活保護を受給している障害者世帯のうち10年以上受給している割合は22.2％（傷病世帯を含む）となっている．

37　平成13年身体障害児・者実態調査結果報告は9万人が受給し，2.8％の受給率と推計している．

38　国民年金法は，89年改正まで20歳以上の学生は，任意加入だったため加入率が1—2％だったが，91年から強制加入となった．20歳以上の学生を国民年金の強制加入の対象にしていなかったため，学生無年金障害者が生じたのに，救済措置を講じなかったのは立法の不作為に当たるかが争点になった．

39　学生無年金障害者は全国に4000人程度とされ，全国9地裁，30人が提訴，東京，新潟，広島の地裁では違憲判決がでたが，2005年3月の東京高裁では合憲となった．

40　1982年まで国籍条項によって在日外国人は国民年金に加入できなかった．

41　受給資格者は，①平成3年3月以前の国民年金任意加入対象であった学生，②昭和61年3月以前の国民年金任意加入対象であった被用者（厚生年金，共済組合等の加入者）の配偶者であって，国民年金に任意加入していなかった期間内に初診日があり，現在，障害基礎年金1，2級相当の障害に該当するものである．支給額は，1級月額5万円，2級月額4万円で物価スライドがある．ただし，所得水準によって，あるいは老齢年金等を受給している場合には，支給制限があ

る．

42 これは，国民年金制度が，雇用という特別な適用上の目安を有する被用者年金と異なり，適用範囲を20－60歳という画一的な年齢区分によっていることから生じる国民皆年金制度の欠陥を防ぐ趣旨からである．社会保険辞典 p. 987参照．ただし，障害福祉年金は無拠出であるため，所得制限があり，年金額も低額となった．

43 厚生年金の1級は，労働能力を全く喪失し，かつ常時他人からの介護を受ける程度，2級は労働能力に高度の制限を受ける程度，3級は労働能力に著しい制限を受ける程度とされた．一方，国民年金の1級は日常生活の用を足すことが不可能な程度，2級は日常生活に著しい制限を加える程度とされた．障害福祉年金は1級のみであった．

44 国民年金の発足時においては対象外とされていた精神障害は1964年より，知的障害は1965年より，肝臓病や腎臓病は1966年より障害年金の対象に加えられた．

45 保険制度間で障害の程度の評価方法が異なる点については，厚生省年金局「障害等級調整問題研究会報告書」はそれぞれの行政目標に適合して策定されているとしている．そのうえで，厚生年金制度は「労働能力の喪失による喪失所得保障」に介護費用を加味して設定されているとしている．

46 この根拠は，労働能力，生活能力の欠損度合いは老齢，障害ともに差異はないというものであった

47 厚生年金については，標準報酬月額と被保険者期間に基づいて計算される基本年金額を標準の2級とし，1級，2級，3級の比率が5：4：3になるように設定された．国民年金については，老齢年金と同じ計算方法で最低保障年額6万円をつけて，1級については，介護料加算として1．2万円を加えた．障害福祉年金は26400円とされたが，これは母子福祉年金2万円に介護料6000円を加えたものとして計算されている．社会保険辞典 p. 995．

48 障害者所得保障の発展については村山（2002）が詳しい．このほか，障害福祉年金の財源は全額国庫負担であったが，1986年以降は無拠出の障害基礎年金の財源は第1号被保険者や第2号被保険者など国民年金の加入者にも負担を求めることとなった．

49 2004年年金改革で導入されたマクロ経済スライドは老齢基礎年金のみならず障害基礎年金も対象とされており，毎年実質0.9％引き下げられ，2023年までの累積で15％ほど給付水準は低下する．年金財政の状況に応じて，障害者所得保障を長期的に引き下げることは正当化できず，保険方式のもう1つの限界点であると考える．

50 障害の認定については，このほかに認定期間，症状固定について，障害認定日

など症状の巡る時間の問題もある.
51 村山（2002）は，障害年金について改革の必要性のある点として，1）基礎年金額と生活保護額の整合性，2）稼働所得がある場合の障害厚生年金の支給調整，3）障害年金の受給資格の柔軟性，4）障害程度の見直し，を指摘している.

参 考 文 献

有泉　亨監修（1968）『社会保険辞典』，社会保険新報社.
岩田正美（2005）「「被保護層」としての貧困」，岩田正美・西沢晃彦編『貧困と社会的排除—福祉社会を蝕むもの』，ミネルヴァ書房.
――――（2003）「新しい貧困と「社会的排除」への施策」，宇山勝儀・小林良二・絵所秀紀・山崎幸治（著）『アマルティア・センの世界—経済学と開発研究の架橋』，晃洋書房.
小川　浩(2000)「貧困世帯の現状」『経済研究』第51巻第3号.
勝又幸子（2002）「費用国際比較からみた「障害」給付の現状」『海外社会保障研究』第140号, 国立社会保障・人口問題研究所.
北川由紀彦(2005)「単身男性の貧困と排除」，岩田正美・西沢晃彦編『貧困と社会的排除—福祉社会を蝕むもの』，ミネルヴァ書房.
国立社会保障・人口問題研究所（2004）「平成14年社会保障給付費—機能別社会保障給付費の対国民所得比の国際比較」.
駒村康平（2003）「低所得世帯の推計と生活保護」『三田商学研究』第46巻3号, 慶應義塾大学, 2003年8月.
――――（2004）「低所得世帯のリスクと最低所得保障」，橘木俊詔編『リスク社会を生きる』，岩波書店.
――――（2005A）「21世紀の社会保障制度を求めて」，城戸喜子・駒村康平編（2005）『社会保障の新たな制度設計――セーフティネットからスプリングボードへ』，慶應義塾大学出版会（近刊）.
――――（2005B）「日本の母子世帯向け所得保障政策の動向」，東洋大学先端政策科学研究センター編『日仏の社会経済システム』，NTT出版（近刊）.
佐藤久夫（1992）『障害構造論入門—ハンディキャップ克服のために』，青木書店.
佐藤吉男（1959）『社会保障と財政』，財務出版.
社会保障審議会福祉部会生活保護制度の在り方に関する専門委員会（2004）「報告書」，厚生労働省ホームページ http://www.mhlw.go.jp/shingi/2004/12/s1215-8.html.
竹下義樹, 大友信勝, 布川日佐史, 吉永純著(2004)『生活保護「改革」の焦点は何か』，あけび書房.

竹前栄治・障害者政策研究会編『障害者政策の国際比較』, 明石書店.
都村敦子（2004）「ともに生きる－障害者雇用の促進」『週刊社会保障』No.2267, 法研.
内 閣 府（2005）『障害者白書』, 国立印刷局.
中川　清（2002）「生活保護の対象と貧困問題の変化」『社会福祉研究』83巻.
布川日佐史（2005）「若年貧困と社会保障の課題」『若年』社会政策学会編, 法律文化社.
會原利満（1985）「低所得世帯と生活保護」, 社会保障研究所編『福祉政策の基本問題』.
星野信也（2005）「生活保護制度に関する報告書の批判的検討」『週刊社会保障』No. 2329.
丸山一郎（2002）「日本の障害者政策の課題」, 竹前栄治・障害者政策研究会編『障害者政策の国際比較』, 明石書店.
三浦文夫編（2004）『新しい社会福祉の焦点』, 光生館.
村山貴美子（2002）「障害者の所得保障」, 竹前栄治・障害者政策研究会編『障害者政策の国際比較』, 明石書店.
コリン・バーンズ, トム・シェイクスピア, ジェフ・マーサー（2004）『ディスアビリティ・スタディーズ―イギリス障害学概論』, 杉野 昭博・山下幸子・松波めぐみ（訳）, 明石書店.
ブルース・ブラッドベリー, マークス・ジョンティ（2003）「先進工業国における子どもの貧困」『季刊社会保障研究』第39巻第1号.
Amartya Sen（1997）, *On Economic Inequality*, Clarendon Press.（アマルティア セン『不平等の経済学―ジェームズ・フォスター, アマルティア・センによる補論「四半世紀後の『不平等の経済学』」を含む拡大版』鈴村 興太郎, 須賀 晃一（訳）.
Iceland. John（2003）, *Poverty in America*, University of California Press.（J・アイスランド（2005）『アメリカの貧困問題』, 上野正安（翻訳）, シュプリンガー・フェアラーク東京.）
Majella Kilkey（2000）, *Lone Mothers Between Paid Work and Care*, Ashgate, Hampshire, UK.（マジェラー・キルキー（2005）「雇用労働とケアのはざまで―20カ国母子ひとり親政策の国際比較」, 渡辺 千寿子（翻訳）, ミネルヴァ書房.）
Marco Mirad'Ercol & Michael Forster（2004）, *Income Distribution and Poverty in OECD Countries*, OECD. DELSA/ELSA.
OECD（2004）『図表でみる世界の障害者政策―障害をもつ人の不可能を可能に変えるOECDの挑戦』, 岡部 史信（翻訳）, 明石書店.
Virginia Hernanz, Franck Malherbet and Michele Pellizzari（2004）, *Take-up of Welfare Benefits in OECD Countries: A Review of the Evidence*, SOCIAL, EMPLOYMENT AND MIGRATION WORKING PAPERS" No,17.

第8章　社会保障給付のサービスパッケージ

池上　直己

1　はじめに

　社会保障で給付されるサービスのパッケージは，最終的には国民が保険料と税によって支払う用意のある水準と，求める水準によって決まる．しかし，被保険者・納税者としては負担ができるだけ低いほうが，受給者としてはできるだけ充実したサービスのほうがそれぞれ良いので，合意を得ることは困難である．そのうえ，負担するのは主に元気な勤労者であるのに対して，受益者は主に高齢者と病弱者であるので，世代間等で利害は対立する．
　医療保険の場合は，上記に次の三つの課題が加わるので，解決がいっそう難しい．第一に，医療は「いつでも，だれでも，どこでも」受ける権利がある，という認識が国民に浸透しているので，基本的には普遍平等に給付する必要がある．したがって，所得保障のように，国の責任をベーシックな部分に留めることができず，新しく開発されたサービスの有効性が検証されれば，国民全員に提供できる体制を構築しなければならない．
　第二に，供給者である医師が，マクロの制度設計の面においても，また個々の臨床場面においても，給付サービスを決めるうえで極めて重要な役割を果たしている．後者について確かに患者の自己決定権を重視し，インフォームドコンセントやセカンドオピニオンを求める動きが高まっているが，この場合も患者は医師の示した情報に基づいて判断しているに過ぎず，医師の設定した土俵に留まっている．したがって，サービスパッケージを制度的に規定できても，実際の臨床場面では医師の裁量に基本的に任せざるを得ない

点を十分認識しなければならない．

　第三に，医師の裁量を認める必要はあるが，医師に一任することもできない点にある．なぜなら，一つには「医療費」は供給側にとっては「医業収入」であり，特に開業医であれば材料費や経費を差し引いた後は所得となるからである．すなわち，医療費の半分以上を構成する人件費は，医師や看護師等の報酬となるので，医療従事者にとっての適正な所得水準を予め決めておかないと給付総額を設定できない．ところが，医療従事者はできるだけ高い報酬を望むので，医療費を巡る攻防は支払い側との労使交渉としての側面がある．もう一つ各医師の裁量に一任できない理由は，サービスの質と効率性を担保するためには，医療を評価し，管理する体制が必要である点にある．

　以上を踏まえて本章では，まず医療保険のサービスパッケージを決める際の基本課題を整理し，将来を展望する．

　次に，介護保険について，医療保険との相違点を踏まえて取り上げる．介護分野は医療と比べて，第一の普遍平等性は求められておらず，第二の情報の非対称性は少なく，第三の供給者が価格を設定する力も弱い．したがって，制度の設計はより容易なはずであるが，給付の範囲が医師を介さずに利用者に直接明示されるので，給付基準を改めることはむしろより難しい面もある．

　こうした課題に対応するために，介護保険では給付限度額までの給付，利用者によるサービスの自由な選択など様々な制度設計上の工夫が行われた．だが，医療保険と福祉からそれぞれ移管されたサービスから出発したので，給付基準には必ずしも整合性がなく，また両制度との境界領域についても見直す必要がある．これらの点について2005年度に行われた改革がどこまで対応できたかを解析する．

　以上の分析を踏まえて，最後に医療保険，介護保険，福祉の各々の所管を見直し，社会保障のサービスパッケージを改革するうえでの基本的な視点を提示する．

2 医療保険における基本課題

(1) 有効なサービスの給付

　医療において消費者である患者と，供給者である医師との間に情報の非対称性が存在するために専門職の制度が設けられており，医師は個人として，また専門職集団として，一定の技能と行動規範を有し，患者の代理人として，最善の医療を提供することを保証している．医師はこうした信任に応えることと引き換えに，業務の独占と裁量権が認められている（池上，1992）．

　ところが，問題は専門職者として患者の信任に応えているかどうかを検証し，担保として提示することが難しいことにある．その理由は，医療における治療結果の不確実性にあると筆者は考える．すなわち，ある患者が発病し，治癒ないし死に至るプロセスは1回限りで再現性がないので，治るかどうかは患者に分からないだけではなく，実は医師にも分からない．医師にできることは，自分の医学的知識と経験に基づいて，最善と判断した治療を行うことである．

　そこで，治癒する確率をあげることが課題であるが，治癒率が上がったかどうかを検証することも難しい．なぜなら，治るかどうかは治療方法だけでなく，患者の特性に大きく依存するからである．すなわち，同じ病気であっても，軽症の患者はよく治り，重症の患者は治りにくい．そこで，医療技術の効果を検証する際は，被験患者を無作為に介入群（たとえば薬なら新薬使用群）と対照群（旧薬使用群）に振り分けて，有効性を統計的に比較するのが最も確実な方法である．その際，合併症のある患者や高齢の患者を対象に含めると，効果の判定が難しくなるので，分析対象から一般に除かれる．

　ところが，実際の臨床場面で使う場合には，このような合併症のある患者や高齢の患者のほうがむしろ多いので，医師は結局確たる有効性の根拠は乏しいままに，自分の経験等に基づいて治療内容を決めることになる．その結果，同じ状態の患者に対して，各医師が教育研修を受けた機関や体験によって異なる治療が行われることになる．このように医師の判断基準に差がある

「状況によって適切」とは：
・患者の特性：
　症状・合併症・年齢等
　EBM（Evidence-based medicine）の目標
・医師の特性：
　地域・所属する機関・
　研修した機関・経験等
・保険からの支払方式：
　出来高払い、包括払い等

（円図内：常に適切／状況によって適切／常に不適切）

出所：池上（2002）18.

図1 ある病気に対して，医師が適切と判断する医療サービスの範囲

ことは，住民に対する様々な手術の実施率が地域によって異なることから傍証できる．たとえばカナダのオンタリオ州では，子宮の摘出されている女性の割合は最大と最小で4倍の地域差があり，この格差は医学的理由では説明できない（Vayda et al., 1985）．そのうえ，同じ手術であっても，提供される検査・薬剤や入院期間も医師によって異なっている．

もう一つの留意すべき点は，医療サービスの内容は，医師に働く経済的なインセンティブ，すなわち，報酬を得る方式が出来高払いか，包括払いかによっても大きく異なることである．出来高払いでは，医師が検査をオーダーしたり，薬を処方するたびに収入となるので，より多く医療サービスが提供される傾向がある．これに対して包括払いでは，1回の入院，あるいは1回の診察の報酬が包括的に決められているので，より少ない医療サービスが提供されることになる．前者では過剰に，後者では過小に提供される危険性があり，いずれも回避するべきであるが，構造的な課題である（池上，2002）．

以上の関係をシェーマで表すと，図1のとおりになる．場面を問わずどの医師でも常に適切と判断する範囲は白で表される狭い範囲であり，また，明らかに不適切と判断する黒の範囲も狭い．大部分は患者の特性，および医師

の特性によって変動する灰色部分である．医療政策の目標は，患者の医学的ニーズが最大限に尊重され，医師による個人差が最小限になる標準的な医療が提供される状況である．しかし，医療は医師と患者の密室の中で提供されるので，各々の医療行為が患者の特性によるのか，あるいは医師の個人差によるのかを検証することは難しい．

いずれにせよ，何を「標準的な」医療とするかは，多分に過去の慣行によって規定されている面が強い．その理由は，医師の診療パターンを変えることは難しいだけではなく，患者の医療に対する期待を変えることも難しいことにある．たとえば，頭痛で受診した場合，たとえ脳腫瘍である可能性が非常に低くても，医師はCTスキャンを撮り，患者は撮られることを期待している．このように新技術が開発されると，急速に普及して軽症者に対しても対象が拡大する傾向があり，また一旦普及すると適用範囲を縮小することは困難である．ミクロのレベルにおける医師の決定によりマクロレベルの医療費の規模と配分が決まるので，医療費は絶えず増大し，また分野別の配分も硬直的に固定される性質を持っている．

(2) 診療報酬の役割

以上のように医療において何を適切とするかの基準が曖昧であるので，各医師が同じような状態の患者に対して異なった対応を行っても，適切でなかったことの検証は難しい．しかも医師同士は治療方法で対立することがあっても，外に向かっては専門職集団として団結し，各医師の診療の自由と利益を守ってきた．その結果，医療は医師と患者の相対関係で提供されているにも拘わらず，社会に対して専門職集団として医療を独占する立場にある．そのうえ医師が使用する医薬品や機材については，特許によって守られているので，メーカーは独占的な価格を設定できる立場にある．

こうした構造が存在するため，需要側は団結して医療供給側と交渉する必要があり，そのため保険者には，医療従事者の報酬や機材の価格を適切な水準に抑え，サービスの有効性を担保する重要な役割がある．こうした役割が保険者としての機能であるが，日本においては国が診療報酬を介して給付内

208　第Ⅱ部　持続可能な社会保障をめざして

保険料：52%
税：33%

診療報酬：96%
補助金：　4%

患者の自己負担：15%

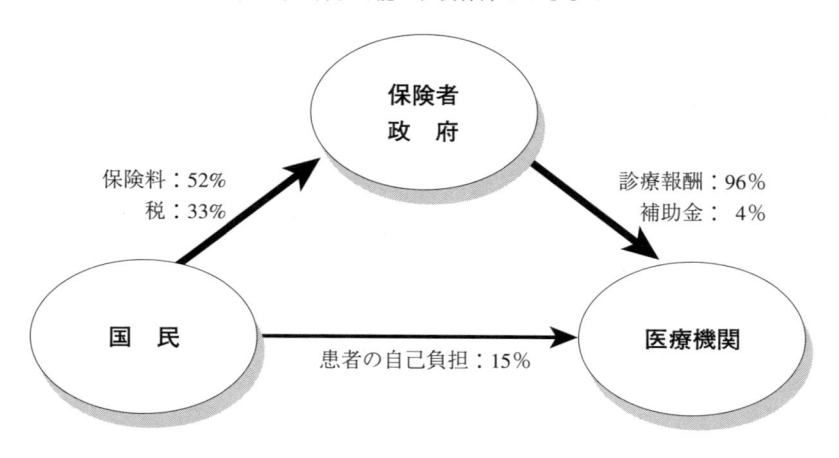

出所：池上（2002）：46.

図2　医療におけるお金の流れ

容と価格を直接決めてきた．すなわち，図2に示すように医療機関へのお金の流れは国が決めた診療報酬によってコントロールされており，それに要する財源を保険者と政府が保険料・税の形で国民から徴収している．

　診療報酬では費用と有効性に照らして，保険の給付対象とするか否かの決定（診療報酬点数表＝価格表への収載），公定価格（保険点数）の設定，保険で請求する際の条件の提示をそれぞれ行っている．保険請求する際の条件として，例えば通院精神療法において，退院後4週間以内は週2回請求できるが，それ以降は週1回に限られる等の細かな規定がなされている．そして，規定を順守しているかどうかは，医療機関からの請求書明細書（レセプト）の審査でチェックされ，超えている場合には支払われない．

　このように価格だけではなく，回数（量）についてまで保険で給付する条件を規定することによって，診療報酬は医療費の抑制と有効性の担保を同時に行っている．その結果，建前としては出来高払いであるゆえ，各医療行為を実施する回数，材料の使用量については医師の裁量に任されているので青天井になるはずである．ところが，実態としては価格が抑えられているだけ

でなく，量についても規制されており，日本が主要先進国の中でイギリスに次いで低い医療費の水準に留まっている最大の理由は診療報酬にあるといえよう（池上，キャンベル，1996）．

なお，診療報酬を介さない医療機関の収入としては，保険外負担として認められている差額ベッド等を除けば，国や自治体等からの補助金があり，補助金は医療機関全体の収入の4％弱を構成する．ところが，補助金の96％は公的な医療機関に交付されており，これらの病院において高いレベルの人材の配置と施設・設備の充実を可能にする一方で，非効率な経営体質の温存を許している．

図2において，もう一つ着目するべき点は，患者の自己負担割合が原則的に3割であるにも拘わらず，患者が医療機関に直接払うのは国民医療費全体の15％に過ぎないことである．その一つの理由は，医療費が高額になれば，高額療養費制度があるために，自己負担が一定額（所得により異なる）を超えると，当該額を超えた部分の自己負担割合は1％に留まることにある．医療費の高い順に患者を並べると，高い方の2割の患者が医療費全体の8割近くを占めるので，同制度によって自己負担割合は低下する．（医療経済研究機構，1996）．もう一つの理由は，医療費の4割近くを占める高齢者の自己負担が原則1割に留まっていることにある．

(3) 診療報酬の改定

医療分野のように各当事者の主張にそれぞれ一理があって，容易に妥協点を見出せない場合には，一般に前年度の実績がベースとなって問題の解決が計られる．すなわち，マクロのレベルでは，新年度の予算における医療費の総額（負担する側からすれば保険料と税金）も，その内訳（医療提供側からすれば収入の入院，外来，疾病別割合等）も前年度の実績によってほとんど決められている．一方，ミクロの医療現場では，同じような状態の患者に対しては，前年度と同じ内容の医療サービスが通常提供されており，それがまた患者の期待水準にも合致している（例えば，頭痛の患者に対してCTスキャンを去年撮っていれば今年も撮るし，また患者も撮られることを期待して

いる).

　しかし，前年度の延長だけではもちろん医療政策は決められない．高齢化が進展するので同じ内容の医療を提供していても医療費は増え，医療技術の発達によって同じ状態の患者に対してより高価なサービスが提供される（例えば単純なX線撮影がCTスキャンに置き換わる）．また国民生活が豊かになれば，病室等の医療環境に対して期待される水準も当然上がってくる．一方，医療費の伸びは同じであっても，経済不況になれば国民生活への負担は相対的に重くなる．

　そこで，調整のメカニズムが必要であり，前述したように医療費の規模と配分は基本的には診療報酬によって規定されているので，その改定が極めて重要な作業となる．改定は厚生労働大臣の諮問機関である中央社会保険医療協議会（中医協）が原則的に2年に1回行っており，そのプロセスは次の3段階に分かれている．第1段階は全体としての改定幅の決定である．すなわち，各医療行為の回数および各薬剤等の材料の使用量（Quantity）は大きく変わらないので，全体の改定幅（Price）が決まれば，改定後の医療費総額もほぼ確定することができる．

　第2の段階は，薬剤の価格（薬価）の改定であり，大枠は市場における取引価格の調査結果に基づいて決められる．すなわち，メーカーは医療機関に対して通常値引きして売るので，市場価格は薬価より一般に低い．そこで，各薬剤の加重平均された取引価格が，薬価の2％の範囲を超えていれば，超えた分だけ当該薬剤の薬価が引き下げられる仕組みとなっている．なお，売上高が予定よりも大きかった新薬の薬価なども下げられ，また薬剤以外の他の材料も同様なプロセスで改定が行われる．

　第3の段階は，第1段階の改定の全体枠から，第2段階の薬価の引き下げ分を除いた残りの枠内における診療報酬の「本体」部分の改定である．この枠内で個々の医療行為の料金の点数，たとえば「初診料」，「静脈内注射の注射料」，「虫垂切除術」などの点数の改定が行われる．各医療行為の点数改定が，全体の医療費に与える影響は，レセプトの調査によって把握される各々の実施回数にそれぞれ新しい点数を乗じることによって計算される．こうし

た作業を繰り返し，当初決まった全体の改定幅に収まるよう調整が重ねられる．

但し，レセプトの調査は抽出調査ゆえ頻度の低い行為の回数は正確に把握できず，また点数を下げれば他の行為にシフトする可能性もあるので，行為ごとの改定率が医療費全体に及ぼす影響を正確に把握できない．また，行為の回数は点数の改定による経済的なインセンティブ以外にも技術の伝播等の要因によって変化する可能性がある．そのため，行為ごとの改定率を決める際は，交渉に当たる当事者の裁量に任される要素が大きく，また説明責任も曖昧なままになっている．

しかしながら，回数（量）が不適切に増えたと判断された場合には，当該行為の点数は選択的に引き下げられる．たとえば2002年の改定は薬剤等を除いた「本体部分」はマイナス1.3％であったが，頭部のMRIの撮影料は16,600円から11,400円に3割下げられた．また2004年度改定は0％であったが，この枠内で個々の行為の上げ下げが行われ，MRIで管腔の描出を行った場合の点数はさらに1割下げられた．

なお，改定する際はこのような引き下げだけではなく，政策目標を達成するために引き上げが行われることもある．例えば医師の往診料等は在宅医療の推進，院外処方を行った場合の処方箋料は医薬分業の推進のためにそれぞれ上げられた．また，かつては腎透析を普及させるために高い点数がつけられたが，普及後は材料費が下がったこともあって，その後大きく下げられた．

以上のように，第2段階の薬価の改定はデータに基づく比較的客観的なプロセスであるが，第1と第3段階は政治的な交渉によって決まり，いずれも日本医師会が大きな影響力を持っている．その一つの理由は，他に有力な団体が医療提供側に存在しないことにある．すなわち，諸外国では医師会と拮抗する勢力として存在する専門医団体や病院団体が日本では発達していない．専門医については，大学の教授を頂点として関連病院の人事についても統括する医局講座制度に組み込まれているので，横のつながりである各専門医団体の力は相対的に弱くなっている．これは専門医，一般医という形で医師が二極化しているヨーロッパにおける状況，および一般医も「家庭診療医」等

として専門医となっているアメリカの状況と著しく異なる．

一方，病院は補助金が集中する公的病院と，医業収益だけで運営されている私的病院の間では対立があり，また病院の規模や一般病院と精神科等の専門病院の間の利害も必ずしも一致せず，病院団体も分立している．その背景には病院の大部分は医師の診療所から発達してきた中で，高次医療を提供する病院の整備は，主に国や自治体からの補助金を使って行われてきた日本特有な事情がある．

以上のように，日本の医療政策は厚生労働省と日本医師会の対立と協調によって形成されてきており，その基本にある考え方は，国民に対して平等なアクセスの保証，医療費の抑制，診療科等の医療提供者間のバランスの維持である．問題は，こうした原則と枠組みを今後とも維持できるかどうか，あるいは維持するべきかどうかであるが，これについて触れる前に，医療費抑制の実績と，支払方法について述べる．

(4) 診療報酬による医療費の抑制

国の経済（GDP），医療費（国民医療費）の1980-2002年間の毎年の変化（いずれも名目）を，2000年度に導入された介護保険導入の影響を捨象するため，介護保険に移管された部分の推計額を加えて計算すると，GDPの伸びが4％であるのに対して，医療費は5％であった（Ikegami & Campbell, 2004）．両者は図3に示すとおり，1980年代はほぼ同じ程度に伸び，そのため医療費はGDPの一定割合に留まっていた．ところが，1990年代以降，GDPは伸びないが，医療費は同じように増えたので，GDPに占める医療費の割合は高まった．その結果，医療費抑制策が強化され，特に2002年の診療報酬の本体部分のマイナス改定の効果は大きく，同年に医療費は初めて純減した（2000年の減少は介護保険への移管による）．

医療費の増加を要因に分解すると，まず診療報酬の改定率は年ベースに換算すると，毎年0.46％の増加となる．この増加率は，消費者物価の上昇率1.46％と比べて1％低く，アメリカでは医療サービスの価格のほうが消費者物価よりも上昇率が高いと報告されているだけに着目する必要がある

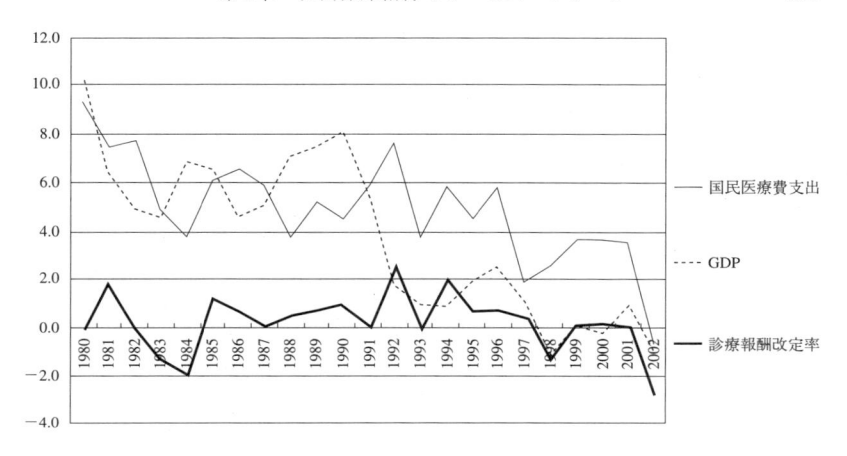

第8章　社会保障給付のサービスパッケージ　　　213

注：国民医療費支出に，2000年に介護保険に移管したサービスを含めて算定．
出所：Ikegami & Campbell（2004）：27．

図3　GDP，国民医療費，診療報酬改定率の年次推移（1980～2002年）

（CMS, 2003）．診療報酬の改定率と医療費は図3に示すように連動しており，両者の相関は0.78と高い．

次に，診療報酬の改定以外の要因を分析すると，まず人口の増加は1980年において0.8％であったが，2002年には0.1％に低下している．一方，高齢化による影響はこの間に1.0％から1.7％に増加しているので，人口増と合わせると毎年ほぼ同じ割合である1.8％で増加している．すなわち，1.8％の増加は医療システムに対して外挿的に与えられており，これら人口増と高齢化が，診療報酬による政策的要因に対する，医療費における狭義の「自然増」要因である．

それ以外の自然増の要因は「その他」に一括されており，この中には受診率の変化と技術進歩（例えば，CTスキャンがMRIに代わる）が含まれる．「その他」は毎年2.8％増加しており，医療費の増加要因の半分強を構成する．対象期間中は受診率が低下しているので，技術進歩による増加は2.8％以上となるが，それでもGDPの4％を下回っていると推測される．特にアメリカでは技術進歩による医療費の伸びがGDPの伸びを年間1％以上上回ってきた

実績とは対照的である（CMS, 2003）．なお，「その他」による伸びは，80年代は67％であったのに対して，90年代以降は44％に低下し，医療費の抑制策が有効であったことが示唆される．

(5) 出来高払いの問題と包括評価導入の条件

医師としては最も好ましい支払方式は，自らが適切と判断して提供した医療サービスを，自ら適切と判断した報酬単価に基づいて，そのまま保険から給付される出来高払いである．ところが，それでは医療費は青天井となって高騰するので，診療報酬によって価格だけではなく，量（回数），請求条件を規定することによって医療費を抑制している．したがって，政策目標が単に医療費の抑制だけに限られているならば出来高払いを温存しても支障はなく，出来高払いに対する批判は，以下の理由により生じている．

第一に，出来高払いゆえ医療費は青天井に高騰する構造にある，という誤った印象を社会に与えた結果，他の方式への転換が拙速に求められている．第二に，出来高払いの建前の下に医療費を抑制してきたために，診療報酬の規定が複雑になり，医師の側にも不満が高まっている．第三に，各医師が自分の裁量でそれぞれ提供した医療サービスの費用が原則的に保証されるので，各疾患に対して標準的な治療方法を確立するインセンティブが医師側になく，質の担保が困難である．

そこで，出来高払いに代わる支払方式として，患者を臨床的にも費用的にも均一なグループに分類し，各分類に対応した包括的な報酬額を設定する方法が着目されている．このような支払のために開発された患者分類をケースミックス分類と呼び，同分類に基づいた報酬体系を導入するためには以下の条件を満足させなければならない．

① ケースミックス分類の開発

分類を開発するためには，まず患者の傷病，処置，ADL（日常生活動作レベル）等によって分類の骨格を決め，次にその詳細を各患者から発生する費用の分散を統計的に最も良く説明するように決める．人件費については，各職種が患者に提供したケア時間をタイムスタディによって把握し，それに

各職種の時給をそれぞれ乗じることによって計算する．また材料費については処方箋等から各患者の使用量を調査する．一方，入院していること自体で発生する居室料，光熱費，事務管理等の費用は別途調査し，入院患者全員に均等割りに配分する．なお，通常より費用のかかった特別な患者については別途調査し，薬剤費等を例外的に出来高で支払う条件についても予め準備する．

② 病院の提供する情報の信頼性の担保

報酬額は，患者がどのグループに分類されたかによって決まるので，分類のために用いる患者のデータの信頼性を担保しなければならない．すなわち，患者特性を把握するための用語やコーディング方式の統一，およびコーディングが適切に行われているかどうかを検証するための医療記録やその監査体制の整備が必要である．

③ 医療サービスの質の担保

包括評価では，処方や検査をせず，入院して状態の観察だけを行って退院させれば病院の利益は最も大きくなる．したがって，出来高払い以上に質の評価が重要となり，指針への順守等を調べるプロセスの評価，および治療の転帰等のアウトカムの評価をそれぞれ行う必要がある．

以上の条件を満足することは，外来よりも入院のほうが容易であるので，入院が先行して導入されている．入院はさらに急性期と急性期以外（亜急性期と療養期）に分かれており，両者を分ける基準は各分類に対応した入院期間を設定できるかどうかである．すなわち，急性期では例えば「胆嚢摘出」の分類であれば入院期間を10日間と設定できるので，同入院期間に対応した包括報酬額を設定できる．これに対して，急性期以外では，例えば「認知障害による問題行動」という分類に対応した入院期間を予め設定できないので，各分類に対応した1日当たりの報酬となる．

(6) 包括評価導入の課題

出来高ではなく，包括評価によって払うためにはケースミックス分類が本来不可欠である．だが，日本ではそのための三つの条件を満足させることが

難しかったので，まず急性期以外の入院医療に導入されたのは，患者特性によってではなく，病棟における人員配置等の基準の達成度に応じて定額を払う方法であった．すなわち，患者対看護・介護職員の比重が規定を満足し，1ベッド当たりの床面積が一定以上であれば，当該病棟に入院している患者全員に対して，当該患者の特性によらず，1日当たり同じ報酬を支払う方式である．

このような病棟基準に従った方式は，出来高払いによる「薬漬け，検査漬け」医療の弊害が最も著しかった老人医療において，1986年に新設の老人施設である老人保健施設に対して，次いで1990年には病棟基準を満足した病院に対して「入院医療管理料」としてそれぞれ導入された．ところが，患者の特性による費用の相違が無視されているため，コスト高となる重症者は入院しにくく，軽症者は入院しやすい，という逆転現象が新たな問題として発生した．

そこで，改めて三つの条件を満足できるケースミックス分類により支払方式の導入が検討されている（池上，2005a）．そして急性期以外の入院医療に対しては，筆者はアメリカのメディケア等で利用されているRUG-III（Resource Utilization Groups）を1991年より検証しており，日本の実情に合わせた日本版RUG分類を提示した．同分類は，ケースミックス分類に必要な条件に対して，①は日本の専門家の意見と費用のデータに基づいて改定されている，②は用語や記入方式が統一されたMDS（Minimum Data Set）のデータを用いて分類されることによって保証されている，③はMDSのデータを用いてプロセスとアウトカムを評価するQI（Quality Indicator）が開発・検証されているので，いずれも対応している．したがって，この実績を踏まえて関係者の合意を得るための対応が課題である．

一方，急性期の入院医療については，1998年より国立系の10の病院においてアメリカのDRG-PPS（Diagnosis Related Groups - Prospective Payment System）に準じた1回の入院当たりの包括払い方式が試行的に導入された．しかし，医療関係者からの抵抗が強く，また三つの条件が満足されていなかったために挫折した．そして，2003年より新たにDPC（Diagnosis Procedure

Combination）の分類に基づいた包括報酬が全国 80 の特定機能病院（大学病院本院，及び国立のがんセンターと循環器病センター）に導入された．このように特定機能病院に限定することで，②の質を担保しようとした．

ところが問題点として第一に，費用調査を行わず，臨床医の判断だけで分類を構築したことである．そのために専門領域により分類の細さが異なり，また報酬額は当該分類に分類された患者が，移管前に出来高払いの時に支払われた実績によって決めたため，合併症があるグループのほうがないグループよりも点数が低い場合，あるいは高くても 1 日当たり 10 円に留まっている場合もある．

第二に，対象が急性期であるにも拘わらず，1 回の入院ではなく，1 日当たりの包括となっている．その一つ理由は，特定機能病院の間においても平均在院日数に 2 倍近い格差が存在していたため，各分類に各々標準的な入院日数を設定し，それに対応した包括報酬額を規定できなかったことにある．ところが，1 日当たりの報酬では，退院のインセンティブがなくなるので，分類ごとに 3 段階の入院期間をそれぞれ設定し，報酬に格差を設けた．

第三に，各特定機能病院は出来高払いにおける 1 日当たりの請求額も異なっていたので（一般に平均在院日数の短い病院は 1 日当たりの医療密度が高いので費用も高い），こうした格差を是正するために各病院に固有な「医療機関調整係数」を導入した．

以上の調整を行った結果，各分類の 1 日当たりの包括報酬は次のように計算される．

　　（各分類の係数）×（当該分類の三つの入院期間のいずれかの 1 日当たり係数）×（当該医療機関の係数）

このように特定機能病院の間に存在する格差を考慮して，各病院に固有な係数を用いていることが，DPC 方式を広めるうえでの大きな足かせとなっている．その後 2004 年には，DPC 包括評価の対象病院として 40 病院が「試行調査病院」に加わり，各々の係数が設定されたが，先発の特定機能病院の調整係数については改定されておらず，同係数の今後の取り扱いは決まっていない．なお，2006 年度以降，「試行調査病院」に加わるためには，予め

「調査協力病院」として認められる必要があり，その条件として2対1の看護職員の配置基準，病歴管理体制の整備等が提示されている．そのうえで，当該病院の調整係数を決めるために出来高払いによる請求実績に関する詳細なデータを予め提出する必要がある．

DPCは医療費の抑制を目的として導入されたが，抑制効果は乏しく，むしろ増えたと予測される．その理由は，包括評価の点数は，出来高払いで払われた時の点数に基づいているが，DPC導入後は，入院中に行っていた検査や投薬を外来にシフトし，その部分を出来高で請求できることにある．したがって，導入の効果は医療費の抑制ではなく，標準化の推進と質を評価するデータベースの構築にあると考えられる．

(7) 混合診療の導入の是非

診療報酬の制限に対して，かねてより医師に不満があった．しかし，メディアが注目するようになったのは，経済財政諮問会議と総合規制改革会議が「混合診療」の解禁を2001年に提言してからである．「混合診療」とは公的保険給付と私費の併用を原則的に認めることであり，私費部分を負担できる患者は限られるので，普遍平等を原則としてきた社会保険の体系が根幹から崩れることになる．

現行制度における併用は，「特定療養費」において例外的に認められているに過ぎず，その主な対象は差額ベッドと「高度先進医療」である．「高度先進医療」とは，承認を受けた大学病院等において，予め届けた開発中の医療サービスの費用を別途請求することを認める制度である．その際，当該病院は有効性に関するデータの提出が義務付けられており，国が有効と判断した時点で公的保険の給付対象となる．これに対して「混合診療」では，医療機関やサービスの内容を問わず，原則的に全ての場面において保険の給付外のサービスを提供することが認められ，また有効性のデータの提出は求められないので，将来的に公的保険の給付の対象となる道が開かれていないという点でも異なる．

混合診療が解禁された場合の問題としては，第一に有効性に問題のある技

術が提供されるようになること，第二に民間保険による給付が広がるので患者にはコスト意識がなくなり，また民間保険からの給付は私費部分に限定されるので保険者として給付費を抑制するインセンティブが乏しいので医療費が高騰すること，第三に民間保険には既往症のある者や低所得者は加入できないので社会的公平性が損なわれることなどがある（池上，2005b）．

さらに大きな問題は，単に保険外のサービスを私費で提供すること（extra-billing）が認められるだけではなく，診療報酬で規定されている価格（保険の点数）よりも高い上乗せ料金の徴収（balance billing）が事実上認められることにある．病院にとって，前者よりも後者の上乗せ料金の解禁のほうがはるかに大きな収入源になる可能性があり，社会的公平性を損なううえでもより大きな影響を及ぼす．

混合診療の全面解禁は，2004年12月に尾辻厚生労働大臣と村上規制改革担当大臣との合意において当面退けられたが，今後の動きを注意深く見守る必要があろう．特に規制改革派が求めている株式会社による病院開設が解禁されれば，二つの動きは相乗効果により大きく広がる可能性がある．また，公的病院の民営化が進み，補助金がなくなれば，高所得者を優遇することによる地域住民の反発も少なくなるので，混合診療の解禁を求める新たな役者が登場することになろう．

(8) 今後の課題

医療費は医療技術の進歩，高齢化，要求水準の向上で増える構造を持っており，これまで診療報酬における点数の引き下げ等によって抑制に比較的成功してきたが，経済成長の停滞と高齢化に対応するために一層抑制することが課題となっている．そこで，出来高払いに代わる包括評価が導入されたが，対象病院の拡大は困難であり，そもそも導入によって医療費はむしろ増えると考えられる．また，私的負担の拡大を計る混合診療は公平性や安全性等の問題のために解決策にはならない．

そこで，医療を効率化するための他の方法について検討する必要があり，その一つが医療技術の経済評価である．すなわち，新しく開発された医薬品

や医療サービスについては，費用対効果の分析に基づいて給付の対象とするかどうかを決めることである．オーストラリアやイギリスでは一定の成果を上げているが，分析する際に不足するデータを補うためには多くの前提を置く必要があり，また比較対照試験による有効性の検証における課題として述べたように，分析した条件下と実際の使用場面との間に乖離が存在するため，必ずしも妥当な判断材料を提供できない点にも留意するべきである（池上，2005c）．

いずれにせよ，給付水準をできるだけ高く設定したい患者側の要求，負担をできるだけ低く設定したい国民の要求，および価格をできるだけ高く設定したい供給側の要求を，経済評価によってのみ調整することはできない．したがって，政治による調整が今後とも必要であるが，これまでのように国のレベルで行うと財源の奪い合いと責任の転嫁がますます激しくなろう．

そこで，権限を可能な限り都道府県に委譲し，住民の身近なレベルで負担と給付の関係をより明確にすることが今後の課題であるといえよう．具体的には全国や隣県の保険料水準と，給付された人口当たりの手術等や救急対応の実績，がん治療等の成績，および医療機関の収益や医療従事者の所得水準を比べて，拡充ないし縮小すべき分野をそれぞれ決めてゆく必要があろう．

3　介護保険の構造と今後の展望

(1)　**創設の意義と残された課題**

介護保険は高齢化の進展により，これまで家族に頼っていた介護を社会としても担うべきである，という国民的合意の下に創設され，それによって所得水準や家族の介護能力に関係なく，介護サービスを受けることが権利として確立した．しかし，公的に保障するべき範囲は必ずしも明確でなく，創設時において保守派からは家族制度を崩壊に導くとして，進歩派からは弱者優先の福祉を後退させるとしてそれぞれ批判された．

こうした批判は今日に至るまで燻っているが，介護保険が創設された理由として，高齢化だけではなく，介護需要に対応するうえで，医療保険からの

給付と福祉の措置制度にもともと多くの問題があった点を想起する必要がある．すなわち，医療保険からの給付は，1973年に老人医療が無料化されて経済的障壁がなくなったことを契機に広まったが，治療の場であった病院が，生活の場となったので，施設設備の面で患者のアメニティは十分確保されなかった．また医師・看護師は治療を指向し，高齢者ケアに対する関心も技能も乏しく，さらに診療報酬においても当初は出来高払いの弊害が顕著であった．一方，国民の側にも医療保険の保険料が高齢者の介護のために使われることに反発があった．

介護保険の創設によって事態は改善したが，現在でも介護サービスを提供している病院の一部しか介護保険に移管されなかったために医療保険の問題として残っており，また移管された病院の人員等の基準を変えなかったために介護保険の施設として機能するうえで課題を残している．しかしながら，これらは介護保険制度の存在を否定しているわけではなく，医療保険との境界を再定義し，介護保険の施設としての機能を明確化する必要があることを意味する．

一方，福祉については，特別養護老人ホームへの入所やヘルパーの派遣は福祉事務所の担当官の裁量で決められていて利用者による選択はなく，公正に欠ける場合もあった．また，年度の一般予算に縛られて運用が硬直的になり，整備状況は首長の姿勢により地域格差が著しかった．これらの問題は，介護保険の創設によって概ね解決しており，これだけでも創設の意義は十分あったといえよう．

しかしながら，医療保険の場合と同様に，本来は介護保険に移管するべきであった高齢者以外の障害者のケアがそのまま福祉の措置に残り，逆に福祉の措置に留めておくべきであった一人暮らし等の高齢者の家事援助（2003年度以降は生活援助に改まる）等が介護保険に移管されたことが問題として残った．また施設においては，低所得者に照準を置いた特別養護老人ホームの運用基準が，そのまま病院等を含めて全ての介護保険施設に適用されたため，給付額を超えたサービスを提供して追加的な負担を求めることが困難な状況下にある．

以上のように介護保険は，医療保険の給付，福祉の措置のそれぞれ一部が移管された形で発足したが，移管された部分に過不足があり，各々の境界線を再度調整する必要がある．また，それぞれの移管前の運営形態をそのまま持ち込んだため，介護保険制度の中で今後整理していくべき多くの課題がある．これらの課題を検討するうえで，介護保険の給付水準および給付サービスの内容が基本となるので，以下，述べる．

(2) 給付対象者と給付基準

　介護保険は医療保険と次の3点において異なる．第一に，介護サービスに求められる水準は各個人の生活様式，所得水準，遺産相続の考え方などによって違うので，国の保障する給付は一定レベルまでに留めるべきであり，これは普遍平等を原則とする医療とは対照的である．第二に，介護サービスは消費者に分かりやすいので基本的には本人が選択するべきであり，情報の非対称性があるために医師の裁量に任せざるを得ない医療とは異なる．第三に，介護サービスは多いほど良いという面があるが，医療は例えば手術を好んで受ける患者がいないようにサービスそれ自体は苦痛を伴うことが多いので，医師に勧められなければ受けない．

　以上のような相違があるからこそ，両者を別の保険制度とする必要がある．すなわち，介護保険においては国として介護サービスを受ける権利を保障するが，モラールハザードが発生するので給付には一定の限度を設けたうえで，受給者が介護サービスを自由に選択できる仕組みを用意する必要がある．こうした要件に対応するため，介護ニーズの程度に応じて各段階に類別する基準が設けられ，各段階には保険から給付される上限額（給付限度額）が設定されている．そして，給付限度額の範囲でサービスを選び，上限額を超えた場合には自費で追加購入することを認めた．こうした観点から，介護保険は介護サービスの特性を反映した画期的な制度設計となっている（Ikegami & Campbell, 2002; Campbell & Ikegami, 2003）．

　しかし，以下のとおり多くの課題が残されている．まず，給付対象者については全国民ではなく，65歳以上と，40歳以上－65歳未満のうちで加齢に

関係する特定な疾病により介護を要する状態になった者に限られている．高齢者にほぼ限定された理由として，第一に高齢者のケアが国民の最大の関心事であったこと，第二に医療保険において老人医療費の増大が大きな課題であったこと，第三に高齢者以外は医療と福祉のサービスを統合する必要性は必ずしも高いと認識されなかったことが考えられる．一方，40歳以上―65歳未満に対して条件付とした理由は，保険料負担を求める以上，給付を行う必要はあるが，制約条件を設けないと給付が過大になると判断されたためである．

　このように年齢によって制約することは，社会保険の普遍性の原則に反して，また世代間の連帯の精神にも反することになる．若年者のリスクは低いので保険に馴染まないとする意見も確かにあるが，それは誤りである．なぜなら条件に適格すれば普遍的に給付されるのが社会保険の原則であって，現に障害年金はこうした原則に従って支給されているからである．また，財政上の理由で40歳以上―65歳未満に対して給付条件に制限を設けた根拠も乏しく，ちなみに全年齢を対象とするドイツでは，高齢者以外に対する給付は総額の2割程度に過ぎず，日本の4％程度と比べると大きいが，必ずしも過重な負担ではない．しかしながら，介護保険料の引き上げに根強い反対があったこと，および高齢者に対する給付認定基準と障害者の支援費等の制度との整合性をつけることが難しかったことなどの理由で，2005年度の改定では全年齢に拡大する案は見送られた．

　次に，給付を受ける基準については，申請者の食事等の介護の程度をチェックし，その結果をコンピュータソフトで，自立（適用外），要支援，要介護1―5に類別する方法が採用された．コンピュータによる判定は有識者による二次判定で変更されることもあるが，その際の指針も提示されているので，判定する際の裁量がほとんどなく，福祉の措置と決別した方法となっている．なお，2005年の改定によって，要介護1は，従来のサービスと，新たに設けられる予防給付の二つに分かれるため，介護給付の5段階と予防給付の2段階（要介護1のうちの予防給付と要支援）の合計7段階となる．

　このように認定は客観的になったが，後述する給付基準としての適切性と

いう基本問題のほかに，次の技術的課題が残されている．第一にコンピュータに入力される申請者に関する調査項目の信頼性（2人が各々独立に評価して同じ選択肢を選ぶ割合）等は十分に検証されていない．第二に評価を行う訪問調査員の過半数は事業者に委託されており，公正性に問題がある．第三にソフトのロジックは特別養護老人ホーム等の入所者の特性と，各々の受けた介護サービスのデータベースを用いて開発されており，在宅における状況に適合しているかどうかは必ずしも十分に検証されておらず，特に入所者にはほとんど該当者がいなかったはずの「要支援」を，「自立（給付対象外）」からどう類別したかが問題である．

これらのうち，2005年度の改正案では，第二の委託の問題だけが原則禁止という形で対応がなされている．一方，要介護1から予防給付の対象者と従来の介護給付の対象者を類別する必要が生じたため，第一の点については新しい調査項目の信頼性，および第三の点については要介護1の対象者を予防と介護に分ける新しいソフトの適切性がそれぞれ新たな課題として加わった．

最後に，各段階に対する給付限度額については，次のように在宅と施設で全く異なる方法で，いずれも政策的に決められた．すなわち，在宅の限度額は，有識者が要支援・要介護に対応したサービスパッケージをそれぞれモデル的に考案し，その中の各サービスの回数にそれぞれ単価を乗じて給付限度額を設定した．なお，給付限度額のうち，実際に利用されているのは半分以下であり，その理由としてパッケージが比較的潤沢にデザインされたこと，また家族によって対応の可能な部分は一般に家族が担い続けたことが考えられる．

一方，施設における給付限度額は，三つの施設種ごとに，介護保険に移管される前のそれぞれの入所料をベースに設定された．したがって，在宅と異なり，施設では実績に基づいて給付額が設定されており，また給付限度額の全額が入所料として使われている．介護保険の導入によって変わったことは，均一であった入所料が，要介護度により格差が設けられたことであり，要介護度は実質的にケースミックス分類の役割を果たしている．但し，給付額は

要介護度による費用の相違を必ずしも反映しておらず，ちなみに要介護1と5の間の入所料の格差は当初2割に過ぎなかったが，重い要介護度の者を入所させるインセンティブを高めるために2003年度の改定で5割に拡大された．

このように給付限度額の設定と利用が在宅と施設で明らかに異なる以上，両者を同じ要介護度の基準を用いるよりも，むしろ別な基準にしたほうが合理的である．同じ基準としたのは，利用者がサービスを受ける場として，在宅か施設のいずれかを自由に選ぶことができる，という制度の建前に由来している．ところが，施設の圧倒的な不足から選択は有名無実化しており，特別養護老人ホームへの入所は，各市町村が措置時代の基準に準じた方式で独自に決めている．

したがって，2009年度以降の改定において，まず施設に入所する新たな客観的な基準を設けるべきであるが，その際，後述するように何を「施設」とするかを改めて定義する必要がある．そのうえで，施設では医療ニーズも高い多様な入所者が入所するので，その費用を適切に補償するような10段階以上のケースミックス分類を新たに開発，導入する必要がある．一方，在宅では「給付限度額」があるので，利用状況からしても，また医療保険との併給が認められている点からしても3段階程度に簡素化するべきである．

(3) 給付サービスの設定

要支援・要介護に認定されると，在宅では各々の給付限度額の範囲で自由に介護サービスを選ぶことが原則であり，ドイツではこうした原則に従って利用者が直接サービス事業者にアクセスしている．ところが，日本では直接アクセスすることは問題であると判断されたため，受給者はまず居宅介護支援事業者を選び，同事業者の介護支援専門員（ケアマネジャー）の作成するケアプラン（介護サービス利用計画）に基づいてサービス内容，居宅サービス事業者，本人負担額を取り決めたうえで，サービスを受ける制度が基本となっている．なお，本人負担額は給付限度額までは1割，それを超える部分は全額である．

ケアマネジャーという職種は，介護保険の創設とともにゼロから出発し，

5年の実務経験があれば原則的にだれでもが資格を容易に取得できるので，2004年度には累計で34万人もが試験に合格している．資格取得者の4割強は看護職，3割強は介護福祉士等の福祉職であり，それに薬剤師，医師等が続く．ケアマネジャーは利用者のニーズをアセスメント（評価）したうえでケアプランを作成し，その中で曜日ごとのサービス内容（例えばヘルパーが月曜日ごとに3時から4時に訪問し，居室の掃除をする等）を規定する．そして各サービスの単価に基づいて給付額と本人負担額を算定し，給付を管理する．

ケアマネジャーは速成されたこともあって質に問題があり，このために2005年度の改定では上級資格として主任制度の導入や更新制度が提示されている．更新制度は評価できるが，ケアマネジャーは日本にソーシャルワークの基盤がないからこそ誕生したので，主任を養成することは容易でなく，こうした状況下で高い資格を設ければ，資格を盾に高い報酬を求める新たな圧力団体が誕生する危険性がある．

そもそも日本のケアマネジャーは諸外国と異なり，サービスを決定する権限はなく，また給付対象者全員に対する全体予算の中でサービスを効率的に配分する義務もない．したがって，ケアマネジャーの役割は利用者の代理人としてサービスを調整・手配し，精神的に支援することが役割であるので，こうしたサービスに対して他と同様に1割の負担を導入するべきである．そのうえでサービスの段階として，書類作成（同2千円程度），サービスの調整（同8千円），カウンセリングと支援（月額2万円程度）の三つを用意し，利用者が選べるように改めるべきである．このように改めることができれば，1種類だけのサービスを受けている約半分の受給者，特に福祉機器の貸与等の単一の事業者からサービスを受けている者は書類作成だけを選ぶことになり，ケアマネジャーもニーズと能力に応じてメリハリのあるサービスを提供できるので質の向上も期待できよう．

次に，サービス事業者については，介護保険創設後，在宅には営利企業の参入が認められたことが大きな変化であった．当初は需要が予定を下回ったために苦戦したが，その後特に要支援，要介護1の利用者が増えて大きく発

展している．一方，施設では参入が認められず，特別養護老人ホームの建設費の75％は依然として公費で賄われており，また病院の整備は病床規制のために進んでいない．そのため，特別養護老人ホームに入所するために都会では数年待たなければならず，一方，病院においては介護保険では上乗せ料金を請求できるはずであるが，特別養護老人ホームとの横並びで実質的に認められておらず，不透明な「お世話料」が横行している．

以上のように，サービスの量については，在宅では満たされて概ね競争的な環境が用意されたが，施設では介護保険創設前と状況は基本的には変わらず，需要は満たされていない．そのため「在宅」の区分の中で，実質的には「施設」サービスの提供が増えており，公式に認可されているグループホームと有料老人ホームだけでも居宅サービス費用の1割以上を構成している．こうした動きは，介護サービスを受ける権利が「在宅」，「施設」を問わず確立されたことによる当然の帰結であり，抑制するべきではない．むしろ「住居」として位置づけられることによって利用者の尊厳が保たれ，ホテルコストの徴収も抵抗が少なくなるので好ましい動きであり，ちなみにスウェーデンではナーシングホームを積極的に「住居」に転換した（医療経済研究機構，2002）．

もし「住居」に位置づけることに弊害があるとすれば，それは在宅のほうが施設と比べて質の確保が難しい点にあるが，施設は大幅に不足しているため，現状では質の高い施設を選べるような状況ではない．したがって，これからの課題は施設だけではなく，在宅においても質の評価体制を構築することであり，介護分野は医療と比べてサービスの内容が標準化されていて消費者にとっても理解しやすいので実現性は高いといえよう．

その際，評価の対象として利用者の満足や施設環境だけではなく，介護サービスの専門的側面に拡大する必要がある．ケアプランに用いられる利用者の特性やケアの内容のアセスメントデータをデータベース化し，褥瘡の発生率や機能レベルの低下等の指標（Quality Measures, QM）を用いて，事業者ごとに質の各断面を評価する方法は確立されており，アメリカではQMの値がウェッブ上で公開されている（CMS, 2004）．日本でも指標としての適切

性が検証されているので，利用者のデータベースに基づいた評価体制の確立が待たれる（山田・池上，2004）．

最後の課題として現金給付の是非がある．現金給付は，家族介護者の多くは女性であることから女性を介護に拘束する，また介護サービスの発達を阻害するという理由で導入が見送られた．家族介護者に対して何らかの給付を用意するべきであるという意見は依然として燻っているが，2005年の介護保険の見直しでは，給付の抑制が最大の課題となっているため，現金給付は課題としても取り上げられなかった．

(4) 給付増への対応

介護保険における負担と給付の関係は医療保険と比べて明確であり，給付増に対する歯止めもより確立しているといえよう．すなわち，介護保険では，保険者である市町村が給付総額を推計し，同額の約6分の1を当該市町村に居住する65歳以上の高齢者から徴収しなければいけないので，首長として給付と負担をバランスさせる必要がある．なお，40－64歳の保険料の国レベルでプールされ，当該市町村の65歳以上住民の年齢構成と所得水準によって調整後，高齢者からの保険料の約2倍が配分されており，残りは税金から保険料の合計と同額の交付を受けることによって賄われている．

以上のように給付増に対する歯止め策は用意されているが，高齢者の限られた収入から保険料を確保することには限界があり，2005年の改革では低所得者の負担を軽減するために保険料徴収の所得段階が増えたが，その分だけ比較的高額な所得の高齢者の負担は一層重くなっている．また，高齢者以外の40－64歳の保険料，および税からの交付は連動して増える構造にあるので，負担増に対する危機感が高まり，こうした背景で給付費の抑制が2005年度の改正における最大の課題となった．

しかしながら，給付増は制度の構想段階から予定されており，2000年度の総額4.2兆円が2005年度には5.5兆円に増加すると推計されていた（1998年1月13日全国介護保険担当者会議資料）．すなわち，介護サービスを受けることが権利として認識され，提供体制が整備されるに従って，少なくても

第8章　社会保障給付のサービスパッケージ

医療費と比べて大きく増えると見込まれていたことに留意するべきである．そこで，問題は2005年度において当初の予測額を超えて6.8兆円になったことよりも，給付額が構造的に増えるように設計された制度そのものにある．なお，仮にドイツのように現金給付が用意されていれば，需要は施行とともに一挙に顕在化したので，給付費のその後の伸びはより少なかったと推測される．

このような給付増に対する抜本対策は給付基準と給付額の見直しであり，冒頭で述べたように介護保険は医療保険と異なり，普遍平等に提供する責任等がないために，見直しはより容易な面もあるが，給付の切り下げは医師を介さないで利用者を直撃するのでより難しい面もある．そして結果的には後者の理由により見直しは難しいと判断され，2005年度の改正で給付の対象から外れたのは，施設入所者の居住費と食費（ホテルコスト）の一部に留まり，給付基準は見直されなかった．

しかしながら，要支援と要介護1に認定された者は，急性増悪の危険性や認知症等の医学的理由によって除外されない限り，給付内容は原則的に予防サービスに限定されることになった．予防サービスの内容は，新たに設置される地域包括支援センターが直接決めるか，あるいは委託した場合も強力に指導することになった．したがって，ケアマネジャーに一任されていた従来の方式と異なり，実質的には措置時代のように市町村の管理下に置かれることになった．それによって，事業者が過度のサービスを提供することによる給付増と，利用者の虚弱化が同時に解決されると期待されている．

これらの目的の実現性を検討すると，第一にそもそも予防給付の内容が必ずしも規定されていない点が問題である．確かに当初想定されていた筋力向上等の新プログラムに限定されていれば，こうしたサービスの魅力は一般に乏しいので，利用しない者や利用を開始しても途中でやめる者が増え，また「予防給付」の期間を過ぎれば給付は打ち切りになるので，給付増に歯止めをかけることも可能であったかもしれない．

しかし，国会での審議を通じて訪問介護等の既存サービスについても「生活機能の維持・向上の観点から内容・提供方法・提供期間等を見直し」すれ

ば給付を認めるという修正がなされた．その結果，予防を目的とした「見直し」が実際に行われるかどうかを監査することは，たとえ委託する事業者を制限しても，「居宅」という密室で提供されるために実質的には難しいといえよう．

　第二に，予防の有効性は十分に検証されておらず，仮に一時的に有効であったとしても，要介護状態の期間を短くすることによって各人の生涯にわたる給付額を減らすことができるかどうかは分からない．すなわち，仮に要支援と要介護1に対する給付を抑制できたとしても，要介護2以上の重い段階への移行を減らし，各個人の生涯にわたる給付総額を恒久的に抑制しない限り，大きな抑制効果を発揮しない．ちなみに，在宅における要支援と要介護1の対象者に対する給付額は，給付総額の6分の1に過ぎない．

　そもそも予防事業として成功するためには，対象者の特定と有効な介入方法の確立が不可欠であるが，「要支援」・「要介護1」の基準を満足する高齢者が，地域にどのくらい存在するかは把握されていない．不可思議な現象として，「要支援」・「要介護1」の対象者は急増したにも拘わらず，申請者に占める自立（給付の対象外）判定者の割合は増えずに，2％程度に留まっている．すなわち，現行の認定プロセスは不適格者（自立）を選別するうえで十分機能しておらず，これからも申請すれば，そのほとんどは要支援・要介護に認定される可能性が高い．

　したがって，新設される地域支援事業において，生活機能の低下の早期発見を目的とする「基本チェックリスト（介護予防検診）」を用いて，引きこもり対策等の「特定高齢者施策」の対象者の掘り起こしを開始すれば，把握された者は，支援事業からだけではなく，介護保険からもサービスを求めることが多いと推測される．すなわち，高齢者の立場からすれば，介護保険からのサービスのほうが支援事業よりも潤沢であるので，潜在需要が次々に喚起されることになろう．

　なお，2008年度には「特定高齢者施策」の対象者を65歳以上人口の5％とする目標が掲げられているが（厚生労働省，2005），この割合は要介護認定者の割合15％の3分の1に過ぎない．予防事業では，高血圧症対策等に

第8章　社会保障給付のサービスパッケージ　　231

見られるように，一般に予防の対象者の方が治療の対象者よりも数倍多いことが常識であり，こうした観点から，提示された「保健サービス」と「介護保険給付サービス」の区分けには問題が多いことが示唆される．

(5) 今後の展望

　介護保険は，医療保険と福祉の措置のサービスのそれぞれ一部が，ほぼそのままの形で移管されて発足した．その結果，第一に移管部分に過不足があること，第二に移管前の医療保険と福祉の措置の給付水準がそのまま温存されたこと，そして第三に給付増への対応がそれぞれ課題として残されている．

　第一の問題は，そもそも介護保険の給付の対象をどこまでとするか，という本質的な議論に戻ることになる．現行制度は高齢社会への対応として出発したため，対象は高齢者にほぼ限られている．その結果，障害の程度としては同じであるが，高齢者でないために給付の対象外となる（例えば中年の交通事故の後遺症）という不公平をもたらしているだけでなく，世代間の対立に拍車をかけている．したがって，年齢に関係なく，障害に対して普遍的に給付する保険に再構築することが課題であるといえよう．具体的には，医療保険に残っている療養病床と精神病床，および福祉に残っている障害者施設をそれぞれ順次，介護保険に移管する必要がある．

　しかしながら，このような形で介護保険の対象を大幅に拡大することに対して，三つの大きな障壁がある．一つには，介護保険における認定基準は，特別養護老人ホーム等における入所者の特性とサービス内容に基づいてデザインされているため，対象を拡大した場合には適合しないことにある．二つには，給付されるサービス内容も高齢者を対象として用意されたため，他の障害者には不適切な面にある．

　これらは基準と規程の改定で対応可能ゆえ，三つ目の財源が最大の難関となる．2000年の創設時において，病院の療養病床の一部しか介護保険に移管されなかった最大の理由は，介護保険料の引き上げに直結するので市町村が反対したことにある．また，2005年の見直しにおいて障害者への拡大が見送られた大きな理由も，雇用主が負担増に反対したことにあった．さらに

より本質的には，65歳以上の住民に対する保険料から出発して財源を確保する現行方式では，たとえ保険料の徴収を20歳以上に広げても，対象者を大幅に拡大することは難しい．

したがって，財源調達の方式と保険者のあり方を抜本的に改める必要があり，その一つの方法は，医療保険を都道府県別に再編することに合わせて，介護保険についても同様に再編し，医療保険と一体的に保険料の算定と徴収の業務を行うことである．但し，両者の給付基準等は異なるので，財源と運営を完全に分けておく必要があろう．

第二の課題は，介護保険を創設した際に，医療保険と福祉の措置から移管された者の給付基準が，それぞれ既得権として受け継がれることにある．まず在宅においては，要支援という区分は，要介護状態になることを防止するために設けられた，ということが建前となっているが，福祉の措置制度の下に提供されていた一人暮らし高齢者の家事援助（2003年度以降は生活援助に改まる）を，介護保険の給付対象に組み入れたかったために設けられたように思われる．

このような基準が設けられた結果，同基準に適合する膨大な潜在需要が地域に存在する可能性があり，この需要は介護予防検診によって顕在化することになろう．したがって，給付増に対応するためには，現在の要支援と要介護1に該当する者を給付対象から順次除外し，サービスを購入できない者に対しては福祉による対応に戻すべきである．そのうえで，予防サービスを提供するのであれば，それは市町村の一般財源で賄い，「介護」ではなく，「保健」の枠内で提供するべきである．

一方，施設のホテルコストについては，介護保険創設前は医療施設であることから徴収しなかったこと，また特別養護老人ホームでは措置費の中に包含されて位置づけが曖昧であったことが問題であった．したがって，2005年度の改定によって徴収が導入されたことは，在宅と施設の負担の公平化，およびグループホーム等の「住居」における負担との公平性からみて当然といえよう．しかしながら，改正後も低所得者に対しては介護保険の枠内で減免を行ったことは問題であり，制度としての整合性という観点からはドイツ

のように福祉サービスの生活保護で対応するべきであったといえよう．但し，生活保護で対処するためには，支給開始基準の地域格差，配偶者の生活保障，および相続資産からの入所料の徴収等について今後検討する必要があろう．

それと併せて，「施設」の基準についても再定義する必要がある．ホテルコストが問題になったのは，給付増への対応という面と同時に，現行の「施設」における利用者負担と，グループホーム等という「住居」に括られている場合の負担の間に大きな格差があったからである．改定後も依然として格差があるので，将来的には介護老人保健施設と特別養護老人ホームを「住居」に位置づけ直し，併せてホテルコストを順次引き上げるべきである．その一方で，医療面については個人の「住居」と同じに扱い，医師の往診や訪問看護を医療保険から給付できるように改める必要がある．

第三の給付増の課題は，日本は給付水準をドイツと比べて潤沢に設計し，介護保険の創設によって家族は身体的な介護から開放されるという過剰な期待を国民に抱かせてきた点に遠因がある．そこで，今後は介護保険を家族の介護を代替する制度としてではなく，補完し，自己負担による上乗せと組み合わせたベーシックな制度に再構築し，給付基準や給付内容を引き下げる必要はある．しかしながら，その際も利用時の1割負担を引き上げることは，低所得者に対する抑制効果が医療保険よりも大きいので，公平性の観点から避けるべきである．

確かに負担と給付の水準を決めることは難しいが，それを解決する糸口は医療保険と同様に，住民に分りやすい形で両者の関係を一層明確にすることであり，そのためには給付基準を設定する権限の一部を地方に移譲する必要がある．その際，現在の市町村を単位とする保険者では，介護保険の対象拡大は困難であるので，やはり都道府県単位の再編を行うべきであろう．

4　むすびに

経済財政諮問会議の民間委員が主張するように，社会保障費の伸びを，高齢化を加味したGDPの伸びの範囲に留めるためには（日本経済新聞社，

2005),医療費については,技術進歩によって増加する部分を,診療報酬のマイナス改定によって相殺しなければいけない.それは,医療従事者の所得水準を一般勤労者と比べて相対的に下げていくことを意味するので,このような改定を繰り返すことは困難といえよう.

　一方,介護給付費については医療費の数倍の早さで伸びており,このように増加することは制度設計の段階から計画されていた.したがって,給付費の増加率を大幅に減らすためには,制度の基本骨格から再構築しなければならず,それは介護保険創設の目的を否定することになりかねない.それゆえ医療費と同様に,介護給付費についても高齢化による自然増を上回る伸び率をある程度許容するべきであろう.

　以上のように,医療費と介護給付費は漸増する構造にあるので,全体としての負担を圧縮するためには,社会保障のサービスパッケージを再構築する必要があり,その際,次の三つの課題がキーとなる.

　第一は,国としてサービスを給付する責任は,医療において最も広く,福祉において最も狭く,介護においては両者の中間であるという原則に基づいて,各々が現在所管しているサービスパッケージを再編することである.すなわち,普遍平等に供給すべきサービスは医療,ホテルコスト部分等のナショナルミニマムのサービスは福祉,給付対象者の過半数が給付される範囲で満足するサービスについては介護にそれぞれ組み直す.

　第二に,給付費の増加を制度ごとに対応するだけではなく,社会保障費全体として抑制と効率化を計る必要がある.このような基本目標を設定しないと,療養病床の所管にみられたように,他の制度への費用の移転(cost shifting)が必ず発生する.こうした事態を避けるためには,三つの制度の運営責任を一つに統合する必要があり,いずれの制度とも都道府県単位に再編して地方の裁量を高めるべきである.なお,効率化の達成度を測るうえで,住民の各個人のレベルで,各制度から受けた給付内容と費用,および健康状態を一つのパネルデータとして定点的に把握し,分析する体制を整備する必要がある.

　第三に,制度間の連携と効率化を促進するうえで,介護保険を要とするこ

第8章　社会保障給付のサービスパッケージ　　235

とである．なぜなら，介護サービスには医療と福祉の各分野からのそれぞれの人材が係わるので，両者をチームに組織し，サービスを提供することが他の分野よりも重要な課題となるからである．また，チームの医療職者は医療サービスと，福祉職者は福祉サービスとリンクする役割を担うことができるからである．

　次のステップは，現在の職種ごとの縦割りの硬直的な養成体系を順次改めていくことである．すなわち，単位の共通化，共学する場の拡大，専門用語の統一，評価視点の共有化を地道に進めていけば，制度間の断絶はしだいに解消し，供給者側に向いた社会保障政策を，需要者側に改めていくことが可能となろう．その結果，許容できる負担水準の下で，国民が安心して暮らせる社会保障システムに再構築していくこともできよう．

参 考 文 献
池上直己（1992）『医療の政策選択』，勁草書房．
─────・J.C.キャンベル（1996）『日本の医療─統制とバランス感覚』，中央公論社．
─────（2002）『医療問題─新版』，日本経済新聞社．
─────（2005a）5章，急性期以外の入院医療のための新たな支払方式，『医療保険・診療報酬制度』（遠藤久夫・池上直己編），勁草書房．
─────（2005b）9章，医療保険の給付範囲をめぐる論点─混合診療と特定療養費制度，『医療保険・診療報酬制度』（遠藤久夫・池上直己編），勁草書房．
─────（2005c）『臨床経済学』，勁草書房．
医療経済研究機構（1996）『政府管掌健康保険の医療費動向に関する調査研究』，医療経済研究機構．
─────────（2002）『要介護高齢者の終末期における医療に関する研究報告書』，医療経済研究機構．
厚生労働省（2004）『介護保険制度における第一号保険料及び給付費の見通し─ごく粗い試算』，厚生労働省．
─────（2005）『予防重視型システムへの転換①─新予防給付の創設─』，厚生労働省．
日本経済新聞社（2005）『「高齢者増」加味した上限─社会保障給付伸び抑制』，日本経済新聞社，2005年4月27日．
山田ゆかり・池上直己（2004）MDS-QI（Minimum Data Set─Quality Indicators）によ

る質の評価――介護保険施設における試行,『病院管理』41（4）：49-60.

Campbell, J. C. & Ikegami, N.（2003）: Japan's radical reform of long-term care, *Social Policy & Administration* 37（1）: 21-34.

CMS （Centers for Medicare and Medicaid）（2003）*Technical Panel Review of Assumptions Medicare Trustees' Financial Project.* cms.hhs.gov/publications/technical report/, accessed 9月17日, 2003.

―――― （Centers for Medicare and Medicaid）（2004）*The Official U.S. Government Site for People with Medicare. Nursing Home Compare.* www.medicare.gov/NHCompare/home.asp. accessed 5月17日, 2004.

Ikegami, N. & Campbell J. C.（2002）: Choices, policy logics and problems in the design of long-term care systems, *Social Policy & Administration* 36（7）: 719-734.

―――――― & ――――――（2004）: Japan's health care system: Containing costs and attempting reform. *Health Affairs* 23（3）: 26-36.

Vayda, Eugene, et al.（1984）, Five-year study of surgical rates in Ontario's counties, *Canadian Medical Association J.,* Vol. 131, pp. 111-115.

第9章　医療保険制度改革の課題と展望

遠藤　久夫

1　はじめに

　政府は2004年の年金制度の見直し，2005年の介護保険制度の見直しに引き続き2006年に医療保険制度改革に関する法案を提出する予定である．もっとも医療保険制度改革は今始まったことではない．「抜本改革」と名を打った試みはこれまでに何度も行われてきた．たとえば医療保険審議会は1996年に医療制度改革に関する建議書を提出している．1999年には医療保険福祉審議会で高齢者医療制度，診療報酬体系，薬剤給付に関する各意見書がまとめられた．しかし，これらの審議会答申の内容と実際行われたこととの間にはかなりの乖離があったといわざるをえない．今回の「制度改革」はどうであろうか．既に政府は年金改革を断行している．介護保険制度も見直された．医療保険制度改革もいよいよ先送りが難しい局面を迎えているといえるだろう．そのような状況下における医療保険制度改革の課題を展望する．

　本稿の構成は以下の通りである．第一に公的医療保険制度の重要な機能は低所得層の医療へのアクセスを保障することであることを実証する．第二に国際比較データを用いて公的医療保障のプレゼンスが小さな国ほど医療へのアクセスが不公平であることを示し，公的医療保険の給付対象を縮小して医療費負担を患者にシフトさせる政策は医療アクセスの公平性を悪化させるために慎重であるべきだと主張する．第三に公的医療保険制度を持続させるための条件について考察し，第四に2003年3月に閣議決定された医療保険制度改革の政府案を公的医療保険制度の持続可能性の視点から評価，展望する．

2 公的医療保険は低所得層の医療アクセスを保障する

全ての先進国では医療費の支払い手段として公的医療保険制度[1]が存在し，多くの場合，医療費支払いの中核を成している．医療費支払い制度として公的医療保険が重要である根拠は，効率性，公平性の両面から説明することができる．

(1) 効率性と公平性の二つの視点

医療需要には二重の意味で不確実性が存在する．一つは需要の発生時期に関する不確実性である．疾病の発生確率は平均すれば年齢の増加関数であるが，個人によって大きなばらつきがある．二つめの不確実性は費用に関する不確実性である．医療費は傷病の種類や適用される医療技術・医薬品の種類によって決まるが，多くの場合，患者の選択の自由度は小さいため病気になった際の医療費を的確に予測することはできない．この二重の不確実性のため将来の医療需要に備えた最適な貯蓄計画を立てることは難しい．このような不確実性に対する対処法として保険の利用が有効である．保険には私的保険と公的保険があるが，両者を分ける基準は保険加入の任意性で，私的保険は任意加入，公的保険は強制加入である．この医療需要の不確実性に対するリスクヘッジであれば私的医療保険であっても公的医療保険であっても対応可能である．したがって，医療需要の不確実性は医療費の支払いに保険が介在することの根拠とはなり得ても，強制加入を伴う公的医療保険が医療保険の中核を成す理由とはならない．

一方，医療は健康や生命に深く関わるサービスであるため，所得の多寡によりアクセス上の格差が生ずることは望ましくないという強い社会規範が存在する[2]．この医療へのアクセスの公平性という社会的要請を実現するためには，強制加入を伴う公的医療保険でしか対応することができない．なぜなら，保険料を保険加入者のリスクに対応させなければ保険財政を維持できない任意加入保険では，高リスク者に高い保険料を課すことになるが，後述す

るように所得と医療需要は負の相関があるため，低所得者が高い保険料を支払わなければならなくなるからである．それに対し，強制加入の公的医療保険では保険料を保険加入者のリスクと対応させる必要がないため，低所得者でも保険に加入できる．その結果，低所得者の医療アクセスが保障される．この機能こそが公的医療保険の存在意義なのである．

(2) 医療保険の再分配機能

実際に公的医療保険が相対的に所得の低い層の受療を助けているのかどうかは，公的医療保険による所得の再分配の状況を観察することで把握できる．遠藤・駒村（1999）は平成5年度所得再分配調査の個票データを用いて，所得分布が公的医療保険を通じてどのように変化しているか分析した（表1）．具体的には「A：当初所得のジニ係数」，「B：（当初所得－社会保険料）のジニ係数」，「C：（当初所得＋公的医療保険の給付額）のジニ係数」および「D：（当初所得－社会保険料＋公的医療保険の給付額）のジニ係数」を計算した．公的医療保険による所得分布の改善度，すなわち，$(A-D)/A$の値は2.8％であり，公的医療保険を通じて高所得層から低所得層へ所得移転されていることがわかる．つまり低所得層は医療費負担の面で助けられているのである．保険料負担による改善度，すなわち$(A-B)/A$の値は-0.88％と負値をとりわずかであるが保険料の負担により所得格差は拡大しているのに対し，保険給付の段階での改善度，すなわち$(A-C)/A$の値は2.75％と正値をとることから，公的医療保険による低所得層に対する所得移転は保険給付の段階で行われているのがわかる[3]．

公的医療保険を通じて高所得層から低所得層へ所得再分配が行われるルートには，まず平均所得が高く医療需要が小さい現役世代から平均所得が低く医療需要が大きい高齢世代への世代間所得移転が考えられる．しかしそれだけではない．表1の世帯主年齢が15歳〜69歳のグループ内および70歳以上のグループ内でも公的医療保険を通じて高所得者から低所得者への再分配がおきていることがわかる．つまり，公的医療保険によって同一世代内においても高所得者から低所得者に所得再分配が行われ，低所得者の医療アクセス

表1　公的医療保険を通じた改善度　　　　（平成5年度）

	全年齢		15～69歳		70歳～	
	ジニ係数	改善度	ジニ係数	改善度	ジニ係数	改善度
A	0.4513		0.4082		0.7335	
B	0.4553	−0.88 %	0.4216	−0.96 %	0.7376	−0.56 %
C	0.4347	3.69 %	0.3995	2.24 %	0.6587	10.20 %
D	0.4389	2.75 %	0.4036	1.24 %	0.6648	9.37 %

出所：遠藤・駒村(1999)．
A：当初所得，B：当初所得−保険料，C：当初所得＋保険給付額，D：当初所得−保険料＋保険給付額．

表2　推計値

	全年齢	15～59歳
α	−19.9611＊＊	−16.4049＊
β_1（所得）	−0.0096＊＊	−0.01169＊＊
β_2	0.8262＊＊	0.8110＊＊
β_3	7.2102＊＊	5.6034＊＊
β_4	16.4059＊＊	37.2937＊＊
adjR^2	0.027	0.032

出所：遠藤・駒村（1999）．
＊5 %，　＊＊1 %．

を改善しているのである．

　所得と医療需要との関係を観察するために上記のデータを用いて次のような医療需要関数を回帰分析（OLS）により推計した（遠藤・駒村（1999））．

$$P = \alpha + \beta_1 \cdot I + \beta_2 \cdot Y + \beta_3 \cdot F + \beta_4 \cdot O$$

　　P：世帯単位の公的医療保険の給付額，I：世帯所得，Y：世帯主の年齢，
　　F：家族人数，O：65歳以上の家族の人数

　推計結果は表2の通りである．Pを医療需要の代理変数と考えると，全世帯の世帯所得の係数β_1の値が有意に負であることから，低所得層の医療需要は高所得層より大きく，この傾向は非高齢世帯（世帯主年齢が15歳～59歳）でも確認することができた．

3 患者へのコストシフトが医療アクセスの公平性に及ぼす影響

低所得層の医療アクセスを保障する機能がある公的医療保険は，高齢化の進展により所得格差が拡大傾向にあるわが国においてその重要性は増している．しかし一方で，高齢化に伴う医療費の増加に対応する手段として公的医療保険の給付水準の低下や給付範囲の縮小が議論されている．医療が必需性の高いサービスであることを考えれば，公的医療保険の縮小分の多くは患者の負担に転嫁されることになるのでこのようなコストシフト政策は，医療費適正化の手法として副作用が大きい手法でもある．以下ではコストシフト政策の問題点について整理する．

(1) 将来の国民医療費は世界的に際だった水準になるのか

公定医療保障の水準を低下させ患者にコストシフトさせる目的は，公的医療保険の財政悪化を防ぐためである．しかし，わが国の国民医療費は将来的に財政に壊滅的な打撃を与えるほど増加するのであろうか．表3はGDPに占める国民医療費の比率と総人口に占める65歳以上人口の比率を国際比較したものである．これを見るかぎりでは高齢化の状況を考慮すれば現状では日本の医療費は非常に低い水準だといえる．厚生労働省は1995〜99年度の一人当たり医療費の平均伸び率（一般医療費2.1％，高齢者医療費3.2％）を前提に医療費の将来推計を行った（表4）．推計された国民医療費の対GDP比は2015年で10.5％，2025年では12.5％であり，2015年の推計値は2001年時点のドイツの10.8％より，2025年の推計値はアメリカの13.9％より，それぞれ低い値である．ドイツ，アメリカとも将来的にはこの値がさらに上昇することが見込まれるので，日本の医療費の対GDP比の上昇が国際的にも際だった水準に達するとはいえないのである．

(2) 国民負担率の上昇

医療費の伸び率管理が提唱される背景には国民負担率の上昇を回避すべき

表3 国民医療費の対GDP比（2001年）と65歳以上人口比率（2000年）の国際比較

区分	日本	フランス	ドイツ	スウェーデン	イギリス	アメリカ
国民医療費／GDP	7.8	9.5	10.8	8.8	7.5	13.9
65歳以上人口／総人口	17.2	16.0	16.4	17.4	15.8	12.3

出所：「OECD Health Data, 2002」．

表4 医療費の将来推計（対GDP比）

	2004年度	2010年度	2015年度	2025年度
総医療費（OECDベース）兆円	41	53	64	90
対GDP比（％）	8	9.5	10.5	12.5
国民医療費（兆円）	32	41	49	69
対GDP比（％）	6.5	7.0	8.0	9.5

出所：「第14回社会保障審議会　医療保険部会　資料」．
（参考）総医療費（OECDベース）／GDPの値（2001年度），ドイツ10.8％，アメリカ13.9％．

という考えがある．しかし，国民負担率が経済成長に及ぼす影響については理論的背景をもった概念ではなく，実証的にも国民負担率と経済成長との関連は必ずしも明確ではない．平成15年度年次経済財政報告（2004）では，国民負担率の過度の高まりは，1）現役世代を中心とする家計や企業の可処分所得の低下を通じ民間部門における貯蓄や資本蓄積の抑制，2）現役世代における労働意欲の減退や企業の競争力の低下，3）企業の競争力の低下，海外移転の促進，4）公的部門の過度の拡大による非効率な資源配分の助長，などの経路で経済全体の生産性を低下させると指摘した上で，OECD諸国間における潜在的国民負担率と経済成長率の関係を実証分析している．その結果，「両者の間には緩やかな負の相関が認められ，潜在的国民負担率が高い国ほど経済成長率も低くなる傾向にある」と報告している．しかし，その解釈については，「もっとも，両者の関係は単に国民負担率の高まりが経済成長を低下させるという方向と同時に，少子・高齢化や経済の低成長が国民負担率を高めるという逆方向の因果関係も働いていると考えられることから，その解釈については慎重であるべきであり，家計や企業の行動に関するミクロ的な分析が必要である」としている．またAtkinson（1995）は，国民負担

の上昇が経済成長に与える影響についての先行研究をサーベイし，統計的に有意な結論を得ることができなかったとしている．さらに社会保障給付については家計間の所得移転に過ぎないのであるから，国民負担率計算の分子（租税＋社会保険料）から社会保障給付額を控除すべきではないかという意見もある．このように考えれば，医療費の増加が国民負担率に及ぼす影響は小さなものになる．このように，国民負担率の上昇を理由に医療費を過度に抑制することは，必ずしも合理的な理由があるわけではないのである．

(3) コストシフトは国民医療費を増加させる

医療費を患者にコストシフトさせる政策は公的な医療費財源の収支の好転につながることは自明だが，私的な支払いを含めた国民医療費全体の水準にはどのように影響するのであろうか．公的医療保険のプレゼンスの低下が医療費に及ぼす影響には次の二つの効果が考えられる．第一の効果は国民医療費を低下させる効果である．医療費支払いに公的医療保険が介在することにより，医療需要と患者の負担との関連が希薄となり，その結果，モラルハザードが生じやすい．したがって，公的医療保険の水準低下はモラルハザードを抑制して国民医療費が減少するという効果である．第二の効果は反対に医療費を増加させる効果である．公的医療保険制度の下では国やそれに準ずる主体が保険者となるため，その独占力を背景に医療の価格や医療需要量を制御しやすい．そのため公的医療保険のプレゼンスの低下は医療価格の上昇，医療需要の上昇をもたらし国民医療費を増加させると考えられるのである．Endo (2004) はどちらの効果が大きいかを検証するため「OECD Health Data」のパネルデータを用いて国際比較分析を行った．分析対象は13ヵ国（アメリカ，イギリス，フランス，ドイツ，日本，カナダ，デンマーク，オランダ，スウェーデン，スイス，オーストラリア，ニュージーランド，イタリア），推計期間は1973－2000年，推計式は次の通りである．

$\ln((\text{Total Expenditure on Health/GDP})_{it}) = \alpha + \beta_1 \cdot \ln((\text{Private expenditure ratio})_{it}) + \beta_2 \cdot \ln((65歳以上人口/総人口)_{it}) + \beta_3 \cdot \ln((総人口))_{it}$ （$i=$国，$t=$年）

total expenditure on health は広義の国民医療費を示し，private expenditure ratio は total expenditure on health に占める公的セクターを経由することなく支払われる医療費（自己負担や私的保険）の比率である．

Hausman テストの結果，固定効果モデルが採択されたため固定効果モデルを用いて分析を行った．private expenditure ratio の係数 β_1 の符号が正であれば医療費支払いに対する公的医療保険の介入が小さいほど（広義の）国民医療費の対GDP比が大きいことを示し，効果2が効果1より大きいことになる．反対に β_1 の符号が負であれば効果1が効果2より大きいことになる．分析結果は，$\beta_1 = 0.0722$，$\beta_2 = 0.4117$，$\beta_3 = 0.7700$，調整済みR^2 = 0.822 で，すべてのパラメータは1％水準で有意であった．β_1 の係数が有意に正の値であることから，公的医療保険のプレゼンスが小さいほど国民医療費の対GDP比が大きいことが示された．このことは，公的医療保険の守備範囲の縮小政策は私的な支払いの拡大によって国民医療費全体の対GDP比を上昇させる可能性が大きいことを示唆している．

(4) コストシフトは医療アクセスの不公平を助長する

公的医療保険の縮小による患者へのコストシフト政策は，医療の質や医療アクセスの公平性に影響を及ぼす．厚生労働省は医療給付費を患者負担増によりGDPの伸びの範囲に抑えるとした場合のシミュレーションを行った．給付費縮小分を患者自己負担増で賄う場合，2025年の患者自己負担割合は45％程度，自己負担引き上げに伴う価格弾力性を考慮しても34％となり，これは現在の3割自己負担を6～7割負担に，1割自己負担を4～5割負担に引き上げることに相当すると試算している[4]．このように医療費の自己負担が大きければ，低所得層の医療へのアクセスに障害をもたらすのは必定である．

患者自己負担に着目して，公的医療保険のプレゼンスの大きさと医療アクセスの公平性がどのような関係にあるのかを明らかにするためにOECD諸国のデータを用いて以下の分析を行った[5]．ここでは医療アクセスの公平性の指標として，1) その社会の平均所得に占める平均自己負担額が大きいほど，

第9章 医療保険制度改革の課題と展望

2）自己負担の逆進性が高いほど（＝所得に占める自己負担額の割合が低所得者ほど大きいほど），低所得層の経済負担が高所得者と比較して相対的に大きいので，医療アクセス上の不公平が大きいと見なす基準を用いた．本稿では，平均所得に占める平均自己負担額の比率を平均自己負担比率と呼ぶ．また逆進性の指標としてはカクワニ指数を用いたが，この指数は負値で絶対値が大きいほど逆進性が高いことを示す．公的医療保険のプレゼンスの大きさを代理させる指標として国民医療費に占める私的な支払い額（＝公的医療保険を経由せずに支払った医療費）の割合を用いた．本稿では，これを私的支払い比率と呼び，この比率が大きいほど医療費支払いに対する公的部門の関与が小さい，すなわち公的医療保険のプレゼンスが小さいことを示す．分析はこの私的支払い比率と平均自己負担比率およびカクワニ指数との相関係数を計算することにより行った．

分析対象国は，家計調査データを入手することができた8ヵ国（日本，アメリカ，イギリス，フランス，カナダ，スウェーデン，オランダ，ドイツ）である．私的支払い比率は「OECD Health Data」記載の private sector の値を total expenditure on health の値で除して求めた．平均自己負担比率とカクワニ指数は，各国の家計調査のデータより算出した．

表5は家計調査が入手できた国のデータから求めたカクワニ指数と平均自己負担比率および「OECD Health Data」から求めた私的支払い比率を示したものである（いずれの値もデータ収集が可能であった年の平均値）．先のアクセスの公平性の基準からすると，ⅰ）カクワニ指数が負で絶対値が大きいほど，ⅱ）平均自己負担比率の値が大きいほどアクセスが不公平だといえる．私的支払い比率とカクワニ指数との相関，私的支払い比率と平均自己負担比率との相関について分析した結果は以下の通りである．

図1は縦軸にカクワニ指数，横軸に私的支払い比率をとった散布図である．相関係数は－0.348と負の値をとり，5％水準で有意ではなかったものの公的医療保障が大きいほど医療アクセスが公平であることが示唆された．この8ヵ国の内，ドイツ（H）では高所得者は公的医療保険から脱退することが可能である．また，オランダ（G）は公的医療保険に加入できるのは一定の

所得水準以下であり，高所得者は原則として加入できない．したがって，この2国では多くの高所得者は私的保険に任意で加入することになるが，私的保険の給付率が低かったり，私的保険未加入者が存在するなどの理由で高所得層の医療費自己負担が高くなる傾向がある．そのためこの2国の医療費自己負担は累進的である．公的医療保険加入に所得上の制約を課しているドイツとオランダを除いた場合，相関係数は－0.827となり5％水準で有意となった．以上の結果から，公的医療保障のプレゼンスが大きいほど，医療費自己負担の逆進性が小さくなる傾向が示された．

図2は縦軸に平均自己負担比率，横軸に私的支払い比率をとった散布図である．フランスとスウェーデンが統計上の理由で他の5ヵ国と比較可能な形で平均自己負担比率を計算できないためこの分析からは除いた．相関係数は0.963（有意水準0.002）と有意に正の値を示し，ある意味で当然のことであるが，公的医療保障のプレゼンスが大きいほど，所得に占める自己負担額の比率が小さいことが示された．

このように医療費自己負担に着目して国際比較を行った結果，公的医療保険のプレゼンスの小さい国は，自己負担の逆進性が高く，所得に占める自己負担の比率も高く，医療アクセスの不公平が大きい傾向が見られた．このこ

表5 私的支払い比率，カクワニ指数，平均自己負担比率

	国	私的支払い比率	カクワニ指数	平均自己負担比率	観測年
A	日本	0.269	－0.196	1.56　（％）	79, 84, 89, 94, 99
B	アメリカ	0.576	－0.271	2.72	84－99
C	イギリス	0.152	－0.119	0.82	80, 84－99
D	フランス	0.230	－0.171	－	78, 84, 89, 95
E	カナダ	0.254	－0.184	1.25	86, 92
F	スウェーデン	0.129	－0.199	－	88, 92, 96
G	オランダ	0.293	0.017	1.18	80, 84, 95
H	ドイツ	0.227	0.030	1.35	78, 83, 88, 93, 98

資料：私的支払い比率＝private expenditure on health／total expenditure on health.
　　　平均自己負担比率＝平均医療費自己負担額／平均家計所得.
出所：Endo（2004）.

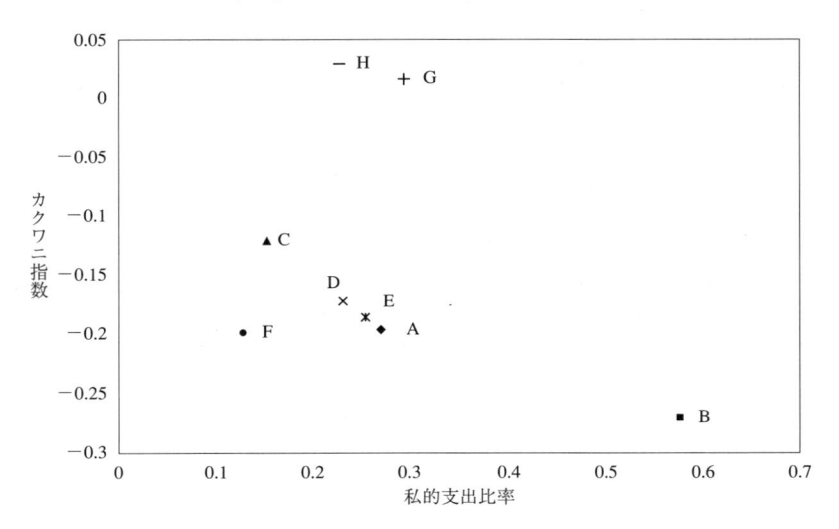

第 9 章　医療保険制度改革の課題と展望　　247

出所：Endo（2004）．

図1　カクワニ指数と私的支出比率

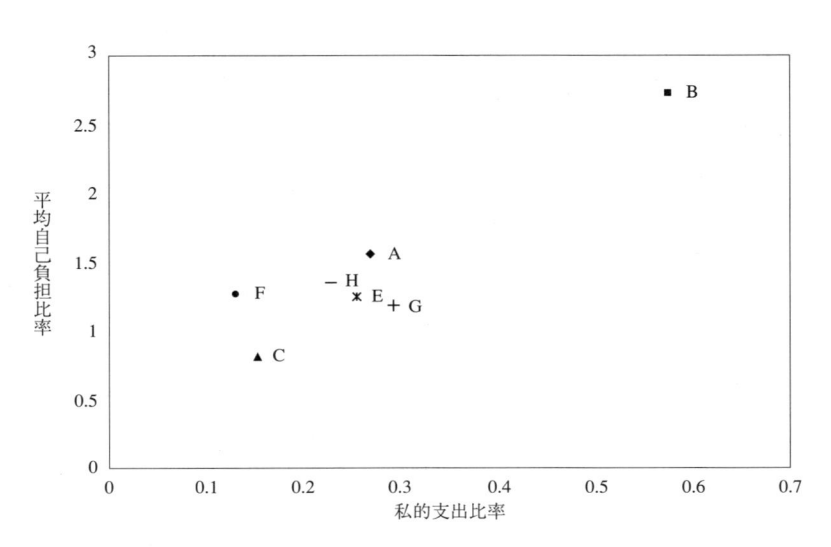

出所：Endo（2004）．

図2　平均自己負担比率と私的支出比率

とは医療費負担を患者へシフトさせる政策は医療アクセスの不公平を拡大させることを示唆している．

4　公的医療保険の持続可能性

これまで論じたように，ⅰ）わが国の国民医療費の対GDP比は国際的には低い水準であり，高齢化のピーク時でも現在のアメリカの水準以下だと予想されている，ⅱ）経済の活力を損なわないように国民負担率の上昇を抑制するという理由も必ずしも合理的なものだとはいい切れない，ⅲ）患者にコストシフトさせることは医療アクセスの公平性を低下させる可能性が高い，などの理由で，公的医療保険の給付水準の抑制は慎重に検討されるべきだと考える．公的医療保険の持続可能性を論ずる上では以下の課題の解決こそが必要である．

(1)　拡大する世代間の不公平の緩和

増加する老人医療費を過度に現役世代が負担することは，世代間の不公平を拡大させ社会的連帯感の低下につながる．これは国民年金や国民健康保険の保険料未納問題で表面化したように，公的医療保険の持続可能性にとって大きな脅威となりうる．一人当たり医療費，自己負担額及び保険料を年齢階級別に比較したものが図3である．疾病の発生確率は高齢者に多いことと，保険料が所得に応じて設定されていることから，このように非高齢者層が高齢者層に対して所得移転している傾向が観察されるのは当然である．世代間の所得再分配のパターンが安定的で時間とともに変化しないのであれば，人々の制度に対する信頼は次世代に受けつがれるため，制度の持続可能性に対する脅威は小さい．しかし，少子高齢化の進展に伴い現役世代から高齢世代への所得移転の程度は急速に拡大しており，後に生まれた世代が相対的に損をする傾向が鮮明になってきている．

いくつかの先行研究でその傾向を見てみよう．一圓（1995）は国保加入者の世帯主年齢別の保険料負担と給付額の分布を1965年，1974年，1993年の

第9章　医療保険制度改革の課題と展望　　249

3時点で比較し，65年では各年齢階層とも負担と給付の差があまり大きくなかったが，93年では非高齢世代では保険料負担が給付を大きく超過し，高齢世代では給付が負担を大きく上回っており，医療保険を通じた後世代への再分配が最近になるほど大きくなってきていることを示した．勝又・木村（1999）は政府管掌健康保険加入者を1925年生まれ，1955年生まれ，1985年生まれの3時点のコーホートに分け，各コーホートの費用対便益比率を計算し，後に生まれた方の純便益が少ないことを明らかにした．金子・鈴木（2005）は組合健保における生涯受給率（生涯受給額/生涯賃金）と生涯保険料率（生涯保険料/生涯賃金）をシミュレーション分析により比較し，今後医療保険制度が変わらないという前提で以下の結果を得た．1) 1975～1980年生まれの世代は負担と受給に差がない，2) 1975年以前の世代は受取超過である（例：1940年生まれの世代は生涯保険料率5.9％，生涯受給率10.8％），3) 1980年以降の世代は支払超過である（例：2005年生まれの世代は生涯保険料率10.3％，生涯受給率8.5％）．いずれの研究も後世代の方が割を食っていることを示しており，公的医療保険制度が長期的に安定するためにはこの

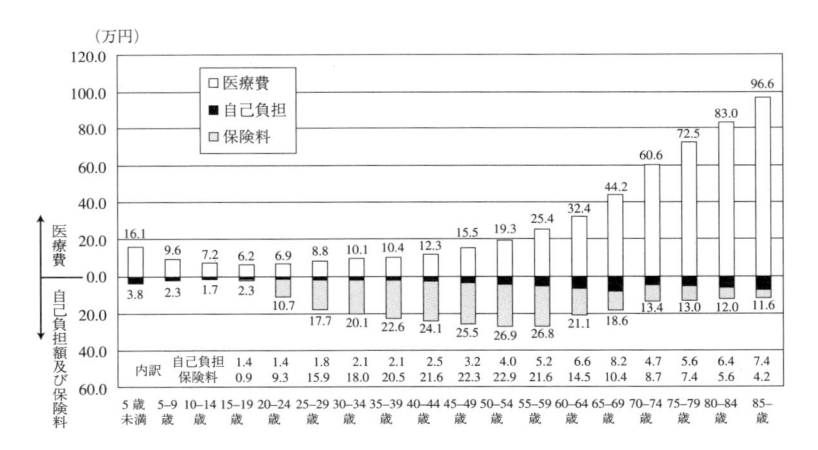

出所：第2回　社会保障審議会医療保険部会（平成15年10月）資料．

図3　年齢階級別一人当たり医療費，自己負担額及び保険料の比較（年額）
　　　（平成12年度実績に基づく推計値）

世代間の不公平を緩和させることが極めて重要である．そのためには，高所得であれば高齢者であっても保険料負担や自己負担を見直すことが必要となるだろう．

(2) 医療の質の維持・向上

　国民の健康や医療への関心は高まる一方で，多くの国民は，より高度で，より快適で，より安全な医療を望んでいる．反面，その期待が裏切られると医療に対する大いなる不信を生み出す．その意味では医療の質を維持・向上させ，国民の期待に応えることは医療システム安定の基本条件である．本来，医療の質の問題と医療費の問題は密接に関連がある．同じ社会保障である年金は金銭のやりとりであるから，負担が少なければ給付も少ないという負担と給付の対応関係は明瞭であるが，医療保険は現物給付であるために，費用と医療サービスの質との関係が不明瞭である．医療の質の向上と医療費との関連を考える場合，医療費の配分構造の視点と医療費の絶対額の視点の二つの視点が重要である．第一が医療費の配分が医療技術の進歩や国民の医療ニーズの変化にあったものであるかどうかという点である．これは診療報酬体系との関連が高く，診療科間のバランス，急性期医療・慢性期医療・在宅医療のバランス，高次医療とプライマリーケアのバランスなどについて国民のニーズを反映したものになるよう常に検討する必要がある．

　しかし，国民の医療に対するニーズの高度化，多様化が医療費の配分構造の修正だけで対応できない場合もあり，その場合はパイの拡大という選択を検討する必要がある．表6は厚生労働省が推計した国民医療費増加率の要因別内訳の年次推移である．「その他」は国民医療費増加率のうち「診療報酬改定」「人口増」「高齢化」の要因で説明できなかった残余で，自然増と呼ばれる部分であり，主に技術進歩などを反映していると解釈される．90年代前半までは「その他」の要因が国民医療費増加のもっとも大きな要因であったが，90年代後半以降は「高齢化」が医療費増加要因の主役になってきており，「その他」の要因は低下してきている．このことは，社会的入院の是正など医療の無駄が省かれたことを反映していることが考えられるが，一方

第9章 医療保険制度改革の課題と展望

表6 国民医療費増加率の要因別内訳の年次推移

年度	増加率（%）	診療報酬改定及び薬価基準改正による影響	人口増	人口の高齢化	その他
1985	6.1	1.2	0.7	1.2	3.0
1986	6.6	0.7	0.5	1.2	4.1
1987	5.9	―	0.5	1.2	4.1
1988	3.8	0.5	0.4	1.3	1.6
1989	5.2	0.76	0.4	1.3	2.7
1990	4.5	1.0	0.3	1.6	1.5
1991	5.9	―	0.3	1.5	4.0
1992	7.6	2.5	0.3	1.6	3.0
1993	3.8	0	0.3	1.5	2.0
1994	5.9	1.95	0.2	1.5	2.1
1995	4.5	0.75	0.4	1.6	1.7
1996	5.8	0.8	0.2	1.7	3.0
1997	1.9	0.38	0.2	1.8	−0.5
1998	2.6	−1.3	0.3	1.8	1.8
1999	3.7	―	0.2	1.6	1.9
2000	−1.9	0.2	0.2	1.7	−4.0
2001	3.2	―	0.3	1.6	1.3

出所：「平成13年度　国民医療費」，厚生労働省．

で，医療の技術進歩の恩恵を国民が受けにくくなった可能性がないか，検討する必要もある．短い診療時間，不十分な夜間診療体制，小児科医や産科医不足，医療事故などの様々な国民の医療に対する不満と不安は，直接的，間接的に医療費の問題と関係があるにもかかわらず，医療者の怠慢や不注意，不誠実のみに帰するものだと受けとめられがちである．その結果，医療費増加の抑制と医療の質の向上という本質的には二律背反の課題が同時に達成できるかのごとき錯覚に陥る傾向がある．高齢化に伴う医療費上昇の抑制は重要な課題であることはいうまでもないが，同時に社会が要求する医療の質を実現させるための費用増とどのようにバランスさせるかという議論こそが必要なのである．

(3) 高齢者医療費の適正化

　少子高齢化の進展する過程では高齢者の医療費を合理的な範囲に抑制しないかぎり，どのような財政方法をとっても非高齢者の負担が大きくなり，世代間の不公平は解消されない．図4は65歳以上の一人当たり医療費が15～44歳の一人当たり医療費の何倍かを示したものである．1985年以降7～8倍の水準を推移して，緩やかではあるが倍率に上昇傾向が見られる．2000年は介護保険施行に伴い老人医療費の一部が介護保険に移行したため，不連続的に倍率が低下したが，その後は再び上昇傾向を示している．高齢者数の増加が予想されるのであるから，高齢者一人当たりの医療費適正化の努力は必要である[6]．そのためには三つのタイプの施策が考えられる．第一が，高齢者の病状や身体的・社会的特性に適した診療報酬体系や医療提供体制，介護提供体制の整備を行うことである．これは老人医療の包括化や社会的入院の解消を目的とした病院の機能分化など，これまで実施されてきたことをさらに推進させることを意味する．第二のタイプの施策は予防医療である．病気を減らして医療費を節約する方法は医療費対策の王道であることはいうまでもない．2002年度の医療費ベースでは糖尿病1.4兆円，高血圧（高脂血症等）2.7兆円，脳血管障害2.0兆円，虚血性心疾患0.8兆円の医療費がかかっている[7]．これらの生活習慣病は生活習慣の改善や早期発見により発症予防，重症化予防がある程度可能である．健康診断の受診率の向上や，健診で異常が見つかった人を医療機関での受診につなげるための有効な方法を講ずることが重要である．またこれまでは予防医療に医療保険は使用できなかったが，最近は重症化予防という名目である種の予防的医療に保険適用が認められるようになってきている．さらに疾病予防は保険者の利益にも合致するため，保険者の様々な疾病予防の取組みが進行している．第三のタイプの施策は，高齢者の自己負担の引き上げである．これは，医療費適正化に即効性が期待できるものの，高齢者の所得水準のばらつきは大きいため，所得水準を考慮したきめ細かな対応を行わなければならない．

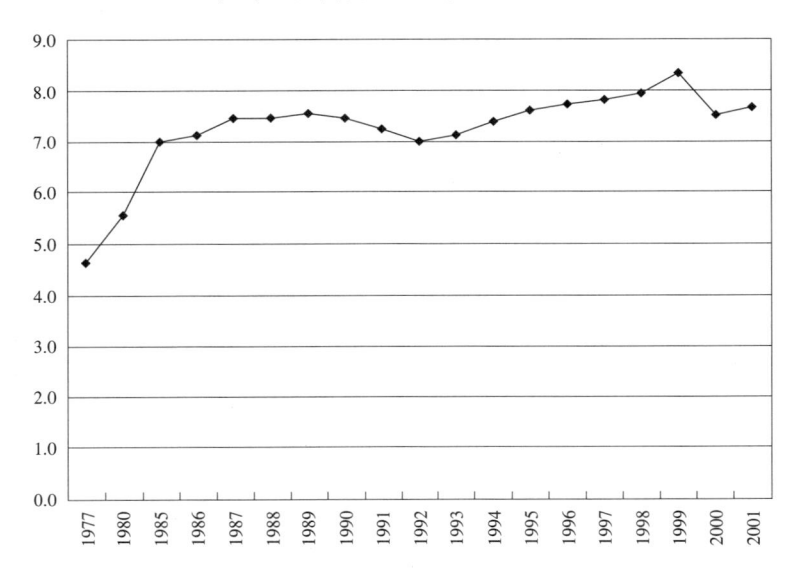

出所:「平成14年度 国民医療費」(厚生労働省) より作成.

図4 65歳以上一人当たり医療費／15－44歳一人当たり医療費

5 医療保険改革の厚生労働省案

　高齢化に伴う医療費の増加は避けられないが，公的医療保険制度を維持するためには保険財政の効率的運営や世代間の医療費負担の適正化を早急に図らなければならない．医療の質を維持，向上しながら，アクセスの不公平を招かないようにこれらの目標を達成することはたやすいことではない．厚生労働省は以下の3点を医療保険制度改革の基本方針としてあげている．第一が，安定的で持続可能かつ給付と負担が公平でわかりやすい制度とすることである．その具体案として，費用負担の関係が不明瞭で，かつ費用負担者が医療費適正化に関与できないという欠点をもつ現行の老人保健制度を廃止し，独立した高齢者医療制度を創設することを提唱している．第二が，国民の生活の質の向上を通じた医療費の適正化である．医療の質の低下を伴わない医

療費適正化の方法として，1) 若年期からの保健事業の積極的な展開による生活習慣病発生の抑制，2) 医療機関の機能分化・連携を推進し，急性期から回復期，療養期，在宅医療へ患者の流れを誘導することによる在院日数の短縮化，3) 在宅医療の推進の三つをあげている．基本方針の第三のポイントは，都道府県単位を軸として保険運営を行うことである．これにより，1) 保険財政の運営を適正な規模で行うことが可能になる，2) 保険料水準を地域の医療費水準に見合ったものにすることにより公平化の推進と医療費適正化を図ることができる，3) 地域の関係者（保険者，医療機関，自治体等）が地域特性を踏まえた効率的な医療を提供することが期待できる，としている．

(1) 医療保険改革の厚生労働省案の概要

2003年に「医療保険制度体系及び診療報酬体系に関する基本方針（基本方針）」が閣議決定された．その具体的中身は，①保険者の統合及び再編を含む医療保険制度体系の在り方，②新しい高齢者医療制度の創設，③診療報酬体系の見直し，である．

「保険者の再編・統合」「地域における取組み」「高齢者医療制度」については社会保障審議会医療保険部会を中心に審議されている．一方，「診療報酬体系」に関する内容は中央社会保険医療協議会（中医協）で審議されている．各検討事項の内容は次の通りである．

1) 保険者の再編・統合および地域における取組み

保険財政安定化と運営の効率化のために保険運営の軸足を都道府県単位の地域保険へ移行することがポイントである．その理由について厚生労働省は次のように述べている．高齢化の進展により2001年度には国民健康保険の赤字保険者数が2012団体となり保険財政の不安定化が進んでいるが，その背景の一つとして市町村レベルでの医療費の格差が大きいことがある．具体的には全国市町村間での一人当たり医療費格差は最大と最小で4.0倍である．これに対して，都道府県間の最大と最小の格差は1.7倍であり，都道府県単位に広域化することにより保険財政の安定化が期待できるとしている．また，

国民健康保険の運営を都道府県単位に拡大することは，健康増進計画，医療計画，介護保健事業支援計画などの都道府県主体に計画されている施策と連携することが可能となり，国民の生活の質の維持向上を主眼においた医療費の伸びの適正化が期待できるとしている．さらに財政面では，国民健康保険に対する国の国庫負担を引き下げ，かわりに三位一体改革による財源移譲を前提に国民健康保険に対する都道府県の財政調整交付金を創設し（平成16年度に実施済），医療費の適正化や保険運営の広域化に対する都道府県の影響力と責任を強化するというものである．

政府管掌健康保険の運営を都道府県単位とする主たる理由は事業運営の効率化である．現行では全国一律の保険運営，保険料率であり，医療費適正化などの保険者努力や保険料の決定といった保険者機能が十分に発揮されにくい制度であるとし，地域の被保険者の意見を反映した自主性・自律性のある運営を展開できるようにするというものである．

健康保険組合においては，「概ね都道府県域内で展開する」小規模な健保組合については，他組合との合併や地域における共同事業への参加などにより財政健全化を目指すとともに，同一都道府県域内において健保組合間の共同・連携を進め，地域における保険者機能の発揮を図ることも一つの方向だとしている．

2）高齢者医療保険制度

世代間の負担の公平を図る方法として最も重要な制度改革が高齢者医療保険制度の創設である．高齢者医療保険の設立は2000年の健保法改正から重ねて俎上に載った案件である．日本医師会は高齢者独立保険を強く主張してきたが，健康保険組合連合会は保険者機能が有効に発揮できるという点から「突き抜け方式」を主張し，他の関係団体も独立方式を積極的に主張しなかったため，「高齢者独立保険」は「突き抜け方式」，「リスク調整方式」，「一本化方式」と並んで選択肢の一つでしかなかった．しかし今回，政府案として高齢者医療保険制度が提案され，また日本経済団体連合会，健康保険組合連合会も「高齢者独立保険」を提唱したことにより高齢者医療保険制度の創設はその大筋において実現性を高めたといえる．

政府案では，独立保険の被保険者は75歳以上の後期高齢者が対象となる．その根拠として経済的地位や心身の特徴が前期高齢者と後期高齢者で異なる点をあげている．経済的特性の例では，被用者保険で本人として雇用されている割合は前期高齢者では約1割であるのに対して，後期高齢者では2％であること．平均個人所得では前期高齢者は218万円と全年齢の212万円を超えるのに対し，後期高齢者では156万円と少ない．また疾病特性等では，外来受療率は壮年期から増加するが，入院受療率は後期高齢者になってから増加する傾向があることを示している．高齢者医療保険制度の財源は公費（原則5割）で賄うほかに，高齢者の保険料および国保，被用者保険からの支援金によって負担するとしている．

3）診療報酬改革

診療報酬制度に関する検討課題は，支払い方式に関するものと公定価格の設定方法に関するものがある．診療報酬制度を審議する中医協の下に，これらの改革を実行する上で必要なデータ収集・分析を進めることを目的とした診療報酬調査専門組織が設立された．専門組織の業務内容は，ⅰ）特定機能病院等を対象に実施された急性期入院医療の診断群分類（DPC）による包括評価の検証等，ⅱ）慢性期入院医療の包括評価方式の検討，ⅲ）医療機関のコスト分析方法の開発，ⅳ）医療技術の経済評価方法の検討，の4テーマあり，テーマ毎に分科会が設けられた．基本方針に示された診療報酬に関する三つの課題で，もっとも早い対応を見せたのは「医療機関のコストや機能等を適切に反映した総合的な評価」であろう．具体的には，急性期の入院医療の支払い方式と慢性期の入院医療の支払い方式についてそれぞれ見直し作業が着手された．急性期の入院医療に対しては，DPC分類が開発され，2003年から特定機能病院を中心にDPC分類ごとに1日定額で報酬を支払う方式が導入された．DPC分類による支払い方式では1入院当たりではなく1日定額で支払われ，また，入院医療であっても手術は出来高評価で支払われ，報酬額は従来の出来高払いでの評価を保証するなど，DPC適用病院に過剰な財政上のリスク負担をかけないものである．

包括化の影響を調査するために，出来高評価であった2002年と包括評価

が導入された2003年,2004年との病院行動の比較調査が行われた.その結果,包括評価導入に伴い,ⅰ）在院日数の短縮,ⅱ）医療資源消費量の減少,ⅲ）従来入院で行われていた医療の一部が出来高評価の外来で行われるようになった外来シフトの発生,ⅳ）目立った医療の質の低下は認められない,といった傾向が確認された.またDPC分類ごとのコスト把握の作業も進みつつあり,将来的にはこのコストデータが適正な報酬金額の決定に有益なデータとなることが期待される.

一方,慢性期医療に対して検討されていることは,すでに慢性期医療に適用されている包括評価の内容をより患者の状況に合わせてきめの細かいものにしようとする試みである.現行ではリハビリテーションの出来高算定や認知症加算などのいくつかの加算を除けば入院基本料による1日定額である.入院基本料は看護職等の配置で決まり,患者の病態などは反映されていない.これを,患者の病態,日常生活動作能力（ADL）,看護の必要度,コストなどに応じてきめ細かく評価することが今回の制度変更の目的である.これに関連して,入院患者のADLや提供された医療内容,ケアの提供時間などを把握する調査が実施され,その結果を用いて患者の分類案が検討されている.

次に「医療技術の適正な評価」であるが,これが検討課題となる背景には次のような事情がある.診療報酬は医療従事者の人件費や資本費を賄うと考えられる診療報酬「本体部分」と薬剤・医療材料等の購入代を賄う部分とに分けることができる.全体の3割弱を占める後者の部分については薬価基準制度などの明確な価格算定ルールがあるが,「本体部分」には明確な価格算定ルールがない.医薬品や材料は実際の取引価格を調査し,実勢取引価格をベースにルールにしたがって価格改定を行うので,コストを反映した公定価格となっている.それに対して「本体部分」の価格改定は,診療報酬全体の引き上げ率の範囲内で,改定前の公定価格を調整することで行うが,調整ルールは明確ではなく,政策誘導であったり,明らかに不採算な医療行為の是正であったり,今後需要が伸びることが予想される医療行為の価格引下げなどさまざまである.その結果,診療行為ごとに利益率が異なり,不採算な医療も少なからず存在するのが現状である.診療報酬が余裕をもって設定され

ていた時期にはあまり表面化しなかったが，引き上げ率が抑制されている状況下でこの問題が表面化してきた．これを受けて診療報酬調査専門組織の医療技術評価専門部会において，外科系の学会，内科系の学会がそれぞれ医療行為の時間を測定する調査を開始した．調査結果は診療報酬を合理的に改定する際の重要なデータとなることが期待される．

6 今後の課題と展望

現在進行している医療改革の内容を総括すると，①高齢者医療保険を創設し，公費導入の拡大，高齢者の保険料徴収および自己負担の増加により現役世代の保険料負担の不公平を緩和させる，②都道府県単位の保険運営により保険者機能を強化し，医療費の適正化を図る，③診療報酬の支払い方式と価格決定方式の改善により，医療の資源配分の効率化と公定価格の歪みの是正を図る，ということである．これらは，①世代間の医療費負担の不公平の是正，②医療の質の維持・向上，③生活習慣病の予防，という視点で評価すれば，改革の方向として概ね適切だと評価できる．但し，これらの改革案がそのまま実現できるかどうかについては次に示すような課題がある．

(1) 医療保険の再編

国民健康保険の運営の範囲を都道府県を中心とするという方針は財政の安定化という点で一定の合理性をもつが，受け皿となる都道府県にしてみれば保険運営に関する過剰な責任と費用負担を押しつけられるという危惧をもちかねない．2005年3月に全国知事会から「国民健康保険制度における都道府県負担導入に向けた基本的な考え方」という意見書が出され，この中で，知事会側は三位一体の改革を受けとめた以上，この方針を受け入れるとする，というものの，「今回の改革は，国民健康保険の構造的な問題を解決するための国の方策や責任と役割を放棄し，唐突・一方的に都道府県への責任の付与と負担のみを求めるもので，・・・単に財政負担をつけ回す暴挙ではないかとの疑念がある」とも述べている．費用負担の問題以外にも懸案事項は多

い．都道府県を単位とした医療・保健計画との有機的連携についても，実際に都道府県がどのような形で運営するのか現在のところ未知数である．

また，国民健康保険の財政状況の格差は大きいため，統合・拡大することに対する誘因は市町村によって異なる．統合化を推進する上で重要な仕組みは財政調整であるが，具体的な財政調整の方法についても結論を見ていない．

(2) 高齢者医療保険の創設

高齢者医療保険の創設は一連の医療保険改革における本丸のようなものである．老人保健拠出金の廃止と高齢者医療保険の創設については一部を除いて関係団体の多くは認めているところである．しかし，制度の細部についてはコンセンサスが形成されていない．高齢者医療保険の被保険者の年齢について政府案や経済同友会は75歳以上としているが，健康保険組合連合会（健保連），日本経団連は65歳以上を主張している．2001年の国民医療費の年齢別構成割合では，65歳以上は49.1％であるのに対し75歳以上は26.2％である．高齢者医療保険の加入者が65歳以上ということになると，今後の高齢化の進展も考慮すると国民医療費の半分以上を新しい老人保険制度で賄うことになる．当然，財源構成も違ってくるため新保険の創設にとってこの10歳の差の意味は大きい．

財源構成についても意見が分かれている．公費の割合は政府案および健保連は原則50％としているが，経済同友会は70％，日本医師会は80％を提唱している．同様に，被保険者の自己負担率や高齢者医療保険に対する若年者保険料からの財政支援の比率や方法についても現時点ではコンセンサスはできていない．しかもこの問題は高齢者医療保険の被保険者の加入年齢が何歳以上になるかで大きく影響を受ける．年齢でコンセンサスができていない現状では，財源構成が不確定なのも当然である．これらの問題で合意が形成できるかどうかが高齢者医療保険創設の鍵を握っている．

(3) 診療報酬改革

慢性期入院医療の包括評価を，看護職等の配置基準から患者の病態や治療

内容を反映した基準に転換することは合理的であり，方向性に対して目立った意見対立もないことから，着実に推進すると考えられる．一方，現在特定機能病院等に限定して実施している急性期入院医療に対するDPC分類による包括評価が，今後どこまで拡大するかという点は不透明である．医療費効率化のためには急性期入院医療は包括評価すべきであるという意見と，急性期医療は慢性期医療と異なり診療内容が非定型的であるので包括評価にはなじまないという意見とが対立しているためである．さらに，この問題の進展を不透明にしているのは包括単位の報酬金額の設定方法について今後の見通しが立っていないことである．現状ではDPC分類ごとに1日定額で報酬が決まっているが，報酬金額は包括評価導入前の個々の病院の報酬水準が維持されるように設計されているため，包括評価導入に伴う入院報酬の減少はほとんどみられない．しかし，このような報酬決定方式がいつまでも続くとは考えにくい．2006年度の診療報酬改定がどのようなルールで行われるかが今後のDPC包括化の報酬決定方式を占うことになるだろう．

また医療技術の評価を客観化するために各診療行為に要する時間測定が行われ，データが集積されつつあるが，問題はこのようなデータを診療報酬改定にどのように使うのかが見えていないことである．これまでと同様に，診療報酬の改定時に「微調整」の手段として利用するだけなのか，診療報酬「本体部分」の体系や価格改定方法を抜本的に変更するのか，現時点では見通しがたっていない．

7 おわりに

高齢者医療保険の創設，国民健康保険と政府管掌健康保険の都道府県単位への移行，合理的な診療報酬体系への再構築，という医療保険制度改革の骨格は，公的医療保険制度の持続性という視点から見れば適切だと考えられる．改革案の内容は従来から議論されてきたものも多く，必ずしも新味はないが，これまでどれも実現できなかったプランであるだけに，これらが実現されれば大きな成果である．しかし，すでに述べたように実現に向けてはさまざま

な調整を必要とするため，かなりの時間を要すると共に当初計画を大きく修正せざるをえないことも十分予想される．しかし，それでも新たな枠組みができあがることの意義は大きいと考える．

　医療改革で重要なことは，①医療費に関する医療保険制度，②医療システムに関する医療提供体制，③医療保険制度と医療提供体制を結びつける診療報酬体系，の三つが有機的に結びついて，新しい医療の在り方の全体像をよくわかるような形で国民に示すことである．この三つの課題が，①については社会保障審議会医療保険部会，②については社会保障審議会医療部会，③については中央社会保険医療協議会，という異なる審議会で別々に審議されていることも全体像を見えづらくしている．2005年秋に厚生労働省からこれまでの審議を踏まえた具体的な改革案が示される予定になっているので，これに期待したい．

注

1　イギリスのように保険の形態をとらずに税を財源とする公的な医療保障を含む．
2　田村（2003）は六つの先行調査の結果を分析し，一般市民には患者の支払い能力の大きさによる医療格差導入に対して否定的な意見を持つ人が多いことを指摘し，これは単に低所得者や不健康な人が否定的だというだけでなく，医療に関するいわば平等絶対主義があると分析している．
3　実際はこの給付額（自己負担部分を控除した額）は医療機関に診療報酬として支払われたものであるが，患者はその分を支払わないで済んでいるので所得移転と同じ効果である．
4　第14回社会保障審議会医療保険部会　資料3．
5　以下の分析はEndo（2004）の一部である．
6　高齢者の一人当たり医療費が若人のそれより大きい最大の理由は，受療率，入院率が高齢者の方がはるかに大きいことによる．
7　第14回社会保障審議会医療保険部会　資料3．

参考文献

一圓光彌（1995）「医療保障における世代間移転」『季刊社会保障研究』Vol.31, No.2, pp.142-150.
遠藤久夫・駒村康平（1999）「公的医療保険と高齢者の医療アクセスの公平性」『季刊

社会保障研究』Vol.35, No.2, pp.141-148.
――――・篠崎武久（2003）「患者自己負担と医療アクセスの公平性」『季刊社会保障研究』Vol.39, No.2, pp.144-154.
――――・藤原尚也・櫛　貴仁（2004）「公的医療保険制度が医療アクセスの公平性に及ぼす影響」『医薬産業政策研究所　リサーチペーパー・シリーズNo.21』.
勝又幸子・木村陽子（1999）「医療保険制度と所得再分配」『季刊社会保障研究』Vol.34, No.4, pp.402-412.
金子能宏・鈴木　亘（2005）「3章　医療保険財政の評価」『社会保障財政の全体像と改革の方向』, 日本経済研究センター, pp.33-38.
田村　誠（2003）「なぜ多くの一般市民が医療格差導入に反対するのか―実証研究の結果をもとに―」『社会保険旬報』2192（2003.12.11）, pp.6-11.
Atkinson A.B.（1995）*Income and the Welfare State*, Cambridge University Press.
Endo H.（2004）"Impact of Public Finances Used for Healthcare Schemes on Access to Healthcare Services and on Health Expenditures", The Japanese Journal of Social Security Policy, Vol.3, 2, pp.42-50.

第10章 介護保険制度の持続可能性
——国と県レベルの分析——

田近栄治・油井雄二・菊池　潤

1　はじめに

　2000年度に導入された介護保険制度は高齢者の間に急速に浸透した．要介護認定の審査を受け介護サービスを利用する高齢者は増加の一途をたどり，介護保険の給付額も当初の約4兆円から2004年度には6兆円が見込まれている．その結果，多くの市町村では介護保険財政が赤字になった．2003年度からの第2期事業運営期間には保険料は全国平均で13％引き上げられたが，それにもかかわらず初年度から赤字となった市町村が出ている．このように現在の介護保険制度は極めて厳しい状態となっているが，本章の目的は国と県の2つのレベルから介護保険財政の現状を明らかにし，今後の改革の進め方を示すことである．

　まず，国レベルでは介護保険が2000年度に施行されて以来の変化を，要介護認定者，保険利用者，施設・在宅サービスなど利用の変化などの観点から述べる．続いて，田近・菊池（2005）で行った介護保険財政の将来推計に基づき，今後の第1号（65歳以上の高齢者）被保険者の保険料の推移をみる．ここでは，とくに今後の要介護認定の増大が保険料の増大にどのように影響を与えるかを示し，介護保険第2期を迎えた2003年時点で3,293円であった第1号被保険者の月額保険料が，保険料引上げ可能の1つの目安であると思われる5,000円を超える時点を示す．

　次に，県レベルの介護保険財政について述べる．これまで介護保険に関する研究のほとんどは，全国レベルでの分析か，あるいは都道府県ごとに集計

したデータを用いた地域格差の分析で，個々の保険者を監督，指導する都道府県の視点からなされてこなかった．しかし，三位一体の地方財政改革のなかで，国民健康保険（以下，国保）改革が最重要課題の1つとして取り上げられ，都道府県による保険者間の財政調整の役割が強化された．また，今後は都道府県を単位とする医療保険の再編が，国保と政府管掌健康保険制度の両方で進められようとしていることからも，社会保障行政における都道府県の役割は増大する．

　介護保険も例外ではない．介護保険では財政基盤の強化のため小規模保険者を統合する広域化が進められている．しかし，要介護認定の審査会の運営や介護サービス事業者が適正なサービスを提供しているかどうかの評価など，介護保険で保険者に求められる機能は専門性が高く，また保険の運営上極めて重要である．こうした機能の強化は，広域化などによる規模の拡大だけでは実現は難しく，都道府県に期待される役割は大きい．そこで本研究では，高齢者1人当たり給付水準が全国でも高位にあり，また多くの保険者が財政困難に陥り，財政安定化基金から貸付を受けている青森県を対象に取り上げ，どのような保険者で財政がとくに厳しくなっているかについて検討する．これは，われわれが県の側にたって，（われわれの責任のもとに）県下の保険者である市町村の介護保険財政を分析し，持続可能性の観点から改善方法をさぐることを目的としたものである．

　以下，2では全保険者を集計した国レベルでの介護保険の利用の実態，介護保険財政の現状を見る．3も介護保険の国レベルの分析であるが，将来の第1号被保険者の保険料のシミュレーション分析から，介護保険の持続可能性を探る．ここでは厚生労働省の想定よりも介護保険の利用がわずかに進むだけで，2007～2008年度には保険料が，第1号被保険者の支払可能額を超える可能性があることが示される．4では青森県内の各保険者の給付水準，保険料などの検討を通して介護保険運営の実態を明らかにする．ここでは，給付の多い保険者の中にはすでに介護保険財政が実質的に破綻しているものがあること，また保険料引上げ率を抑える一方で，財政安定化基金からの貸付を利用することによって，負担を先送りしている実態が示される．5では，

以上の分析を踏まえて，介護保険財政の破綻を回避するために都道府県の役割は何かを考える．6は，本章の論点を要約し，介護保険の改革の進め方について述べる．

2 介護保険の現状

　介護保険は導入当初こそ高齢者のなじみも薄く利用が低調な地域もあったが，時間の経過とともに急速に利用が高まった．その結果，予想を上回る介護サービスの利用は，多くの保険者で介護保険財政を困難な状況に陥らせ，保険料の大幅な引き上げを余儀なくさせた．以下では，2000年4月から2004年10月までの期間を対象に，介護保険の利用状況と介護保険財政の厳しい状況を示す．

(1) 介護保険の利用状況

　介護保険は市町村を保険者とし，また40歳以上の国民を被保険者として運営されている．被保険者のうち，65歳以上を第1号被保険者，40歳以上65歳未満を第2号被保険者と呼ぶ．被保険者が介護サービスを利用するためには，まず要介護認定を受けなければならない．要介護状態には要支援と要介護1から要介護5の6段階があり，要介護度に応じて要支援の6万1,500円から要介護5の約36万円まで利用限度額が定められている．

　表2-1は2000年4月と2004年10月における第1号被保険者数，要介護認定者数，サービス利用者数の実数とこの間の2000年4月を100とする指数の推移を示している．これから，利用が急速に進んでいることがわかる．

　まず第1に要介護認定者数やサービス受給者数が第1号被保険者数の伸びをはるかに上回るスピードで増加している．高齢化の進行により第1号被保険者は導入当初の2,166万人から4年半で300万人，14％あまり増加して2,500万人に達しようとしている．他方，要介護認定者は218万人から400万人へと，より速いペースで増加している．その結果，表には示していないが，被保険者に占める要介護認定者の比率である認定率は，当初の10％から

徐々に上昇して2004年10月には16％にまで上昇している．なお，第1号被保険者を65歳から75歳未満の前期高齢者と75歳以上の後期高齢者に分けてそれぞれの認定者数を見ると，後期高齢者では3.5人に1人が認定者になっており，認定率は前期高齢者に比べ約6倍も高くなる．今後，高齢化が進行し，後期高齢者が絶対的にも相対的にも増加するのに伴い，介護保険の利用者が高齢化のスピードを上回って増加することが予想される．

次に，最近のもう1つの大きな特徴として，認定者を要介護度別に見ると，軽要介護度の認定者が著しく増加していることが指摘される．いずれの要介護度も当初より増加しているが，とくに要支援，要介護1の軽要介護度の認定者が2倍以上に増加しており，全体の半分近くを占めるまでになっている．

第3にサービスの利用状況を見ると，利用者の拡大が居宅（在宅）介護サービスで生じていることが指摘される．介護サービスの受給者数は，当初の

表2-1 第1号被保険者・要介護認定者・受給者の推移　　単位　1,000人

（末日現在）	2000年4月		2001年4月	2002年4月	2003年4月	2004年4月	2004年10月
	実数	指数	指数	指数	指数	指数	実数
第1号被保険者数	21,655	100.0	103.8	107.2	110.7	113.3	114.4	24,783
要介護認定者数	2,182	100.0	118.3	138.8	159.7	177.5	185.1	4,040
要支援	291	100.0	109.9	136.9	173.5	206.7	223.9	651
要介護1	551	100.0	128.7	161.6	194.2	227.2	238.5	1,314
要介護2	394	100.0	124.4	145.0	162.7	151.1	153.2	603
要介護3	317	100.0	113.0	124.4	136.1	155.5	161.0	510
要介護4	339	100.0	107.8	116.2	125.1	141.2	144.8	491
要介護5	291	100.0	117.3	131.3	142.6	156.7	162.0	470
介護サービス受給者数	1,490	100.0	133.3	155.5	178.3	200.1	216.2	3,221
居宅介護サービス	971	100.0	138.8	169.3	200.2	230.4	252.6	2,453
施設介護サービス	518	100.0	123.4	129.8	137.6	143.9	148.3	768

出所：厚生労働省「介護保険事業状況報告（暫定）」各月，「平成12年度介護保険事業報告（年報）」．
注1：要介護認定者数，サービス受給者数には，第2号被保険者も含む．なお，受給者数は現物給付については当月サービス分，償還給付分については翌月のサービス分を受給した者の人数である．
　2：2000年4月の要介護認定者数及びサービス受給者数には38保険者の未報告分が含まれていない．また，2001年3月の第1号被保険者数及び要介護認定者数は，「平成12年度介護保険事業報告（年報）」による．

149万人からこの間に322万人へと倍増した．これに伴い認定者に占めるサービス受給者数の比率である受給率は，当初の68％からおよそ10ポイント上昇して80％になっている．利用者数でみて介護マーケットは2倍に拡大したが，施設サービス利用者は施設のベッド数の抑制によって1.5倍にしか増

表2-2 介護費用の推移　　　　　　　　　　　　　　　　　　単位　億円

		2000年度		2001年度		2002年度	
		費用額	構成比	費用額	対前年度伸び率(%)	費用額	対前年度伸び率(%)
合計		39,535	100.0	45,652	15.5	51,918	13.7
施設介護サービス		26,594	67.3	28,544	7.3	30,422	6.6
居宅介護サービス		12,941	32.7	17,108	32.2	21,496	25.7
内訳	訪問系サービス	4,357	11.0	5,860	34.5	7,181	22.5
	通所系サービス	5,604	14.2	6,740	20.3	7,885	17.0
	福祉用具貸与	335	0.8	722	115.5	1,095	51.6
	短期入所サービス	995	2.5	1,534	54.2	2,329	51.8
	認知症対応型共同生活介護	158	0.4	388	144.9	744	91.9
	特定施設入所者生活介護	197	0.5	293	48.2	413	41.3
	居宅介護支援	1,131	2.9	1,381	22.1	1,637	18.6

		2003年度			
		費用額	構成比	対前年度伸び率(%)	対2000年度比
合計		56,795	100.0	9.4	1.44
施設介護サービス		30,996	54.6	1.9	1.17
居宅介護サービス		25,799	45.4	20.0	1.99
内訳	訪問系サービス	8,248	14.5	14.9	1.89
	通所系サービス	9,133	16.1	15.8	1.63
	福祉用具貸与	1,442	2.5	31.7	4.30
	短期入所サービス	2,598	4.6	11.6	2.61
	認知症対応型共同生活介護	1,390	2.4	86.9	8.79
	特定施設入所者生活介護	606	1.1	46.6	3.07
	居宅介護支援	2,177	3.8	33.0	1.93

出所：国民健康保険中央会『給付状況（平成15年度分）』2004年7月7日．
注1：各国保連の支払実績としての各項目を集計したもの．
　2：福祉用具購入費，住宅改修費などの市町村が直接支払う分は除く．
　3：居宅サービスには，ここに挙げたもののほかに居宅療養管理指導がある．

えていないのに対し，居宅サービス利用者は2.5倍にまで拡大している．

(2) 介護費と介護保険の財政状況

介護サービスとくに居宅介護サービスの利用者の急速な拡大により介護費は増加の一途をたどり，多くの保険者の介護保険財政を逼迫させた．表2-2は2000年度から2003年度までの，利用者の自己負担分を含む介護費の推移を示している．これからまず第1に，初年度に3.9兆円であった介護費は，2003年度には5.7兆円まで4年間で40％以上も増加していることがわかる．2004年度には6兆円を超すと見込まれている．

第2に，サービスの内容別では，利用者数の動向と同様に，施設サービスの伸びが4年間で17％の増加にとどまっているのに対し，居宅サービスは4年間で倍増しており，2003年度も伸び率はやや低下したものの，依然として前年度比20％の高い伸びを続けている．

第3に，居宅サービスの内訳を見ると，絶対額自体は大きくないが，車椅子などの福祉用具貸与，認知症（痴呆）対応型共同生活介護（グループホーム），特定施設入所者介護（介護つき有料老人ホーム）などが著しく伸びていることが注目される．グループホームは全国的に，また介護つき有料老人ホームは都市部で増加している．こうしたサービスは自宅を離れて利用するが，介護保険では在宅生活の延長と位置づけられ，居宅サービスが適用される．これらのサービスが伸びている背景として，介護施設の定員が抑制されているため，施設サービスに対する満たされぬ需要があり，それがこうした施設に向かっていると考えられる[1]．

以上のように，介護保険が高齢者の間に浸透するにつれ，当初の予想を上回る介護サービスの利用が生じた結果，介護保険財政は極めて厳しい状況に陥った．それは，財政安定化基金からの貸付状況に現れている．

介護保険では，各保険者の将来の急激な給付増加などに対処するため都道府県ごとに財政安定化基金を設置し，各保険者は国や都道府県とともに資金を拠出して，介護保険財政が逼迫した際には，各保険者はその基金から不足額の一部を交付もしくは貸付を受けることになっている．介護保険では3年

間を1つの事業運営期間として保険料が設定されており,もし財政安定化基金からの貸付を受ければ,その返済のための資金は,次の事業運営期間3年間の第1号被保険者の保険料に上乗せされて徴収されることになっている.

この貸付状況を見ると,多くの保険者で導入後2年目から保険財政が厳しい状況に陥っていることがわかる.第1事業運営期間(以下,第1期と略)の最終年度である2002年度には,貸付を受けている保険者は735と,全保険者(2,863)の4分の1に上った.とくに沖縄県(県内保険者の87％が貸付を受けた)を筆頭に,熊本県,富山県,青森県,佐賀県,石川県などでは県内の保険者の過半数が貸付を受けている.また,被保険者の規模別に見ると被保険者が5万人以上では14％の保険者が貸付を受けているのに対し,5,000人未満では30％近くの保険者が貸付を受けている[2].市町村を保険者とする現行制度では,小規模保険者の財政が困難な状況に置かれていることがわかる.

2003年度からはじまる第2事業運営期間(以下,第2期と略)では,各地域の第1号保険料は,保険給付の増大に合わせて引き上げられるとともに,財政安定化基金からの貸付を受けた保険者ではその返済額が上乗せされた.ただし,厚生労働省は特例として,返済による保険料の上昇が大きくなる場合には,返済期間を原則の3年から6年ないし9年に延長し,保険料の上昇を緩和することを認めた.その調整をしても,2003年度からの第2期に適用される第1号保険料は,全国平均で第1期の2,911円から3,293円へと13％引き上げられた.第1期では保険料が4,000円を超えたのは1保険者だけであったが,第2期では197保険者(全体の7％)に上る.しかし,保険料の引上げにもかかわらず,2003年度においても財政安定化基金から170の保険者が43.3億円の貸し付けを受けている状況である[3].また,保険料は事業運営期間の3年間は一定とする原則であるが,財政状況の悪化から事業運営期間の途中での保険料の引上げをせざるを得ないところもあるといわれている.

3 介護保険の持続可能性：介護保険料のシミュレーション分析

　介護保険はすでに厳しい財政状況にあるが，高齢化が進行する中で介護保険は果たして持続可能だろうか．われわれは，田近・菊池（2004）において，介護保険の利用状況が将来どのように推移するかシミュレーション分析を行っている．以下では，田近・菊池（2004）の分析結果をもとに介護保険の持続可能性を検討する[4]．

　介護保険の利用者等の将来推計は，厚生労働省によって過去3回にわたって行われている．最も新しい「社会保障の給付と負担の見通し―2004年5月推計―」によると，要介護認定者，介護サービス利用者は今後も増加し続け，高齢化がピークを迎える2025年度には，介護給付費は19兆円と，現在のおよそ4倍にまで拡大すると予測されている．しかし，介護保険制度はまだ発足まもなく，2で見た認定率や受給率等がどこまで上昇するかなど，将来予測を行うには不確定要素が多い．そこで田近・菊池（2004）では，まず厚生労働省の推計を再現し，次いでその再現モデルを用いて厚生労働省推計の前提とするパラメーターを変化させ，推計結果がどのように変化するかシミュレーション分析を行った．

　推計モデルの大きな流れは，年齢階級別・性別の将来人口を出発点として，認定者数，施設サービス受給者数と給付費，居宅サービス受給者数，そして居宅サービス給付費が推計され，介護費用全体が求められる．認定者数，サービス利用者数などは年齢階級別・性別・要介護度別に推計されている．この推計に当たっては，認定率，65歳以上人口に対する施設利用者数の割合，居宅認定者に占める居宅サービス受給者の割合，そして居宅サービス利用者の利用額などさまざまなパラメーターが用いられている．田近・菊池（2004）ではそれらの中で，次の3つのパラメーターについて厚生労働省推計と異なる値を与え，シミュレーション分析を行った．

　第1のパラメーターは認定率である．厚生労働省推計では，2003年9月末の実績値を基準に2005年度まで認定率が一定の率で上昇し，2006年度以降はその率で推移すると仮定している．2005年までの上昇率には，2002年9月末

から1年間の認定率の伸びの実績値が使われた．要介護認定者数の増加は介護サービス利用者全体を増加させるから，認定率の仮定は将来の介護費用に大きな影響を与える．そこでシミュレーションでは，認定率の上昇が2005年度で止まらず2006年度まで続くケース，さらにもう1年上昇が続くケースを分析した．2006年度まで上昇が続くと，2025年度の要介護認定者は，基本推計の1.07倍，50万人増となり，2007年度の場合には1.13倍になる．

第2のパラメターは，居宅認定者（全認定者数から施設サービス利用者を差し引いたもの）の中で居宅サービスを利用する人の割合すなわち居宅利用者割合である．この居宅利用者割合は，厚生労働省推計では70％で一定と仮定されているが，シミュレーションでは毎年1％ずつ上昇し，80％に達したところで一定となるケースも分析した．

居宅サービスの利用額を決定するもう1つのパラメターが，利用限度額に

表3-1 1号保険料（2003年度価格）の比較

単位 円

パラメター	基本推計	ケース1	ケース2	ケース3	ケース4	ケース5
認定率上昇最終年度	2005	2006	2007	2005	2006	2007
利用者割合上限	80%	80%	80%	80%	80%	80%
利用額割合上限	100%	100%	100%	100%	100%	100%
利用者割合上昇幅	0%	0%	0%	1%	1%	1%
利用額割合上昇幅	1%	1%	1%	4%	4%	4%
2003	3,084	3,084	3,084	3,084	3,084	3,084
2004	3,346	3,346	3,346	3,461	3,461	3,461
2005	3,690	3,690	3,690	3,944	3,944	3,944
2006	3,895	4,045	4,045	4,299	4,482	4,482
2007	4,069	4,227	4,386	4,637	4,841	5,045
2008	4,308	4,478	4,648	5,070	5,300	5,530
2009	4,406	4,582	4,758	5,354	5,605	5,855
2010	4,596	4,782	4,969	5,770	6,049	6,327
2011	4,772	4,969	5,165	6,148	6,451	6,755
2012	4,998	5,206	5,414	6,582	6,912	7,243
2013	5,227	5,446	5,665	7,027	7,386	7,744

出所：筆者計算．
注1：1号保険料は，給付費の50％を40歳以上人口で割って求めた．
　2：各ケースの前提については，本文を参照．

対する利用額の比率－利用額割合である．居宅サービスについては，要介護度別に利用限度額が決められており，その範囲内でサービスを利用する．2003年度の実績は43％であるが，厚生労働省推計ではそこから毎年1％ずつ上昇し，2025年度には65％に達するものと想定されている．シミュレーションでは，これに加えて，毎年4％ずつ上昇し，2017年度以降100％で一定となるケースについても分析した．

田近・菊池（2004）では，厚生労働省の前提に基づく基本推計のほかに，これら3つのパラメターについての仮定を組み合わせて5つのケースについて介護費用などのシミュレーションを行ったが，ここでは第1号被保険者の保険料の推移を取り上げることにする[5]．なぜならば，介護保険制度の持続可能性を考える場合，保険料が高齢者の負担できる範囲に納まることが基本だからである．その限度を明確に定義することはできないが，これまでの介護保険をめぐる議論からして，およそ月額5,000円というのが目安と考えられる．

表3-1は各ケースのもとでの介護保険料の2013年度までの推移を示している（2003年度価格表示）．まず基本推計では，保険料は2003年度から毎年およそ200円強上昇し，10年後の2013年度には月額5,000円を上回る．表には示していないが，2025年度には8,200円にまで達する．しかし，介護保険が厚生労働省の予想以上に進むことも十分にありうる．そこで，表のケース1とケース2は，第2と第3のパラメターは基本推計と同じで，認定率の上昇する期間がそれぞれ1年ずつ伸びると想定したものである．その結果，保険料が5,000円を超えるのはケース1では2012年，ケース3では2011年と基本ケースよりも1年ずつ早まっている．

ケース3～ケース5は，介護保険の利用がさらに進むケースである．3つのケースとも，利用者割合が毎年1％ずつ上昇し80％で一定となると仮定し，また第3のパラメターである利用額割合も，100％になるまで毎年4％ずつ上昇すると想定した．認定率については，ケース3は基本推計と同じであり，ケース4とケース5は，それぞれケース1とケース2と同様に認定率の上昇する期間がそれぞれ1年ずつ伸びたものである．それぞれのケースで保険料が

5,000円を超える時期を見ると，ケース3とケース4はともに2008年とさらに早まるが，ケース4の保険料は5,300円と5,000円を大きく上回る．ケース5ではさらに1年早まり2007年度には5,000円を上回ることになる．

介護保険の保険料が5,000円という金額は，被保険者本人が住民税非課税で，世帯の中に住民税課税者がいる場合の保険料である．夫婦であれば月額1万円である．生活保護の受給者はその半額である．もし住民税課税者で所得金額が200万円を超えれば，保険料はその1.5倍，夫婦で年額18万円となる．保険料が5,000円を上回ることになれば，保険料を支払えない高齢者が多くなり，介護保険財政が破綻の危機に直面することは十分予想される．現行の介護保険制度を維持することは，困難と言わざるを得ない[6]．

4 青森県の介護保険：保険者別データによる分析

(1) 青森県下の保険者の分析

ここでは，全国レベルでの介護保険財政とその将来推計に続いて，青森県を対象に介護保険制度の持続可能性について県レベルの分析を行う[7]．

青森県には介護保険発足時には8市34町25村の67市町村すなわち67の介護保険の保険者があった[8]．保険者の規模を第1号被保険者数でみれば，もっとも大きな青森市は約5.5万人，もっとも小さな西目屋村は約600人で，1,000人に満たない保険者が9村ある．はじめに他の都道府県と比較して青森県内の保険者全体についての特徴を一言で述べれば，居宅サービスとくに通所系サービスとグループホームを中心に1人当たりの給付水準が高い．また保険料の県平均は第1期が3,256円，第2期が4,029円で全国平均（第1期2,922円，第2期3,293円）に比べると高いものの，介護保険財政が非常に厳しい状態にある保険者が多い．第1事業運営期間（以下，第1期と略）には67保険者のうち60％近い39保険者が財政安定化基金から貸付を受けた．また，保険料徴収額が予定額に不足し，給付等の資金が不足するために9保険者が基金から交付を受けた．

介護保険財政の持続可能性を分析するには，保険者は保険給付の一定割合

を第1号被保険者から保険料として徴収するという介護保険財政の仕組みが重要である．この給付と保険料とをリンクさせる仕組みが介護保険を保険として成立せしめている最大の特徴であり，介護保険財政が維持されるかどうかは，各保険者がその給付の一定割合を第1号被保険者の保険料で徴収できているかどうかにかかっている．第1号保険料の負担割合は全国の第1号被保険者数と第2号被保険者数の比率で決まることになっており，第1期では17％，第2期では18％である．ただ，それぞれの保険者についての第1号保険料の負担割合は，後期高齢者の割合や低所得者の割合によって国からの補助金が調整されることにより変動するため，その調整を考慮した負担割合を推計することは困難である．

そこで以下では第1次接近として，県平均を基準にして，それとの対比によって各保険者が給付に見合った保険料収入をあげていたのかを検討する．つまり，たとえば給付が県平均よりも15％高いとき，保険料も同じだけ高ければ介護保険財政の収支が見合うが，それ以下であれば資金不足に陥ることになる．もちろん県平均値がその保険者の1号保険料の負担割合を表すものとは限らないが，平均値によっても各保険者の財政状況の特徴を把握することができる．ちなみに，県平均値で見ると，給付に対する保険料の比率は，2002年度では17.0％，2003年度では19.9％となっている．

図4-1は，2002年度の各保険者の第1号被保険者1人当たり居宅給付額と施設給付額について，県平均からの乖離率を計算し，プロットしたものである．パネルAは第1期において財政安定化基金から貸付を受けた保険者を，またパネルBは貸付を受けなかった保険者をプロットしたものである．保険者名の先頭に付した数字は，表4-1に示したように，県下の保険者を地区別に集約した2次保健医療圏を表している．

また図の太字の保険者名は，2003年度に財政安定化基金から貸付を受けたことを示し，添え字の「*」は第1期の貸付金償還期限が3年から6年へ，また「**」は9年へ延長が認められたことを示す．保険者名の下線は，第1期に財政安定化基金から交付を受けたことを示し，斜字体の保険者名は，保険料が県平均よりも低いことを示す．また，図中の右下がりの斜線は，1人

第10章 介護保険制度の持続可能性

表 4-1　青森県の 2 次保健医療圏

	圏　域	構成市町村	人口（人）	第 1 号被保険者数（人）	備　考
1	青森圏域	青森市を中心とする陸奥湾沿いの 7 市町村	328,670	63,595	3 村
2	津軽圏域	弘前市，黒石市を中心とする県西南部内陸の 14 市町村	347,210	78,012	1 村
3	八戸圏域	八戸市を中心とする県南部の13市町村	359,894	69,460	1 村
4	西北五圏域	五所川原市を中心とする県西北部の 14 市町村	163,216	40,992	1 村
5	下北圏域	むつ市を中心とする下北半島の 8 市町村	89,466	18,877	3 村
6	上十三圏域	十和田市，三沢市を中心とする県中部から東部の 11 市町村	198,995	40,892	なし

出所：青森県資料．
注：備考欄には第 1 号被保険者数が 1,000 人未満の村の数を示した．

当たり給付総額の県平均からの乖離率の目安を示す．たとえば，パネルAの右端に位置する百石町の 1 人当たり給付総額は県平均を 30％強上回っていたことを示す．

　まず図 4-1 の A，B を比較すると，全般的な傾向としてはパネルAの方が給付水準の高い保険者が多いが，第 1 期に貸付を受けた保険者が，どれも給付水準が高かったのではないことがわかる．平均よりも給付が 10％も少なくても貸付を受けたり，あるいは給付が平均よりも 10％ほど多くても貸付を受けていない保険者もある．また，2003 年度に早くも貸付を受けている保険者(太字の市町村名)は，パネルAだけでなくパネルBにもある．そこで，これらの保険者の背後にある要因を見るため，図 4-1 の A，B それぞれについて，1 人当たり給付総額が平均よりも 30％程度高いゾーン（以下では第 1 ゾーン），平均よりも 0〜20％高いゾーン（以下では，第 2 ゾーン），平均以下のゾーン（以下では，第 3 ゾーン）に分けて第 1 期最終年度の 2002 年度と第 2 期初年度の 2003 年度の財政状況を検討する．以下では，各ゾーンに特徴的な財政状況を示す．

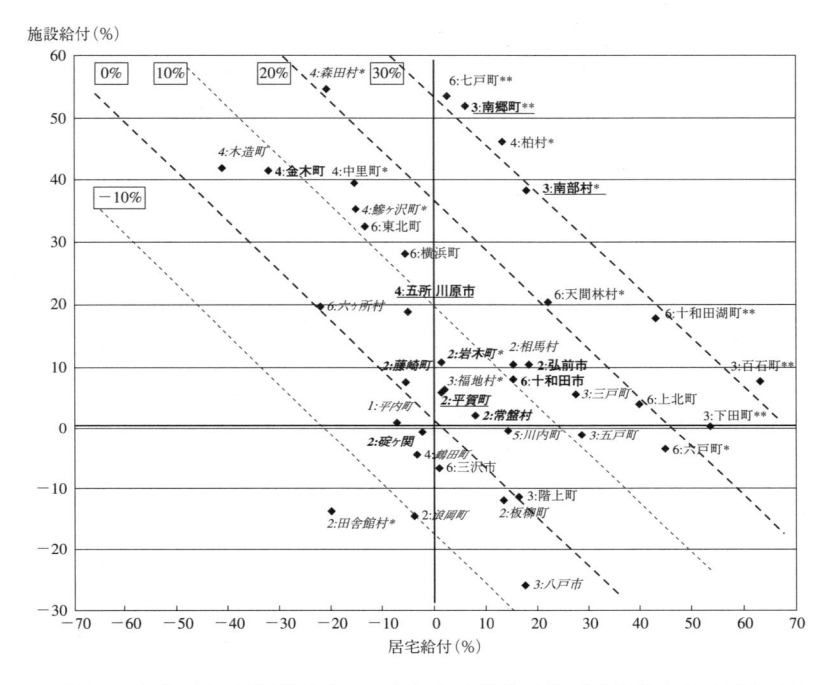

276　第Ⅱ部　持続可能な社会保障をめざして

図4-1（A）　第1号被保険者1人当たりの保険給付（県平均からの乖離率）
　　　　—（A）財政安定化基金から貸付を受けた保険者—

第1ゾーン：給付総額が県平均よりも30％程度高い保険者

　このゾーンでは，すべての保険者が第1期で貸付を受けている．圏域では八戸圏域（圏域番号3）と上十三圏域（圏域番号6）の保険者が多い．第1期の保険料はいずれも平均よりは数％ほど高いだけだったので，貸付額は第1号被保険者1人当たり2.5万円から3万円と巨額で，返済期限の延長も認められている．

　第2期に際して，どの保険者も保険料は30％以上引き上げ，いずれも4,600円以上となっている．最も高い保険料は百石町の4,996円，ついで十和田湖町の4,988円でほぼ5,000円に近づいている．

　第1ゾーンの保険者では，柏村のように第2期に入り給付水準を大幅に抑

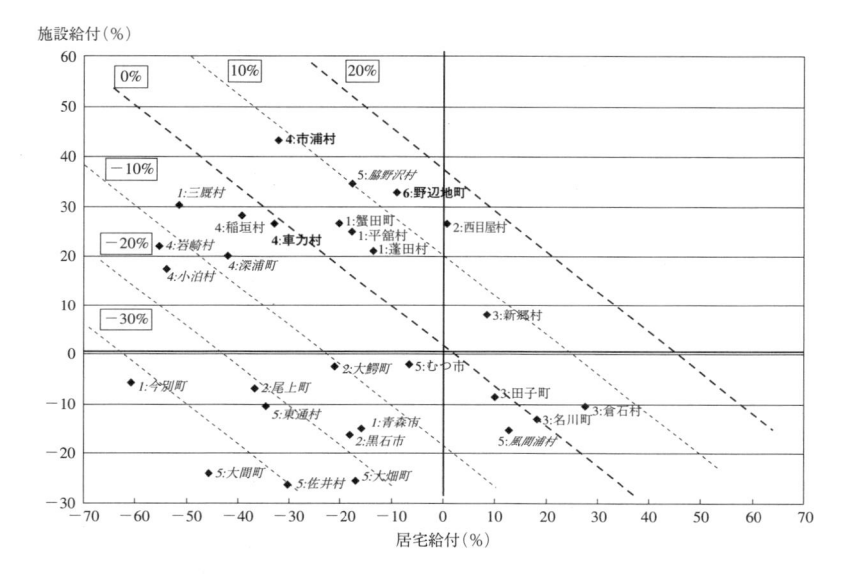

第10章　介護保険制度の持続可能性

施設給付(%)のグラフ。縦軸：施設給付(%)、横軸：居宅給付(%)。斜めの破線は0%、10%、20%、および-10%、-20%、-30%の乖離率を示す。

プロット点：
- 4:市浦村（約-25, 43）
- 5:脇野沢村（約-10, 35）
- 6:野辺地町（約10, 32）
- 1:三厩村（約-50, 30）
- 4:稲垣村（約-35, 23）
- 1:蟹田町（約-10, 23）
- 4:平舘村（約-10, 20）
- 2:西目屋村（約20, 22）
- 4:車力村（約-15, 20）
- 1:蓬田村（約-5, 18）
- 4:谷崎村（約-40, 20）
- 4:深浦町（約-20, 17）
- 4:小泊村（約-40, 13）
- 3:新郷村（約20, 7）
- 1:今別町（約-55, -7）
- 2:尾上町（約-35, -7）
- 2:大鰐町（約-15, -5）
- 5:むつ市（約5, -5）
- 3:田子町（約25, -8）
- 5:東通村（約-30, -12）
- 1:青森市（約-10, -12）
- 3:名川町（約25, -12）
- 倉石村（約35, -12）
- 2:黒石市（約-10, -15）
- 5:風間浦村（約15, -17）
- 5:大間町（約-30, -25）
- 5:佐井村（約-20, -27）
- 5:大畑町（約-10, -27）

出所：青森県資料から筆者作成．
注1：横軸，縦軸は，それぞれ2002年度の第1号被保険者1人当たりの居宅給付額および施設給付額の県平均から乖離率を示す．
2：右下がりの斜線は，1人当たり給付総額の県平均からの乖離率の目安を示す．
3：保険者名の先頭の数字は表4-1の2次保健医療圏域を示し，添え字の「＊」は第1期の貸付金償還期限が3年から6年へ，また「＊＊」は9年へ延長が認められたことを示す．
4：保険者名の下線は，第1期に財政安定化基金から交付を受けたことを示す．
5：太字の保険者名は，2003年度に財政安定化基金から貸付を受けたことを示す．
6：斜字体の保険者名は，保険料が県平均よりも低いことを示す．

図4-1（B）　第1号被保険者1人当たりの保険給付（県平均からの乖離率）
　　　　　―（B）財政安定化基金から貸付を受けなかった保険者―

制できた保険者が財政状況を大幅に改善できたのに対し[9]，南部町や南郷村では給付が前年度よりもそれぞれ7％，11％と増加し，第2期目早々に再び貸付を受けている（太字の市町村名）．同じく給付が7％増加した百石町も，2003年度には貸付を受けていないものの財政が逼迫している．これらの保険者では，すでに実質的に財政破綻していると考えられる．

第2ゾーン：給付総額が県平均よりも0〜20％程度高い保険者

　このゾーンには第1期で貸付を受けた保険者と受けなかった保険者が混在

しており，パネルAでは25保険者，パネルBでは10保険者が含まれている．圏域としては，第1期で貸付を受けた保険者には津軽圏域（圏域番号2），西北五圏域（圏域番号4），上十三圏域の保険者が多く，貸付を受けなかった保険者には青森圏域（圏域番号1），西北五圏域，八戸圏域（圏域番号3）の保険者が多く含まれる．

　パネルA，Bとも，図の第Ⅱ象限すなわち居宅給付は平均以下で施設給付が高い保険者が相対的に多い（パネルAでは25保険者中10保険者，パネルBでは同じく10保険者中6保険者）．また，パネルAには，第1期の保険料が平均以下の保険者が多く含まれている（斜字体の市町村名）のに対し，パネルBではほとんどそうした保険者はない．第1期の保険料の設定が低すぎた保険者が貸付を受けていることがわかる．なお，パネルAの保険者の第1期貸付金は第1号被保険者1人当たり1万円以下がほとんどである．

　このゾーンの第2期の財政状況で興味深いことは，第1期の保険料水準が大きく影響を与えていることである．パネルAでは，第2期保険料を30％以上も大幅に引き上げている保険者が多いが，それが財政改善に結びついた保険者がある一方で[10]，第1期の保険料が県平均よりも数％程度低かったところでは，その程度の引上げでは給付に保険料が追いつかず，第2期目に入ってすぐに貸付を受けているところがある[11]．

　またこのゾーンでは，保険料の引上げ率が低いところがある．特に注目されるのは，第1期で健全財政であったパネルBでは，保険料の引上げが小幅だったために，第2期では財政状況が厳しくなったところが多い[12]．このゾーンには，青森県下で唯一保険料を引き下げた蓬田村（3,733円から3,000円へ20％引下げ）と据え置いた西目屋村があるが，いずれも給付が増加したため2期の財政状況は厳しくなっている．

第3ゾーン：給付総額が県平均よりも低い保険者

　このゾーンには給付水準が県平均以下の保険者が含まれるが，パネルAで示した8保険者が貸付を受けた．パネルBには18保険者が含まれる．圏域では，パネルAでは津軽圏域と西北五圏域の保険者が多く，パネルBではこれ

らに加えて下北圏域（圏域番号5）の保険者が多い．このゾーンの保険者は，ほとんどすべてで第1期の保険料水準も県平均を下回っている．パネルAの第1期の1人当たり貸付額は数千円前後のところが多いが，第1期保険料が県下で最も低い2,333円であった田舎館村では1万円を超えていた．

このゾーンには，注目すべき保険者として，2期保険料を給付水準に見合うように一挙に引き上げ，財政を健全化した保険者がある[13]．一方，パネルAで保険料の引上げ率が20〜30％の保険者では，1期保険料が県平均よりも低いのに加え，給付が増加したため，財政状況が困難になっている[14]．また，パネルBでは，1期目に財政的余裕があって，2期目の保険料の引上げを抑えた保険者の多くで，2期目の保険財政が厳しい状況になっている[15]．

(2) なぜ，青森県の介護保険財政は厳しい状況に陥ったか

以上の個々の保険者の分析から，まず第1に，第1期に財政悪化した保険者は，給付水準で見れば広い範囲にわたっており，財政悪化の理由は，全体としては，制度発足時特有の問題として，要介護認定者やサービス受給者の推移，サービスの利用額が見込みより上回ったことが原因と考えられる．中には意図的に保険料を抑えた保険者があるかもしれないが，先にも触れたように，県の平均で見れば保険料は給付額の17％に相当しており，青森県でとくに保険料が給付に比べ低く設定されていたということはない．

第2期については，第1期の経験を踏まえ，介護サービス需要とそれに見合う保険料はより正確に予測できたはずである．したがって，第1期の財政状況を踏まえ，第2期の給付に見合う水準にまで保険料を引上げることが，保険者の財政上の責任になる．各保険者がこうした財政責任を果たしているかどうかを見ると，次の2つの問題点が浮かび上がる．

まず第1に，第1ゾーンの給付水準が県平均よりも30％以上も高い保険者の中で，いくつかの保険者は実質的に財政破綻をしていると考えられる．これらの保険者は第1期に財政安定化基金から多額の貸付を受けたが，第2期に財政破綻を防ぐには給付をカットするか，2期目の保険料を大幅に引上げるしかない．もし，これらの保険者の給付水準が県平均の30％高で推移

するとすれば，第2期に必要な保険料は県平均の4,029円よりも30％高い5,238円となる．しかし，3でも述べたように，5,000円をはるかに超える保険料を設定することは，実際問題として難しい．したがって，これらの保険者はすでに実質的に財政破綻状態にある．

第2点として，財政安定化基金からの貸付を利用した負担の先送り現象が出ていることを指摘したい．まず第2ゾーンで，第1期の保険料が給付水準に比べ著しく低かった保険者の場合，第2期に保険料を給付に見合う水準まで引き上げると，第1期からの引上げ幅が著しく大きくなるため，第2期には30％程度の引上げにとどめ，保険料の調整の一部を第3期以降に先送りしたのではないかと考えられる．保険者のこうした行動は，後世代の第1号被保険者に負担を転嫁するものであり，利用した介護サービスの一定割合をサービスの利用者である第1号被保険者が負担するという介護保険財政の原則を崩すことになる．

また，第2ゾーンと第3ゾーンには，第2期の保険料をあまり引き上げずに，財政安定化基金の貸付を利用している保険者がある．こうした保険者では給付水準の増加率が高い傾向が見受けられ，財政規律に対する保険者の態度が甘い．いずれの場合も，財政安定化基金の支援が保険者の財政規律を弱めていると考えられる．第1期に採られた貸付の返済期限延長という救済措置は，保険者の貸付への依存傾向を強めたと考えられる．

5 介護保険財政改善のための都道府県の役割

4では，青森県下の67の介護保険がどのような財政状況にあるかを給付水準や保険料引上げ率などとともに見た．これを踏まえて，県下の財政破綻に直面している保険者や財政規律の緩んでいる保険者などに対して介護保険財政改善のために，青森県はどのような役割を果たすべきなのか，都道府県の立場から検討する．

まず，第1に財政安定化基金からの安易な貸付を認めないことである．基金には国，市町村とともに県も拠出しているが，基金の積立額に限度がある

というだけでなく，保険者に給付の一定割合を1号保険料で徴収するという介護保険の原則を厳守させることが重要である．そのためには県が，膨張する給付を抑制し，給付に見合う保険料を徴収することを市町村に積極的に働きかけることが必要である．

第2に，介護保険の保険者が行うべき専門的な保険者機能を県がサポートし，あるいは県が代行することが期待される．介護保険では保険者は，要介護認定の審査会を運営し，また，介護サービス事業者が適正なサービスを提供しているかどうかの評価を行うなど，保険者として国保よりもはるかに大きく専門的な機能が求められている．すべての市町村が，保険者としてこうした業務を行う専門性を持つことは，困難といわざるをえない．

たとえば，要介護認定者数の増加は保険給付全体の上昇につながるため，要介護認定は保険者の重要な業務である．青森県内の保険者を見ると認定率に大きな地域差が見られ，しかもそれは地域の年齢構成などでは説明が難しい．このような状況では，県が業務の広域化などを促進し，より公平で中立的な認定審査が行われるよう指導することが必要である．また，居宅介護サービスのアウトカム評価や施設サービスの評価，事業者の適格性の審査などは，将来の給付に大きな影響を与える．これらの業務は保険者の裁量に任せるのではなく，県が一体となって実施すべきものである．

厚生労働省はグループホームなどの許認可を都道府県から市町村へ移し，地域密着型サービスを進めるに当たって中核的な役割を市町村に期待している．しかし，かつて措置時代には多くの市町村は社会福祉法人と一体的に活動し，いまだに措置時代の名残を引きずっているところも多い．そうしたところで保険者が地元に密着すれば，事業者の審査・監督，被保険者への情報提供などの保険者が果たすべき機能がおろそかになる危険が危惧される．むしろ，こうした機能については，都道府県の役割を高めていくべきと考えられる．

現在，地方分権が推し進められる中で，医療保険の分野においても都道府県の役割が重視されつつある．介護保険においても，小規模保険者の統合などとともに，将来的には保険者機能をいっそう発揮しうるような保険者の地

域的再編が検討課題となる．高齢者医療・介護との連携を強化する観点からも都道府県の役割を強化すべきであろう．

6 むすび

　本章では，導入後まもなく厳しい財政状況にある介護保険が，今後も持続可能なのかという問題を，国と県の2つのレベルで検討した．国のレベルでは，まず2で，制度導入から現在までの間にどのように介護保険の利用が進んできたか，利用者数や介護費の推移を示し，介護保険財政の厳しい現状を示した．次いで3では，今後，1号保険料がどのように推移するかシミュレーション分析を行い，厚生労働省の推計よりも早く2007～2008年度頃に第1号被保険者の支払可能な上限を超える可能性が示された．国のレベルでの分析からも，現行制度を持続させることが困難なことが示された．

　次に4と5では，県のレベルの分析として，青森県の保険者を対象に，どのような保険者が財政破綻に直面しているか，また保険者の財政改善に県が果たすべき役割は何かについて検討した．ここでは，青森県では実質的に財政が破綻している保険者があること，また，財政安定化基金の貸付が第1号被保険者の負担の先送りの手段として用いられ，保険者の財政責任を甘くしていることが示された．したがって，県の取るべき役割の第1は給付の一定割合を第1号被保険者が負担するという介護保険の原則を徹底させることであり，また各保険者が高度の専門性を発揮できるように保険者機能の強化を県が支援することが重要である．

　このように県下の保険者の財政改善のために，都道府県には大きな役割が期待される．しかし，個々の保険者の努力だけで介護サービスの膨張を抑制するのには限界がある．介護保険制度を維持するには，給付の膨張を抑え，財政規律を高める抜本的な改革が不可避である．以下では，2点を指摘したい．

　まず，本章のはじめで，軽要介護度の高齢者に対する介護サービスのあり方が今後の介護保険制度に対して大きな影響を与えることをみた．2005年

改革で軽要介護度の人には生活介護を制限する一方で，介護予防サービスを導入することになったが，要支援に対する介護サービスのあり方という，より根本的な問題も検討する必要がある．さらに，利用者の自己負担の見直しも避けられない．保険料が高くなるほど，介護サービスを利用する人と利用しない人の間で不公平感が生まれる恐れがある．これを避けるためにも，サービスの利用者が給付に見合った負担をすることが必要である．

さらに，2005年度改革では障害者福祉政策である支援費制度と介護保険の統合が議論の焦点の1つになったが，統合による介護保険の被保険者の対象年齢の引下げは，介護保険の財政規律の強化という観点からは望ましくない．統合すれば，多くの障害者に保険の前提である負担を求めることが可能かどうかという問題が生じる．また，可能であっても，現行の仕組みでは，第2号被保険者の保険料は，その地域で提供されているサービス水準とは直接の関係を持たず，給付と負担の連動は効かない．また対象者を20歳に引き下げるのも，第1号被保険者の保険料の負担割合を引き下げることになり，給付と負担の連動を弱めるものである．

高齢化がますます進行する中で介護保険財政を維持するには，財政困難が生じるたびに救済措置を導入するのではなく，保険者に財政規律を守らせ，給付と負担の関係を堅持することが大切である．

注

1 この点については，田近栄治・菊池 潤（2003）を参照．
2 社会保障審議会介護保険部会（2003）（第3回配布資料）．
3 厚生労働省（2004）．
4 具体的な推計方法や，利用したデータなどの詳細は田近・菊池（2004）を参照．
5 厚生労働省の2004年5月推計では1号保険料の推計結果は示されておらず，表3-1の基本推計は，田近・菊池（2004）が再現モデルによって推計した結果である．また同論文では，介護保険の給付・負担比率の世代間格差の観点からも制度の持続可能性を検討している．
6 ごく最近，厚生労働省が2004年5月推計に基づいて示した1号保険料の見通しでは，現行制度のままでは保険料は2006年度からの第3期では4,300円，2009年度からの第4期で5,100円，そしてまた2012年度からの第5期では6,000円にまで上

昇する．表3-1の保険料は物価変動を除いた2003年度価格表示であったが，この推計は名目値である．厚生労働省「介護保険制度における第1号保険料及び給付費の見通し－ごく粗い試算－」平成16年10月．

7　青森県の介護保険については，油井・田近・菊池（2005）において，他の都道府県との比較や2次医療圏間の地域差を詳細に分析している．

8　平成の大合併後には9市27町10村の46市町村となるが，以下では，合併以前の保険者（市町村）を対象に分析する．

9　県全体では居宅サービスが15％の増加，施設サービスが1％の減少で，総額では6％の伸びであったが，柏村は施設給付を前年度比マイナス13％と大幅に圧縮し，給付全体でもマイナス3％と削減した．

10　天間林村（保険料引上げ率39％，給付伸び率マイナス5％）に加え，相馬村（同じく55％，4％）や五戸町（同じく47％，4％），福地村（同じく36％，マイナス2％）などの保険者である．

11　岩木町（同じく33％，5％），常盤村（同じく32％，9％），藤崎町（同じく34％，10％），鰺ヶ沢町（同じく40％，3％）などで鰺ヶ沢町を除いて2003年度にも貸付を受けている．

12　市浦村（同じく10％，14％），車力村（同じく6％，8％）がその例で，2003年度に貸付を受けている．

13　パネルAでは平内町（同じく61％，3％）や田舎館村（同じく56％，10％），パネルBでは風間浦村（同じく40％，マイナス0％）である．

14　たとえば，碇ヶ関村（同じく38％，13％）や鶴田町（同じく21％，20％）では第1期の保険料が2,900円，2,970円と低く，また給付も伸びているので厳しい財政状況が続き，2003年度に貸付を受けている．

15　たとえば保険料を20％前後引き上げたむつ市や黒石市，大鰐町では，給付が10％以上も伸びており，2期目の財政は厳しくなっている．

参 考 文 献

厚生労働省（2004）『介護保険担当課長会議資料』参考資料2.
高齢者介護研究会（2003）『2015年の高齢者介護－高齢者の尊厳を支えるケアの確立に向けて－』.
高齢者リハビリテーション研究会（2004）『中間報告書（案）』.
国民健康保険中央会（2002）「認定者・受給者の状況」（平成14年10月分）.
──────（2004）「給付状況」（平成15年度分）.
──────（2004）「介護保険給付費の状況」（平成16年10月分）.
国立社会保障・人口問題研究所（2002）『日本の将来推計人口（平成14年1月推計）』.

下野恵子・大日康史・大津廣子（2003）『介護サービスの経済分析』，東洋経済新報社．
島内　節・友安直子・内田陽子（2002）『在宅ケア－アウトカム評価と質改善の方法』，医学書院．
社会保障審議会介護保険部会（2003）「保険給付の状況等について」第2回配布資料．
─────────────（2003）（第3回資料）．
関　英一他（2000）「介護療養型医療施設の課題」『月間介護保険』2000年7，8月号．
総 務 省（2000）『地方財政統計年報』平成14，15年版．
総務省統計局（2002）『国勢調査』．
田近栄治・菊池　潤（2003）「介護保険財政の展開─居宅介護給付増大の要因」『季刊社会保障研究』第39巻第2号，pp.174-88．
─────────（2004）「介護保険の総費用と生年別・給付負担比率の推計」『フィナンシャル・レビュー』通巻第74号，pp.147-163．
田近栄治・油井雄二（1999）「国民健康保険の現状と課題：財政の視点から」『季刊社会保障研究』第35巻第2号，pp.128-140．
────・────・佐藤主光（2001）「地方交付税の何が問題か」『税経通信』9月号．
────・────（2001）「介護保険導入一年で何が起きたか－北海道東部3市町村のケース－」，健康保険組合連合会『健康保険』10，11月号．
────・────（2002）「介護保険導入何が起きたか－武蔵野市，国分寺市，横浜市，甲府市のケース－」一橋大学経済研究所PIEディスカッションペーパー　第132号．
────・────（2003a）「介護保険の現状と改革」，国立社会保障・人口問題研究所編『選択の時代の社会保障』，東京大学出版会，pp.297-317．
────・────（2003b）「沖縄からみた介護保険の課題」『健康保険』9月号．
────・────（2004）「介護保険：4年間の経験で何がわかったか」『フィナンシャル・レビュー』通巻72号，pp.78-104．
日本医師会総合政策研究機構・島根県健康福祉部高齢者福祉課（2003）『介護サービスの有効性に関する調査研究～第1報：ケアマネジメントの現状と今後のあり方』報告書第55号．
油井雄二・田近栄治・菊池　潤（2005）「青森県の介護保険」未公刊ノート．

第11章 社会福祉と介護の制度改革と政策展開

平岡　公一

1　はじめに

　わが国では，1980年代以降今日に至るまで，1950年代から60年代にかけて形成された「戦後型社会福祉」[1]の制度的枠組みの再編成を目指す制度改革が繰り返されてきた．特に社会福祉基礎構造改革等の2000年前後の一連の制度改革は抜本的なものであり，「戦後型社会福祉」を終焉に導くものともいわれている．しかし，これらの改革の後も，相次ぐ児童福祉法の改正，2005年の介護保険法の改正，障害者自立支援法など，制度改革の動きが続いている一方で，社会福祉法人制度などのように「戦後型社会福祉」の構成要素のなかで大きな変化がみられないものもある．約20年のあいだの一連の制度改革は，いったい何をどのように変えたのだろうか．そこで残されている課題は何なのであろうか．

　この問いに答えるための分析の方法にはさまざまのものが考えられるが，本研究では，アメリカの社会政策学者ギルバートら（Gilbert et al., 1993）が提示した「分析的枠組み（analytic framework）」と呼ばれる社会福祉政策の分析枠組みを若干修正した枠組みを用いて，「戦後型社会福祉」の構造的特性がどのようなものであり，それが80年代半ば以降の改革でどのように変化してきたのかを明らかにするという方法を取ることにしたい．

2 社会福祉政策の分析枠組み

ギルバートらの「分析的枠組み」は，政策設計の決定の際に，4次元における選択が行われるということを想定した上で，それぞれの次元に関する基本的な代替的選択肢を理解し，それぞれの次元の選択の基礎となる基本的な価値や理論，あるいは前提を明らかにすることを目指すものである．その4次元の選択とは，(1)配分（allocation）に関わる選択（給付・サービスを誰が受けるのか），(2)提供（provision）に関わる選択（どのような給付・サービスを提供するか），(3)配達（delivery）に関する選択（給付・サービスをどのように受給者・利用者に届けるのか），(4)財源調達（finance）に関する選択（給付・サービスに必要な費用をどのように調達するのか），である．言い換えれば，この枠組みでは，「誰が（who?）」（→配分）「何を（what）」（→提供）「どのように（how）」（→配達）「どのような財源に基づいて」（→財源調達）受け取る仕組みとするのかという点に着目するのである．

筆者は，この4つの次元の呼び方を若干変更し，それぞれについて下位次元を，ギルバートらの説明を踏まえて次の通り設定した枠組みが有効なのではないかと考えている（平岡，2002；2003a）[2]．

（Ⅰ） 対象の設定・限定

（Ⅰ-1）普遍主義と選別主義——ここでは，資力調査（ミーンズ・テスト）を伴うこと，つまり受給資格に関して経済要件がある場合（所得・資産による制限がある場合）を選別主義，経済要件がない場合を普遍主義とする定義を採用する（平岡，2003b，pp.236-238）．

（Ⅰ-2）利用要件とターゲッティング（targeting）——これは，経済要件以外にどのような利用要件を設定するか，また，より深刻なニーズをもつ人々にサービスの対象を限定するための何らかの方法がとられているかという点（ターゲッティング（Gilbert, 2001）という）に関する選択の問題である．特に家族要件（家族の状況による受給制限）の設定の有無とその内容，

およびターゲッティングにおける家族要件の役割に注目する必要がある．

（Ⅰ-3）基準と裁量——これは，受給資格の判定にあたって客観的な基準を設け，判定を行う機関・職員の主観的判断を排除するのか，それとも，客観的な基準によっては捉えがたい個別的な事情を考慮して判定を行うために，機関・職員の裁量的判断を認めるのかという選択に関わる問題である．

（Ⅱ） 内容（給付類型・ケアバランス・サービス体系）

（Ⅱ-1）現金給付と現物給付——給付・サービス内容に関する基本的な選択肢である．

（Ⅱ-2）サービス体系——異なった対象・機能を有する諸サービス・プログラムの総体を指す．その基本的バリエーションは，サービス・プログラムの機能分化の程度とサービス利用と居住形態の関連のパターン（在宅サービスと施設サービスなど）に関して生じる．

このような観点から，サービス体系の発展段階として，①施設サービスのウエイトがきわめて高く，かつその機能分化が進んでいない段階（第一段階），②施設サービスの機能分化が進むとともに在宅サービスの拡充が図られる段階（第二段階），③施設サービスの過度の機能分化の見直しがなされるとともに，施設サービスと在宅サービスの二分法が有効性を失い，入所施設の住宅化が進展し，施設と在宅の間の中間的な性格のサービスが整備される段階（第三段階）という3段階を仮設的に設定する．

（Ⅱ-3）ケア・バランス——これは，在宅サービスと施設サービスの割合（費用・利用人員などの点での）をどうするかという選択の問題である．

（Ⅲ） 提 供 体 制

（Ⅲ-1）資源配分のメカニズム（市場メカニズムと割当）——割当（rationing）とは，「資源が必要量に対して不足しており，かつ価格が配分機能を果たさない状況において用いられる，資源配分方法の総称」（坂田，2003, p.8）である．近年いくつかの国では，社会福祉に純粋な市場ではなく疑似市場のメカニズム（駒村，2004）が導入された．

（Ⅲ−2）福祉ミックス——これは，サービス供給における政府部門，民間非営利部門，民間営利部門，インフォーマル部門のそれぞれのウエイト，および4部門間の関係をどのようなものにするかという点についての選択の問題である．

（Ⅲ−3）集権と分権——これは，政府（中央政府）に権限・財源を集中させるか，地方自治体（地方政府）に権限・財源を分散させるかという点に関わる政策選択の問題である．

（Ⅲ−4）サービス利用制度・利用決定の仕組み——これには，基本的には二つのタイプのものがある．第一は，行政機関が，利用者の申請に基づいて，あるいはその職権によって，サービス利用に関する決定を行うタイプの仕組みであり，第二は，サービスの利用者とサービスを提供する機関との直接的な契約によりサービスの利用が行われる仕組みである．わが国において，介護保険制度および支援費制度の導入以前に主要な利用制度・利用決定方式であった措置制度は，行政機関が行政処分（行政行為）によって一方的にサービス利用に関する決定を行う仕組みであり，第一のタイプの仕組みの特殊ケースである．

（Ⅲ−5）サービスの質の保証と利用者の権利擁護の仕組み——これは，一定水準のサービスの質を確保し，サービスの利用過程で利用者の権利が侵害されることを防ぐためにどのような措置をとるかという点に関わる政策選択の問題である．

（Ⅲ−6）人材の配置——これは，サービス提供者に専門職資格の取得を義務づけるか，また，その場合にどのような専門職制度を導入するのかという点に関する選択肢である．

（Ⅲ−7）計画と調整のメカニズム——これは，隣接領域を含め関連するプログラムとの間の調整をどのように行うのか，計画性・一貫性をもったプログラムの企画・実施をどのように実現するのかという点に関する選択肢である．

(Ⅳ) 財源調達

(Ⅳ-1) 財政方式の選択——税方式と社会保険方式が基本的な選択肢であるが，民間資金の活用のあり方も政策選択のポイントとなりうる．

(Ⅳ-2) 財源の負担割合——これは，特定の財源方式のもとで，政府，地方自治体，利用者，被保険者等の間の費用の負担割合をどう設定するかという点に関する選択肢である．

3 「戦後型社会福祉」の構造的特性

わが国の社会福祉制度の基本的骨格は，昭和20年代における生活保護法，児童福祉法，身体障害者福祉法，社会福祉事業法といった一連の法律の制定を通して形成された．しかし，1950年代までの社会福祉は，貧困・低所得対策に重点がおかれており，老人福祉・障害者福祉等が，生活保護制度から独立した制度領域として確立するには至っていなかった．

このような状況は，1960年代に入り，精神薄弱者福祉法（1960年），老人福祉法（1963年），母子福祉法（1964年）の制定により「福祉六法体制」が確立するとともに変化していった．国民皆保険・皆年金体制の整備や，生活保護基準の大幅な引き上げとあいまって，社会福祉サービスが，生活保護から自立した普遍的サービスとして展開していく可能性が開かれた．1960年代半ばで確立した「戦後型社会福祉」の制度的枠組みは，高度成長期を経て，安定的に機能するようになった．

2で示した分析枠組みの観点からみると，この「戦後型社会福祉」の制度的枠組みは次のような構造的特性をもつものであった（310，311頁の表1もあわせて参照されたい）．

(Ⅰ) 対象の設定・限定

(Ⅰ-1) 普遍主義と選別主義——「福祉六法体制」に移行してからは，保育・介護・養護等の「非貨幣的ニード」（三浦，1985，p.130）への対応は，

福祉五法(児童・障害・老人等の対象集団別の福祉法制)に基づいて実施されるようになり,かつ大部分のサービス・プログラムには利用に当たっての経済的要件が設けられていなかった.普遍主義—選別主義という観点からみると,すでにこの段階で,普遍主義の原則が採用されていたとみるのが妥当である[3].ただ,現実には,福祉施設等の利用者が低所得層に偏りがちであったことも事実であり,そのため,普遍主義原則の実質化は,(保育等を除くと)80年代以降の課題として残された.

(I-2) 利用要件とターゲッティング——大部分のサービスプログラムで家族要件が設けられているという点が特徴的であった.

(I-3) 基準と裁量——機関委任事務体制のもとで,法令によってサービスの利用要件について全国的に統一的な利用要件の基準が設けられていた.児童相談所,身体障害者更生相談所,精神薄弱者(知的障害者)更生相談所といった専門機関では,専門的なニーズの評価・判定が行われていた.しかし,大部分のサービス・プログラムにおいては,ニーズの程度を客観的・数量的に把握する方法は開発されておらず,実質的には自治体行政による広範な裁量が認められていたと考えられる.家族要件が重視されていたことも,相当程度の裁量の必要を生み出していた[4].

ターゲッティングに関して言えば,(生活保護を除く)社会福祉サービスはエンタイトルメント化されていなかったため,資源(予算,施設定員)の限度内でしかサービスが提供されず,しばしばターゲッティングは不可避となった.多くの場合には,自治体の裁量的な決定に基づいて,利用の優先順位が設定されるのが現実であったと考えられる.

(II) 内容(給付類型・ケアバランス・サービス体系)

(II-1) 現金給付と現物給付——現物給付を原則とする仕組みとなっていた.

(II-2) サービス体系——**2**で仮設的に示した3段階の発展モデルに照らしてみると,第二段階の初期段階にあったと考えられる.60年代から70年代にかけて機能分化した入所施設の整備が重点的に進められる一方で,在宅

サービスは障害関係の通所・通園施設を除くと少数の小規模なプログラムに限られていた．後述の措置委託制度や社会福祉法人制度は，このような状況を前提につくられた仕組みと考えられる．

（Ⅱ-3）ケア・バランス――施設サービスに圧倒的に傾斜していた[5]．ただし，家族要件によって施設入所が厳しく制限されていたことから，家庭でのケアと施設でのケアの比率という観点で見れば，家庭的ケアの比重を高く保つ仕組みだったとみることもできる[6]．

（Ⅲ）提 供 体 制

（Ⅲ-1）資源配分のメカニズム――もっぱら「割当」によって資源配分が行われていた．サービス供給量の総枠は社会福祉予算によって規定され，措置委託制度，施設整備費補助金，施設設置の認可制度等は，社会福祉機関の間の競争を排除する方向で運用されていた．

（Ⅲ-2）福祉ミックス――国・自治体と，主に社会福祉法人が担っていた「民間社会福祉事業」との間の関係と役割分担（「公私関係」「公私役割分担」と呼ばれた）が重要な意味をもっていた．民間営利部門が果たす役割はほとんど想定されていなかった．

社会福祉事業法（2000年に社会福祉法と改称）における「事業経営の準則」には，「公」（国・地方公共団体）と「私」（民間社会福祉事業）の対等性と，相互の独立性の原則が示されていたが，「公私関係」の実際は，措置委託制度，社会福祉法人制度，施設整備費補助金制度（現在の正式名称は，社会福祉施設等施設整備費）などに規定される部分が大きく，これらの制度を通して，社会福祉法人等の民間活動は，行政が中心となるサービス提供体制のなかに組み込まれていた．

措置委託制度とは，措置権者である地方公共団体の長が，民間の社会福祉施設（そのほとんどが社会福祉法人の経営によるもの）に対して施設サービスの提供を委託する制度である．サービス提供に必要な経費（施設の運営費）のうち，所定の基準により利用者が負担する分以外は，国と地方自治体が負担する．措置委託費の単価は，厚生大臣（2001年から厚生労働大臣）が設

定・改定するものであり，施設側の意向が反映するものではないが，入所需要がある限り既存の施設へ措置委託が継続するよう運用されてきたため，社会福祉施設が非競争的な環境のもとで安定した経営を行えることを保証する機能を果たしてきた．

施設整備費補助金制度は，民間社会福祉施設の整備の促進にとって重要な役割を果たしたが，民間社会福祉施設に対する相当程度の規制と保護を前提とするものであった．というのも，相当な額の公費を投入して建設された施設に関しては，長期的に運営が適切に行われ，経営が安定することを保証する仕組みが必要になると考えられるからである．

なお，福祉ミックスの日本的特徴という点からみると，行政協力機関として一定の権限をもちつつ無報酬でニーズ把握や被保護者の生活指導，あるいは自主的な地域福祉活動を担う民生委員が，サービス提供体制のなかに組み込まれていた点にも注目する必要がある．

（Ⅲ-3）集権と分権——福祉施設への入所措置の事務が機関委任事務とされていたこと，および，主要なサービス・プログラムの運営費に関して特定補助金が存在し，その大部分に関して国の補助率が8／10と高率であったため，中央集権的な性格が強かったといえる．

（Ⅲ-4）利用制度・利用決定の仕組み——施設サービスの大部分に関して，行政機関が行政処分（行政行為）によって一方的にサービス利用に関する決定を行う措置制度が適用されていた．

（Ⅲ-5）サービスの質の保証と利用者の権利擁護の仕組み——営利企業等の社会福祉事業への参入の規制，施設の開設・休止あるいは社会福祉法人の設立等にあたっての認可・届け出，都道府県による監査指導等が中心となっていた．施設最低基準や監査指導の内容は，構造設備，人員配置等の外形的な基準に重点がおかれていた．

（Ⅲ-6）人材の配置——アメリカのソーシャルワーカーをモデルとする専門職化への志向が，厚生省の政策の底流には存在していたが，国家資格等にもとづく専門職制度が存在しない中で，福祉事務所等の自治体の相談機関においても専門職採用がほとんど実現せず，入所施設の職員の採用に関しては，

ほとんど専門教育の経歴が要求されない状況が続いた(ただし保育所は例外であって保育職員の専門職化が進展した).

(Ⅲ-7)計画と調整のメカニズム——施設サービスのウエイトがきわめて大きかったため,それぞれのサービスプログラムが自己完結的に運営される傾向が強く,サービスの連携・調整の仕組みは発達せず,(1971〜75年度の国の社会福祉施設緊急整備5ヵ年計画などの例もあるが)社会福祉計画は制度化されなかった.

(Ⅳ) 財 源 調 達

(Ⅳ-1)財政方式の選択——税方式によるものであった.民間資金に関しては,共同募金が制度化されたが,公費に対する割合は一貫して低かった[7].

(Ⅳ-2)財源の負担割合——国と地方の負担割合に関しては,高率の補助金制度により国の負担割合が高かった.利用者の負担割合については,応能負担が原則とされた.

4 1980年代〜1990年代の制度改革と政策展開

(1) 制度改革論議の開始と1980年代の改革

1980年前後になると,高度経済成長に伴う人々の生活構造やライフスタイルの変化,あるいはコミュニティケアなどの新しい政策理念の登場にともない,「戦後型社会福祉」の制度的枠組みが有効性を失っているという問題意識が,一部の社会福祉関係者の間で共有されるようになっていった.制度的枠組みの再編の構想が最初に示されたのは『在宅福祉サービスの戦略』(全国社会福祉協議会,1979)においてであったが,三浦文夫らの研究者も制度改革をめぐる論議を活発に展開していった(三浦,1985).その一方で,1980年代には国家財政の危機を発端として,「行政改革」の枠組みの中で公共政策全体の見直しが行われ,社会福祉の分野でも,費用の抑制や政府部門による供給の縮小に向けての圧力が強まっていった.

80年代における制度改革の最も重要なものは,提供体制における集権と

分権という政策選択（Ⅲ－3）に関わるものであった．その第一は，補助金における国庫負担の削減に関する改革であった．1985年度から88年度にかけての財政再建のための臨時措置としての国庫負担金の削減に引き続いて，89年度からは施設措置費の国庫負担率が8／10からの1／2に引き下げられた．第二は，機関委任事務であった福祉施設への入所措置等の社会福祉関係事務を，団体事務に改める改革であり1987年から実施された．これらは，その現実的効果には限界があったと思われるが，いずれも地方分権化の趣旨に沿った改革であった．

制度改革をめぐる社会福祉関係者の論議で特に重視されたのが，在宅福祉サービスの拡充であった．70年代末から80年代前半にかけて高齢者の短期保護事業（ショートステイ），デイサービス事業などが国の補助事業として開始されたが，当初，その補助率は施設サービスの場合よりも低く設定され，これらの事業の法定化は，1990年の社会福祉関係八法改正を待たなければならなかった．サービス体系（Ⅱ－2）の発展段階という観点でみると，この時期には，第二段階の後期への移行の方向が明確になったものの，ケア・バランス（Ⅱ－3）を計画的に変化させる政策が実施されるには至らなかったといえる．

ただ在宅サービスの整備が始まると，サービス提供を担う機関や専門職の間での連絡調整の必要が生じる．そこで，新たな計画と調整のメカニズム（Ⅲ—7）として，1987年から高齢者サービス調整チームが整備されることになった．

さて，対象の設定・限定（Ⅰ）という点に関しては，80年代には二つの異なったモメントが作用していた．一方は，第2次臨調答申にみられるように，個人と家族の責任を重視し，公的援助の対象を「真に救済を必要とする者」に限定しようとする新保守主義的な社会福祉観であり，もう一方では，「救貧的選別主義からの離脱」と「普遍主義的社会福祉」の実現を目指す考え方（三浦，1985, pp.199-203）であった．個別のサービス・プログラムの対象の設定に関する政策展開に関してみる限り，普遍主義化（Ⅰ－1）と家族要件の緩和（Ⅰ－2）による対象拡大に向けてのモメントがより強く作用

したと考えられる．高齢者福祉の分野では，1982年に家庭奉仕員派遣事業（ホームヘルプ・サービス）の利用に当たっての所得制限が撤廃された．1989年には，この事業の利用要件のうち家族要件が緩和され，「老人またはその家族が老人の介護サービスを必要とする場合」にサービスが利用できることになった（平岡，1998, pp.42-43; 藤崎，1993, pp.273-274）．障害者のための家庭奉仕員派遣事業の規定に関しても，同様の変更が行われた（土屋，2002, pp.71-78）．

ターゲッティングおよび「基準と裁量」（Ⅰ－3）との関連で注目すべき動きとして，1984年に，福祉事務所に老人ホーム入所判定委員会を設置し，諸分野の専門家の合議に基づいて入所の可否の判定を行う仕組みが導入された．この仕組みは，客観的な基準を重視し，裁量的な決定における主観的な判断への依存を抑制するねらいをもつものであった．

資源配分のメカニズム（Ⅲ－1）と福祉ミックス（Ⅲ－2）に関して言えば，1980年代には，「市場型福祉」の可能性や，「シルバービジネス」の推進がさかんに議論されるようになった．1985年には，厚生省内にシルバーサービス振興室が設置され，翌年には，社会福祉・医療事業団による低金利の融資制度が実施された．

人材の配置（Ⅲ－6）に関しては，1987年に社会福祉士・介護福祉士制度が設けられた．これは，業務独占ではなく名称独占に基づく資格制度であるが，社会福祉分野では初めての国家資格であり，従来の社会福祉の制度的枠組みへの重要な修正を意味するものである

財源の負担割合（Ⅳ－2）に関しては，前述のとおり自治体の負担割合が引き上げられたほか，家庭奉仕員派遣事業の所得制限の撤廃に伴う利用者負担の導入や，一連の費用徴収に関する規定の改定により，利用者負担の拡大をはかる政策が展開された．

(2) 社会福祉関係八法改正

以上みてきた個別の分野・事項ごとの制度改革をうけて，1989年3月の社会福祉関係三審議会合同企画分科会の意見具申「今後の社会福祉のあり方に

ついて」では，体系的な改革の構想が示され，その具体化に向けて1990年に社会福祉関係八法改正[8]が実施された．

この法律改正において，サービス体系（Ⅱ－2）とケア・バランス（Ⅱ－3）に関する改革として，在宅サービスに関する諸プログラムの法定化が行われた．これにより，法律の規定上からは施設サービス中心主義が払拭され，在宅サービスと施設サービスが対等な位置づけを与えられたということになる．

集権—分権という次元（Ⅲ－3）に関する改革としては，郡部において都道府県が有していた老人福祉・身体障害者福祉の施設入所等の措置権限が町村に委譲され，これらの分野の施設サービス・在宅サービスの実施主体が市町村に一元化された（統一された）．

このことと関連して，老人保健福祉計画を策定し，かつサービス量の数値目標をそこに盛り込むことが都道府県・市区町村に義務づけられた点も重要な意味をもつ改革であった．

この社会福祉関係八法改正は在宅サービス重視，各種サービスの実施主体の市町村一元化，全国的な計画のシステムの整備といった90年代の社会福祉政策の方向性を明確に示した点で重要な法律改正であった．なお，対人保健サービスを含む保健福祉サービスの実施主体の市町村一元化という点では，市町村保健センターの法定化等を主たる内容とする1994年の地域保健法の成立（保健所法の改正）も重要な法律改正であった．

(3) 高齢・障害・児童分野における全国的計画システムの展開

1990年代には，高齢・障害・児童の3分野のそれぞれに関して，国－都道府県－市町村の3つのレベルの計画で構成される全国的計画システムが確立した．新たな計画と調整のメカニズム（Ⅲ－7）が出現したのであるが，これらは当初から体系的に整備が計られたものではなく，分野によって，また国レベルか自治体レベルかによって，計画の枠組み（法定化されているか，策定が義務化されているか，量的な目標値を含むかどうか，社会福祉以外の分野をカバーする計画かどうかなどの点）にかなりの違いがみられた（平岡，

2000).

　最も政策展開に及ぼすインパクトが大きかったのは，高齢分野の「高齢者保健福祉推進十か年戦略（通称，ゴールドプラン）」と老人保健福祉計画からなる計画システムだったと考えられる．ゴールドプランは，老人保健福祉計画の法定化に先立って，1989年12月に策定されたものであり，前例のない大幅なサービスの拡大計画という性格をもつものである．そのため，老人保健福祉計画は，一面において，ゴールドプランを実現するための実施計画という性格をもつことになった．

　ゴールドプランには，主要な在宅サービス・施設サービスの整備目標が示されているが，これをよく検討すると，ケア・バランス（II－3）を，大きく在宅サービスのほうに傾斜させようとする政策意図が読みとれる．

　すなわち，ホームヘルプ・サービスやデイサービス等の在宅サービスについては，高齢者人口の伸びを大幅に上回る目標値が設定されている．例えば，65歳人口千人あたりのヘルパー数とデイサービス・センター，デイケア・センターの箇所数は，10年間で，それぞれ2.1倍，5.0倍に増加させるという目標が設定されている．これに対して，特別養護老人ホームについては，65歳人口千人あたりの定員は11.3人という水準を維持するという趣旨の目標設定がされている[9]．

　このことに対応して，老人保健福祉計画においても在宅サービス中心主義への転換を推進する仕組みが組み込まれている．厚生省が市町村に示した計画策定に関する指針では，在宅サービスについては調査によって把握されたニーズ量に基づいて目標値を設定する方法が推奨されているのに対して，施設サービスについては，「参酌すべき標準」として具体的な数値が示され，量的拡大を一定の限度内に抑える方針が示されていた（平岡，2000）．

　さて，障害分野の場合は，国レベルの計画としては，すでに1983年度から10ヵ年計画で「障害者対策に関する長期計画」が実施されていたが，雇用労働・教育などの分野を含む総合的な計画であり，サービスの量的な目標値を伴う計画ではなかった．そのような性格の計画は，1993年度から実施された「障害者対策に関する新長期計画」の重点施策の実施計画である「障

害者プラン」として，1995年に策定された．この計画では在宅サービスの拡大が重視されているものの，従来型の施設サービスの量的拡大も計画目標に含まれており，在宅サービス中心主義への転換の方針は徹底していない．この国レベルの計画に対応して，任意であるが，都道府県・市町村も障害者計画を策定するものとされた．

児童分野では，1995年度からの10ヵ年計画として，「今後の子育て支援のための施策の基本的方向＜エンゼルプラン＞について」(通称「エンゼルプラン」)が策定されたが，これも総合的な計画であり，量的な目標値を含んでいない．量的な目標値を含む計画としては，保育サービスに絞った「緊急保育対策等5か年事業」が策定された．その内容をみると，地域子育て支援センターの整備など「地域子育て支援」というサービス領域の確立につながる内容を含んでいる．児童分野の自治体レベルの計画としては，任意であるが，都道府県・市町村が児童育成計画(「地方版エンゼルプラン」)を策定するものとされた．

(4) 1990年代における在宅サービスの拡大と提供体制の整備

1990年代の社会福祉政策は，この全国的計画システムを梃子にした在宅サービスの拡大と提供体制の整備を中心に展開された．高齢分野を中心に，社会福祉サービスの普遍主義的拡大の必要性を指摘する審議会等の報告が相次いで発表され，このような政策の方向性を推進する機能を果たした．児童分野では，「1.57ショック」を契機に，「少子化対策」が政府全体にとっての重要な政策課題となり，新たな政策展開の可能性が生まれた．

各分野の国レベルの計画をみても，対象の設定（Ⅰ）に関して80年代にみられた二つのモメントのうち新保守主義的な選別主義と家族責任強化に向かうモメントはこの時期に明らかに弱まり，普遍主義化（Ⅰ—1）と家族要件の緩和（Ⅰ—2）を目指すモメントがいっそう強まったといえる．このことは，高齢分野の政策展開において特に明確であった．

ゴールドプランがこのような方向性をもつものであることは明らかであるが，老人保健福祉計画の策定に関して厚生省が示した指針でも，目標量の設

定の際に「参照すべき標準」を示すにあたっては，家族の状況によって異なったサービス量を示すということは行われなかった．1992年の「ホームヘルプ事業運営の手引き」（厚生省老人保健部老人福祉計画課）では，厚生省は，サービス利用に当たっての形式的な家族要件を撤廃し，個別ニーズの評価に基づいてサービスの利用決定を行うよう自治体に指示している．この時期の政策の基調が，一定の家族介護を前提にした「家族介護支援」の段階にとどまっていたのか，さらに「介護の社会化」の段階にまで達していたのかという点については，研究者の間でも見解の相違がある（藤崎，1993；里見・二木・伊東，1996）が，家族要件によるサービス利用の抑制という「戦後型社会福祉」の構造的特性が大きく変化したことは確かだろう．

　サービス体系（Ⅱ—2）に関して言えば，この時期に，高齢分野を中心にケア・バランスを在宅サービスのほうに傾斜させる措置がとられたことから，分野によってその程度とテンポに差があるとしても，発展段階の第二段階の後期（機能分化した施設サービスに加えて，在宅サービスが整備される段階）への移行が大きく進展したといえるだろう．それに加えて，発展段階の第三段階で実施されるような高度なサービス・プログラムの開発が進められた点も注目される．それは，高齢者・障害者のためのグループホームやケアハウス等の在宅と施設の中間的な形態のサービス，あるいは，24時間巡回型のホームヘルプなどの集中的な在宅サービスのプログラムなどであった．

　諸分野別のなかで最もサービス体系の転換が遅れていたのは，精神障害者福祉の分野であった．もともとこの分野の施策は，他の先進諸国と比較すると際だって入院医療に傾斜しており，90年代初頭まで，精神障害者福祉が障害者福祉の一分野として確立していなかった．その課題は，1993年に成立した障害者基本法（心身障害者対策基本法の抜本改正，改称）において，はじめて精神障害者が障害者として法的に位置づけられたことと，1995年の精神保健法の改正の際に，法律の名称が精神保健福祉法と改められ，精神障害者の自立と社会経済活動への参加の促進が目的として掲げられたことによって達成された．また，1993年，95年，99年の法改正により，福祉ホーム，福祉工場，社会的適応訓練事業，グループホーム，ホームヘルプ・サー

ビス，ショートステイといった在宅サービスが法定化され，社会復帰対策と在宅サービスの拡充が図られた．

　児童分野では，放課後児童健全育成事業（学童保育）の法定化，延長保育・一時的保育などにより多様な保育ニーズへの対応が計られるとともに，児童養護施設等の入所施設や保育所の機能を拡大する形で，在宅サービス・相談活動の充実が図られた．具体的な施策としては，地域子育て支援センターおよび児童家庭支援センターの整備，トワイライト・ステイ事業の創設などがこの時期に実現した．

　ところで，この時期においても，必ずしも費用の抑制や政府部門の縮小に向けての圧力が弱まったわけではない．こうした圧力は，第一に，サービス提供体制の多元化と市場化の推進，第二に，利用者負担の引き上げと新たな財源の開拓という方向に政策を展開させることにつながった．その延長線上で介護保険制度が導入されたのであるが，その問題は次節でとりあげることとして，まず第一の点に関するこの時期の政策展開をみておこう．

　これは，資源配分のメカニズム（Ⅲ-1）と福祉ミックス（Ⅲ-2）に関わる点であるが，80年代末からいくつかの重要な変化が生じた．一つには，ホームヘルプ事業の委託先を営利企業にまで広げ（山本，2002，p.55），「駅型保育所」と称する認可外保育所に対して設置主体を問わず助成を行うなど，営利部門の拡大を促進する措置がとられた．ただし，そのことは営利部門のサービス供給の大幅な拡大にはつながらなかった（平岡，2004，pp.74-76）．また，ゴールドプランによって整備を進めた在宅介護支援センターの大部分は，その運営が社会福祉法人等に委託された．従来は，サービスの利用決定の権限と一体のものとして地方自治体が担ってきた相談援助機能が外部化され，民間部門に委ねられたのは重要な変化であった．障害分野に関しても同様な変化が起きた（1997年に創設された市町村障害者生活支援事業，障害児（者）療育等支援事業，精神障害者地域生活支援事業）．

　なお，この時期には，参加型福祉の推進が論議され，一定の政策的対応が行われた．1993年には厚生省によって「国民の社会福祉に関する活動への参加の促進を図るための措置に関する基本的指針」が発表され，ボランティ

ア活動を推進する方針が明確にされた．住民参加型サービス提供団体を，サービス提供体制のなかに組み込む意図で，1992年には農業協同組合，福祉公社などをホームヘルプ事業の委託先と認めるなどの措置がとられた．

計画と調整のメカニズム（Ⅲ－7）に関しては，在宅サービスの整備にともなって，サービスに関わる連絡調整の必要性が高まっていった．そこで，高齢分野では，在宅介護支援センターが地域ごとに設置され，そこでは，次第にケアマネジメントの技法が用いられるようになっていった（副田，1997）．ケアマネジメントは，利用者支援の仕組みであり，在宅介護支援センターは，部分的に利用者の権利擁護の機能も果たすこととなった．障害分野でも，1996年に創設された市町村障害者生活支援事業，障害児（者）療育等支援事業，精神障害者地域生活支援事業は，同様の機能をもつものであった．1997年には，ケアマネジメントの推進のために障害者ケアマネジメント体制整備推進事業が開始された．

人材の配置（Ⅲ－6）に関しては，1997年に精神保健福祉士制度が導入されたほか，在宅介護支援センター等への社会福祉士の配置が進んだ．相談援助機能の外部化は，福祉事務所等の機関では進展が見られない専門職の配置を促進する機能も果たした．

5 2000年前後の制度改革と政策展開

(1)　保育所制度改革、介護保険、社会福祉基礎構造改革

2000年前後の時期に，「戦後型社会福祉」の制度的枠組みの再編成を目指す一連の制度改革が実施された．1997年の児童福祉法改正に伴う保育所利用方式の改革（1998年度から実施），同年の介護保険法の制定（2000年4月に施行），2000年の社会福祉事業法の改正（社会福祉法への改称）等（「社会福祉基礎構造改革」）に伴う障害者福祉サービス等の利用方式の改革（支援費制度の導入，2003年度から実施）である．

これらの改革の最も重要な共通事項は，「措置から契約へ」という方向性をもったサービス利用制度・利用決定の仕組み（Ⅲ－4）の改革である．た

だし，サービスの分野・種類によって，改革後の利用制度・利用決定のあり方は異なる．保育所の場合は，「(利用者と)行政との契約方式」と呼ばれるものであり，利用者と保育所が直接的に契約を結ぶのではなく，利用者は自治体に利用を申し込むが，利用者による保育所の選択権が保障される仕組みである．介護保険によるサービスと障害者福祉は，いずれも，利用者と事業者が直接的に契約を結んでサービスを利用する仕組みとなった．要保護児童のための入所施設，障害児関係の入所・通所施設，養護老人ホーム等では，措置制度が維持された．

「戦後型社会福祉」の制度的枠組みの中核を成していた措置制度が，他の利用制度・利用決定の仕組みに置き換えられたことの意味は大きい．しかし，介護保険のサービスと障害者福祉においては，措置から契約への転換を軸にして，「戦後型社会福祉」の制度的枠組みの他の構成要素に関してかなり抜本的な改革が行われたことにも注目する必要がある．

介護保険のサービスのほうが，改革の内容は抜本的であった[10]．「利用要件とターゲッティング」（Ⅰ-2）に関しては，利用できるサービスの種類と（金額単位での）上限が，心身機能のみに着目した要介護認定によって決まる仕組みとなり，家族要件は廃止され，制度改革により認定基準や給付上限を変えるという方法でしかターゲッティングが行われない仕組みとなった[11]．全国的な統一性と客観性を重視した要介護認定の手続き・基準により，裁量的な判断は，要介護認定審査会の専門的な判断に基づくものに限定されることとなった．以上の点からみて，介護保険の給付はエンタイトルメントとなったといえる．

サービス体系（Ⅱ-2）に関しては，介護保険で給付対象となるサービスのなかに，認知症高齢者グループホームや，有料老人ホームなどのサービスが含められたことにより，90年代の政策展開の延長線上で，発展段階の第三段階への移行に向けての前進がみられたといってよいだろう．介護保険制度のスタートともに，個室・ユニットケア型の入所施設の整備に取り組み始めたことも，この方向での変化をさらに推し進めるものといえる．

「ケア・バランス」（Ⅱ-3）については，主要な在宅サービスの供給を需

要の増加に応じて拡大させる仕組みと，施設サービスの供給拡大を都道府県の計画と認可制度および補助金制度を通して抑制する仕組みが組み込まれ，在宅サービスへのバランスのシフトを強力に推進するメカニズムが作動することとなった．

資源配分のメカニズム（Ⅲ－1）と福祉ミックス（Ⅲ－2）に関する改革としては，在宅サービスにおいて営利企業やNPO法人等の参入が自由化され，利用者の選択権が保障された．このことにより，疑似市場のメカニズムが作用することになった．施設サービスでは，営利企業やNPO法人等の参入は認められていないが，有料老人ホーム等における介護サービスや認知症高齢者グループホームが，在宅サービスの一種として介護保険の給付の対象となった．施設サービスにも部分的に競争のメカニズムが導入されたのである．

計画と調整のメカニズム（Ⅲ－7）に関しては，老人保健福祉計画に加えて介護保険事業計画の仕組みが導入されるとともに，希望するすべてのサービス利用者がケアマネジメントを利用できる仕組みが設けられた点が大きな意味をもつ改革である．介護保険制度は，介護に関わる福祉・保健・医療サービスをカバーするものであり，ケアマネジメント機関がこれらのサービスの「総合窓口」としての役割を果たすことになったため，サービス提供に関わる連絡調整において大きな前進がもたらされることが期待されている[12]．

財源の負担割合（Ⅳ－2）についていえば，利用者負担が，応能負担方式から，（低所得層に対する減免措置を伴う）原則1割の定率負担（応益負担）に変更になった．

以上の改革にとって，財源方式の税方式から社会保険方式への転換は，論理的に言えば必要条件でも十分条件でもないが，社会保険方式への転換がそれを容易にしたことは確かであろう．障害者福祉（ここでは支援費制度が適用されているサービスのみを指す意味で用いる）の場合は，以上の事項に関して基本的には同じ趣旨・方向性での改革が行われたが，だいたいにおいて介護保険の場合よりも限定的な性格の改革となった．

まず，資源配分のメカニズム（Ⅲ－1）と福祉ミックス（Ⅲ－2）に関し

てみると，障害者福祉でも，介護保険の場合と同様に，在宅サービスの分野において営利企業やNPO法人等の参入が自由化されるとともに，利用者の事業者に対する選択権が保障された．

一方，「利用要件とターゲッティング」（Ⅰ—2）に関してみると，障害程度区分の統一的・客観的基準を設けるなど支援費支給決定の手続きの標準化・透明化にむすびつく措置がとられているものの，支援費の支給額を決める統一的・客観的な基準は整備されておらず，実質的には自治体行政による相当程度の裁量が認められている．介護者の状況を考慮して支給決定を行うこととされていることから，家族要件も残されている．こうした点から支援費の支給は，エンタイトルメントになっているとはいえない．利用者負担は，応能負担方式が維持されている．ケアマネジメントも限定的に実施されているに過ぎない．

サービスの質の保証と利用者の権利擁護（Ⅲ—5）の仕組みについてはどうであろうか（ただしケアマネジメントについては，すでに述べた通りであるので繰り返さない）．

介護保険と障害者福祉の双方において，在宅サービスに関する限り営利的事業者等の参入規制の規定は撤廃された．一方，いくつかの新たな仕組みも導入された．それは，社会福祉法に新たに規定された苦情解決事業，地域福祉権利擁護事業（社会福祉法の規定では「福祉サービス利用援助事業」），および第三者評価事業である．

最後に，現金給付と現物給付の政策選択（Ⅲ—1）に触れておきたい．介護保険と支援費の給付は，法律上は現金給付である．しかし，実際には，どちらの制度でも，サービスを提供した事業者が給付の代理受領を行うのが原則となっており，実質的には現物給付としての性格が強い．そこで，現金給付－現物給付の政策選択に変化がなかったとみておく．

(2) 少子化・次世代育成対策，地方分権改革，規制改革

2000年前後から現在に至る社会福祉政策の展開に対して，政府が重点的な政策課題としている少子化・次世代育成対策，地方分権改革，規制改革は，

大きな影響を及ぼしてきた．

　少子化対策に関しては，出生率の更なる低下が進む中で，政策課題としての重要度は増してきており，2003年には少子化対策基本法および次世代育成対策推進法が制定され，新たな枠組みのもとで，その推進がはかられている．

　児童福祉の制度的枠組みとの関連では，計画と調整のメカニズム（Ⅲ－7）が強化されたことが注目される．国レベルの計画（2000年度から新エンゼルプラン，2005年度から子ども・子育て応援プラン）と自治体の「児童育成計画」という計画の枠組みが継承される一方で，保育所待機者が多い自治体には都道府県・市町村保育計画の策定が義務づけられ，さらに次世代育成対策推進法により都道府県・市町村に行動計画の策定が義務づけられた．

　それまで変化が少なかった児童福祉分野のサービス体系（Ⅱ－2）にも変化が生じた．保育サービスの多様化・柔軟化が図られる一方で，地域子育て支援センターの整備と子育て支援事業の法定化（2003年児童福祉法改正）等を通して，保育，児童健全育成，要保護児童対策に加えて，地域子育て支援という新たなサービス領域が確立しつつある．また，2000年の児童虐待防止法の制定を契機に，要保護児童対策のなかで児童虐待対策が相対的に独立した領域になっていった．人材の配置（Ⅱ－6）との関連でみると，2001年の児童福祉法改正で保育士の国家資格化と，主任児童委員の法定化がなされたことも注目される．

　さて，地方分権改革に関する重要な制度改革は，2000年4月の地方分権一括法の施行であった．この改革により，機関委任事務が廃止され，地方自治体の事務が法定受託事務と自治事務に再編成されたが，社会福祉サービスの提供に関わる事務は，ほとんどが自治事務となった．補助金改革は，現在なお進行中であって改革の帰趨は定かでないが，2005年度には，大規模な補助金の廃止・再編が行われた．すなわち養護老人ホーム等保護費負担金などの補助金が廃止（一般財源化）され，施設整備費等の補助金を再編成し，四つの交付金と四つの統合補助金が創設された．これらは，従来の権限委譲，補助率引き下げ等の改革よりも実質的に地方分権化（Ⅲ－3）に結びつく改

革と考えられる．

　規制改革の枠組みの中で実施される福祉分野の制度改革が，福祉ミックス（Ⅲ－2）の再編に及ぼした影響も大きかった（平岡，2004，pp.88-90）．主要な改革の内容は，①営利企業やNPO法人等に保育所の設置運営を認めたこと（保育所設置認可の指針の改正），②営利企業やNPO法人等にケアハウスの設置運営を認めたこと（軽費老人ホームの設置運営要綱の改正），③保育需要が増大している市町村に対して，公設民営方式の活用などによる保育所の設置運営の促進を求める規定を設けたこと（児童福祉法改正），などである．

6　まとめと今後の展望

　以上，4と5では，3で示した戦後型社会福祉の構造的特性が，1980年代以降の一連の制度改革と政策展開を通してどのように変化してきたのかを，2で示した分析枠組みに沿って分析してきた．以上の分析結果からみるかぎり，80年代からの制度的枠組みの変化は，以下のようなものであった（表1を参照）．

　対象の設定と限定（Ⅰ）に関しては，普遍主義の原則の実質化と家族要件の緩和という方向で制度改革と政策展開が行われてきたとみることができるだろう[13]．基準と裁量（Ⅰ－3）という点に関しては，分野による違いが大きいが，介護・障害者福祉などの分野では，統一的・客観的基準を作成し，行政による裁量の範囲を限定化する方向で改革が進められてきたといえるだろう．

　現金給付と現物給付（Ⅱ－1）という点に関しては，実質的には現物給付の原則が維持されてきたといえるだろう．サービス体系（Ⅱ－2）に関しては，3段階の発展段階のモデルに即して考えれば，ほとんどの分野で第二段階への移行を完了し，より進んだ分野で第三段階へ移行しつつあるのが現在の状況と考えられる．ただ，精神障害者福祉のように他の先進諸国からの遅れが著しい分野がある．また，要保護児童対策において一貫して里親制度の

拡充に取り組まず，施設の小規模化も進んでいない状況をどうみるかという問題は残る．ケア・バランス（Ⅱ－3）については，介護と障害者福祉の分野で在宅サービスに傾斜させる政策がとられてきたことは事実である．ただし，家族介護との関係や高齢者・精神障害者の長期入院の状況も考慮に入れた上で，その政策がどのような成果を収めたかを明らかにすることが課題として残っている．

　資源配分のメカニズム（Ⅲ―1）に関しては，主に介護・障害者福祉・保育の分野で疑似市場のメカニズムの導入が行われたのが大きな変化といえる．ただし補助金による施設整備をはじめ「割当て」による資源配分が行われている領域もかなり残っている．

　福祉ミックス（Ⅲ－2）についても，80年代以降の変化は著しい．2000年前後の制度改革以降，営利企業の参入を認める領域が拡大し，非営利部門の多様化も進んでいる．介護と障害者福祉等の分野で措置委託制度が原則的に廃止されたことは，「公私関係」に大きな変化を及ぼす要因である．施設整備費補助金の改革も，福祉ミックスのあり方に影響を及ぼすであろう．ただ，社会福祉法人制度の基本的な部分は維持されている．また，民生委員制度も維持され，さらに要保護児童問題等への対応のため主任児童委員制度が導入された．

　集権と分権（Ⅲ－3）という点に関しては，基本的な変化の方向は，地方分権化であったといえる．より具体的に言えば，この間の変化の性格は，1990年代までに進展した実施主体の市町村一元化に向けての改革が，地方分権改革と補助金改革を通して，より実質のあるものになっていくというものであったとみることができるだろう．

　サービス利用制度・利用決定の仕組み（Ⅲ―4）に関しては，2000年前後の制度改革において，一部の分野を除き措置制度から契約制度への移行がなされている．

　サービスの質の保証と利用者の権利擁護の仕組み（Ⅲ－5）に関しては，設置主体の性格による参入規制という方法が次第に用いられなくなり，サービス評価や利用者支援・苦情解決などの仕組みの活用が計られるという変化

表1　分析結果のポイント

	戦後型社会福祉の制度的枠組み	1980年代改革	社会福祉関係八法改正(1990年)	90年代の展開(計画システムと提供体制の整備)	介護保険制度	少子化・次世代育成対策/規制改革/地方分権改革	変化の方向
I．対象の設定・限定							
I-1 普遍主義と選別主義	普遍主義の原則の採用	2つのモメント普遍主義化が強く作用					普遍主義の実質化
I-2 利用要件とターゲティング	家族要件による限定	家族要件の緩和(「家族介護支援」原則へ)		形式的家族要件の撤廃(ホームヘルプ、介護の社会化へ)	家族要件の撤廃		家族要件の緩和、部分的撤廃へ
I-3 基準と裁量	広範な裁量が認められる	判断基準客観化の試み(入所判定委員会)			統一的・客観的基準、裁量的の限定化		統一的・客観的基準の作成、裁量の限定化
II．内容(給付類型・ケアバランス・サービス体系)							
II-1 現金給付と現物給付	現物給付を原則とする				形式的には現金給付		現物給付原則の維持
II-2 サービス体系	第二段階の初期段階(専門分化した入所施設の整備が進む)	第二段階の移行期への方向性(在宅サービスの整備)		第二段階後期への移行、第三段階のサービスの開発	第三段階への移行に向けての前進		第二段階から第三段階へ
II-3 ケア・バランス	施設サービスに圧倒的に傾斜	在宅サービスの補助事業化	在宅サービスの法定化	計画目標設定によるケア・バランスのシフト	在宅サービスへのシフトを推進するメカニズム		在宅サービス、制度化を経て、在宅サービスへのシフトの進進

第11章　社会福祉と介護の制度改革と政策展開

III．提供体制

III-1	資源配分のメカニズム（市場メカニズムと割当）	割当に依拠	[シルバーサービス]振興策開始			疑似市場の導入	特定分野での疑似市場の導入
III-2	福祉ミックス	社会福祉法人・措置委託制度等により民間活動を公的サービス提供体制に組み込む，民生委員制度		委託先の多様化、相談援助機能の外部化、ボランティア活動の促進		在宅サービスへの営利企業、多様な非営利組織の参入促進	営利企業等の参入を認める領域の拡大、措置委託制度の一部の廃止。社会福祉法人・民生委員制度の維持
III-3	集権と分権	集権的な仕組み（機関委任事務、特定補助金）	機関委任事務化	老人・身障福祉市町村一元化			自治事務化、補助金の廃止、交付金化	分権化（市町村）、一元化等の改革を、地方分権改革により実質化
III-4	サービス利用制度・利用決定の仕組み	措置制度					措置制度から契約制度へ	措置制度から契約への移行（特定分野を除く）
III-5	サービスの質の保証と利用者の権利擁護の仕組み	設置主体による参入規制、認可・監査指導、外形的な基準に重点					在宅サービスの参入規制の撤廃、サービス評価、利用者支援、苦情解決等の導入	事前規制、外形的基準による規制から、事後規制、サービス内容に関わる規制へ。利用者支援、苦情解決の新たな仕組み
III-6	人材の配置	専門職制度の未整備		社会福祉士・介護福祉士制度の導入		精神保健福祉士制度の導入		3福祉士制度化、専門職化の遅れ
III-7	計画と調整のメカニズム	特になし	高齢者サービス調整チームの創設	老人保健福祉計画策定義務付け	3分野の全国的な計画システムの確立、介護支援センターの整備	介護保険事業計画、ケアマネジメントに依存	3分野の全国的な計画システムの確立と拡張、ケアマネジメントに依存する仕組み

IV．財源調達

IV-1	財源の種類	公費、わずかな民間財源					社会保険方式	税方式に加えて、社会保険方式の導入
IV-2	財源の負担割合	国中心（高率補助金）、応能負担	自治体の負担割合・利用者負担引き上げ				定率負担（応益負担）	利用者負担・自治体負担引き上げ、定率負担の部分的導入

が起きている．構造設備や人員配置などの外形的基準ばかりでなく，サービスの内容に着目するようになってきていることや，事前規制から事後的規制にウエイトを移しつつあるという変化も認めることができる．

人材の配置（Ⅲ-6）に関しては，社会福祉士・介護福祉士・精神保健福祉士の国家資格制度が設けられたのが重要な変化であった．しかし，業務独占もしくはそれに近い状態を実現するための積極的な措置は，今のところとられていない．

計画と調整のメカニズム（Ⅲ-7）に関しては，90年代に全国的な計画のシステムが確立し，今日まで維持されており，地域福祉計画など新たな計画の仕組みも導入されている．サービスに関わる連絡調整については，高齢者サービス調整チームなどがその役割を担っていた時期を経て，近年では，もっぱらケアマネジメントがその役割を担わされている．

財源の種類（Ⅳ-1）に関しては，社会保険方式の導入が唯一の大きな変化である．

財源の負担割合（Ⅳ-2）に関しては，①80年代の改革で自治体の負担割合が引き上げられ，現在進行中の補助金改革で，それがさらに進展しつつあること，②利用者負担の方式として，応能負担から定率負担（応益負担）に重点が移ってきたこと，③介護保険制度の導入によって保険料を通した高齢者の負担が増えたこと，などが基本的な変化であった．

最後に，今後の改革の展望に関して論点を4点に絞って若干の考察を行うことにしたい．

第一に，以上の分析から明らかなように「戦後型社会福祉」の構造的特性のほとんどが，80年代以降の制度改革を経て，多かれ少なかれ変化してきている．「措置から契約へ」「施設サービスから在宅サービスへ」「集権的システムから分権的システムへ」等の変化は，一見すると正反対の方向への変化のように見えるほど根本的な変化である．ただ，これらの点に関しても，変化の程度やテンポに分野ごとの違いがみられる．例えばいくつかの分野で在宅サービス中心主義への転換が遅れていることは，すでに指摘したところである．こうした立ち遅れた分野での改革の実施が，優先的に取り組むべき

課題になると考えられる.

　第二に,その一方で,基本的に変化していないものもある.例えば,現物給付の原則や社会福祉法人制度といった事項である.大部分の要素が変わったのだから,変わっていない要素も変えるべきだとは直ちに言えない.しかし,一つの構造を形成している他の多くの要素が変化した場合に,全く変化していない要素があったとしたら,その要素が,他の要素と対立・矛盾する状態になっていないかどうかを検証する必要があるということは言えるだろう.例えば,疑似市場のシステムや事後的規制に重点をおく規制の仕組みと,社会福祉法人制度の間に対立・矛盾がないのかといった点の検討は確かに必要であろう.

　第三に,これまでの改革の方向性を踏まえてその前進を計るとしたら,何を今後の改革の基軸に据えるかという点である.筆者は,現在のサービス体系を,(2で示した発展段階のモデルの)第三段階,すなわち入所施設が住宅化し,施設と在宅の中間的な性格のサービスが整備されている段階にまで進化させることを基軸にすべきだと考える.それは,このことがサービスを受ける者の自立の保障と尊厳の保持という点から見て望ましい政策選択肢であり,かつスウェーデン等の経験により実現可能性が一定程度検証されているからである.利用制度と財源方式の変更を基軸にした一連の制度改革の実施がほぼ完了した昨年あたりからサービス体系の問題への関心が高まりつつあり(社会保障審議会介護保険部会,2004),2005年の介護保険法の改正でも,この点に関する配慮がなされている.

　第四に,現実の政策形成においては,財源調達に関する政策選択が,その成否を左右する決定的に重要な要素となることも少なくない.しかしながら,「戦後型社会福祉」の制度的枠組みを大きく変化させてきた一連の制度改革の延長線上で新たな改革を実施しようとする場合は,その新たな改革によって,その制度的枠組みをさらにどのように変化させようとするのかという点の検討が不可欠であろう.たとえば,介護保険に関して,最も重要な争点となっている加入年齢の引き下げと障害者への拡大の是非についていえば,議論の基軸となるべき点は,そのことにより,障害者福祉(の各分野)の制度

的枠組みにどのような変化が生じるのか，それをどう評価するのかという点であろう．その議論は，現行の介護保険制度の枠組みに若年（非高齢）の障害者向けのサービスをいかにあてはめるかという観点を離れて，若年の障害者にふさわしい介護保険の制度設計はどうあるべきなのかを検討することにもつながっていくと考えられる．その際には，介護保険の給付の対象となるサービスと，公費等によって提供されるサービスをどのように組み合わせていくかという点について，より具体的な検討を進めることも重要であろう．

注

1 ここでは，三浦文夫（2004）にならって，1950年代から60年代にかけて形成された社会福祉の制度的枠組みを指すものとして「戦後型社会福祉」という概念を用いる．ただし，筆者の「戦後型社会福祉」のとらえ方は，必ずしも三浦と同一ではない．また，本章の分析では，生活保護制度は，「社会福祉」の範囲に含めていない．

2 この枠組みについての説明としては，社会福祉政策論・運営論の概説書等で説明されている事項は省略し，筆者の独自の観点で整理している点などについて最小限の説明を行うにとどめた．（武川，2001；平岡，2003a；平岡・平野・副田，2002）などを参照されたい．

3 わが国では，普遍主義をめぐる議論は1980年代以降活発になるが，杉野昭博（2004, pp.54-56）は，むしろ1950年代末から1973年までを「普遍主義化の時代」とみるべきだと指摘している．確かに，制度的枠組みにおける普遍主義原則の確立に関する限りは杉野の指摘は正しい．また，杉野（2004, p.60）は，1982年まで所得制限が設けられていて救貧的な福祉の典型例のように扱われてきた老人家庭奉仕員制度に関しても，1965年と1969年の所得要件の緩和により，すでに普遍化が進んでいたと指摘している．

4 厳格な家族要件が存在していたとしても，例えば家族関係が悪化しているケースや家族に介護・育児等の能力が欠けているケースに関してサービスの利用を拒否することは，利用者の福祉と安全の観点からみれば適切ではなく，サービスの利用を決定する行政機関の側に相当程度の裁量を認めざるを得なかったのである．

5 ただし，保育所も含めて考えると，この結論は必ずしも妥当しなくなる．在宅サービスと施設サービスの二分法で考えると，保育所サービスは，在宅サービスの一つのタイプである通所サービスに属すると考えられ，かつ60年代から70年代

にかけて大幅に拡充されたからである．しかし，ケア・バランスの議論では，通常，保育所は考慮しないので，ここでも保育所は除外して考えることとした．

6 この仕組みは1990年前後まで変わらなかったと考えられるが，医療分野の二つの動きが，家庭的ケアの比重を低める方向に作用した．一つは，60年代から70年代にかけての精神病床数の急増，もう一つは，70年代後半から80年代にかけての高齢者の「社会的入院」の急増である．

7 ただし，民間の社会福祉法人等が福祉施設を設置する場合に，用地購入費の全額と，施設整備費の一定割合を負担することを前提に，施設整備費の補助金が交付される仕組みがとられてきたが，これも見方によっては民間資金の活用の仕組みといえる．

8 改正された八法とは，老人福祉法，身体障害者福祉法，精神薄弱者福祉法，児童福祉法，母子及び寡婦福祉法，社会福祉事業法，老人保健法，社会福祉・医療事業団法であった．

9 ただし，1994年にゴールドプランが改定された際には，待機者数を考慮し，この目標値は，13.7人に引き上げられた．なお，目標値に関する分析は，(平岡，1998)の表1に基づいている．なお，ゴールドプランには，老人保健施設の定員を27,811人から380,000人に増加させることが盛り込まれているが，老人保健施設の整備の重要なねらいは，長期入院を防止し，在宅復帰を促進することであるから，老人保健福祉施設の大幅な拡充という点を考慮に入れても，ゴールドプランがケア・バランスを在宅サービスのほうに傾斜させることを目標にしている点には変わりがない．

10 2005年6月に介護保険法改正案が成立し，いくつかの点でサービス提供の制度的枠組みにも関わる重要な制度改革が実施された．しかし，改革後の介護保険の実施体制の詳細が明らかになっていないこともあり，ここでは，この改革の内容を分析に取り入れることはできなかった．

11 ただし，入所待機者の急増に伴い，厚生労働省は，2002年に介護老人福祉施設（特別養護老人ホーム）の運営基準を変更し，定員に空きがない場合は，「介護の必要の程度及び家族等の状況を勘案」して，入所の必要度が高いと思われる者を優先的に入所させることとした．このことにより，部分的に家族要件が復活したことになる．

12 ただし，実際には，介護保険制度のもとでの機関・専門職間の調整は，期待されているほどの成果をおさめておらず，多くの課題が残されている．それは，高齢者サービス調整チームが廃止される一方で，連絡調整の中心となるケアマネジメント機関（指定居宅介護支援事業者）が，時間的余裕という点でも専門性という点でも，連絡調整を適切に行える条件を有していないためである．利

用されるサービスの種類，サービス事業者の数とケアマネジメント機関の数がいずれも大幅に増加したことや，在宅介護支援センターとの役割分担が明確でないことなどもこのことの背景にある．

13 なお，本研究では，受給資格の経済的要件の有無だけに着目してきたが，利用者負担の減免措置の有無にも着目して選別主義と普遍主義を定義する考え方がある．この考え方に立つと，応能負担から応益負担への変化をどうみるかが問題になる．この点についての検討は別の機会に譲ることにしたい．

参 考 文 献

岩田正美（2004）「新しい貧困と『社会的排除』への施策」，三浦文夫監修，宇山勝儀・小林良二編『新しい社会福祉の焦点』，光生館，pp.235-59．

柏女霊峰（2004）「子ども家庭福祉の新たな展開」，三浦文夫監修，宇山勝儀・小林良二編『新しい社会福祉の焦点』，光生館，pp.175-201．

駒村康平（2004）「疑似市場論―社会福祉基礎構造改革と介護保険に与えた影響」，渋谷博史・平岡公一編著『福祉の市場化を見る眼―資本主義メカニズムとの整合性』，ミネルヴァ書房，pp.213-36．

坂田周一（2003）『社会福祉における資源配分の研究』，立教大学出版会．

里見賢治・二木 立・伊東敬文（1996）『公的介護保険に異議あり』，ミネルヴァ書房．

社会保障審議会介護保険部会（2004）『介護保険制度の見直しに関する意見』．

杉野昭博（2004）「福祉政策論の日本的展開―「普遍主義」の日英比較を手がかりに―」『福祉社会学研究1』，福祉社会学会，pp.50-62．

全国社会福祉協議会（1979）『在宅福祉サービスの戦略』，全国社会福祉協議会．

武川正吾（2001）『福祉社会』，有斐閣．

土屋 葉（2002）『障害者家族を生きる』，勁草書房．

平岡公一（1998）「介護保険制度の創設と福祉国家体制の再編―論点の整理と分析視角の提示」『社会学評論』第49巻第3号，pp.41-58．

――――（2000）「コミュニティケアと社会福祉計画―高齢者ケアの分野を中心に」『ソーシャルワーク研究』第25巻第4号，pp.287-93．

――――（2002）「政策決定過程」，平岡公一・平野隆之・副田あけみ編『社会福祉キーワード 補訂版』，有斐閣，pp.44-45．

――――（2003a）「社会福祉の実施方法とその原理―ニーズ充足の過程」，岩田正美・武川正吾・永岡正己・平岡公一編『社会福祉基礎シリーズ① 社会福祉の原理と思想』，有斐閣，pp.133-64．

――――（2003b）『イギリスの社会福祉と政策研究―イギリスモデルの持続と変化』，ミネルヴァ書房．

———（2004）「福祉多元化とNPO」，三浦文夫監修，宇山勝儀・小林良二編『新しい社会福祉の焦点』，光生館，pp.65-94.
平岡公一・平野隆之・副田あけみ編（2002）『社会福祉キーワード　補訂版』，有斐閣.
藤崎宏子（1993）「老人福祉サービスの家族要件にみる家族政策のゆくえ」，森岡清美監修『家族社会学の展開』，培風館，pp.262-85.
三浦文夫（1985）『社会福祉政策研究―社会福祉経営論ノート』，全国社会福祉協議会.
———（2004）「社会福祉基礎構造改革とその具体化」三浦文夫監修，宇山勝儀・小林良二編『新しい社会福祉の焦点』，光生館，pp.1-19.
山本恵子（2002）『行政改革からみた高齢者福祉――措置制度から介護保険へ』，法律文化社.
Gilbert, Neil, Harry Specht, and Paul Terrell （1993） *Dimensions of Social Welfare Policy* (3rd ed.), Prentice Hall.
Gilbert, Neil （2001） *Targeting Social Benefits: International Perspectives and Trends*, Transaction Books.

索引

D

DRGシステム　50,

O

OECD　17, 18, 20, 24, 26, 29, 34

あ

アウトカム評価　281

い

育児休業給付（両親保険）　73
移行期　157, 159, 160, 169
医療アクセス　237-239, 241, 245, 246, 248
医療アクセスの公平性　241
医療技術評価　51, 52, 58
医療システム　40, 41, 44, 59
医療と介護の連携　134
医療の質　45, 46, 56, 58, 59, 244, 250, 251, 253, 257, 258
医療費　39, 40, 42-44, 53, 56, 57
医療保険制度改革　237, 253, 260
医療保険の再分配機能　239
インセンティブ　50, 54, 56, 57, 58, 126, 139, 140, 141, 142, 143
インセンティブ構造　126, 139, 143

え

エーデル改革　77, 78
エンゼルプラン　300, 307

か

介護支援専門員（ケアマネージャー）　225, 226, 229
介護つき有料老人ホーム　268
介護保険財政　268, 273, 274, 279, 280, 282, 283
介護保険法　313
「概念上の拠出立て」年金　22
カクワニ指数　245, 247
家事援助　221, 232
課税ベース　171
家族要件　288, 289
患者憲章　49
患者のEmpowerment　45, 49
患者の選択　141
患者負担　55
完全雇用　69, 75

き

企業年金　128, 131, 132, 133, 135, 136
企業年金制度　109
企業の国際競争力　141
企業福祉　109, 110, 111, 114, 118
企業福祉の規模間格差　110
技術進歩　43
規制改革　306, 308
急性期入院医療の診断群分類（DPC）　256
給付限度額　204, 222, 224, 225
給付と負担の連動　283
給付の配分　131

給付パッケージ（類型） 169
競争原理 41, 52
拠出と給付のリンク 143
居宅（在宅）介護サービス 266

く

グループホーム 281

け

経済成長 129, 130
経済要件 288
ケースミックス分類 214-216, 224, 225
ゲートキーピング 59, 141
権利擁護 309

こ

後期高齢者 274
公共サービス型 41, 58
厚生年金制度 113, 114, 116, 117
公的医療保険制度 237, 238, 243, 249, 253 ,260
公平性 163, 166, 167
功利主義 101, 103, 104
高齢者医療費 241, 252
高齢者医療保険制度 255, 256
高齢者ケア 77, 79, 80, 84, 90, 91,
高齢者保健福祉推進十か年戦略 299
コースの命題 101
ゴールドプラン 299, 300, 302
国民医療費 213
国民負担率 241-243, 248
互恵主義 100
個人年金勘定 136
個人の責任 144
コストシフト 241, 243, 244, 248

国庫補助 169, 170
コミュニタリアリズム 106, 107
コミュニティ・ケア 54
混合診療 218, 219
コンセンサス 143

さ

財源調達 288, 291, 295, 313
財源調達方式 169
財産所有制民主主義 105
財政安定化基金 264, 268, 269, 273, 274, 276, 277, 279, 280, 282
財政責任 282
財政破綻 277, 279, 280, 282
在宅福祉サービスの戦略 295
最低保障給付 133
裁量 289, .292, 297, 308
参加型福祉 302
参照価格制度 49

し

支援費 223, 306
支援費制度 190, 195, 196, 283
支給開始年齢 133, 139
事業運営機関 263
事業主負担 109, 111,114, 116, 118, 122, 126, 128, 129, 131, 135
資産保有 183, 188
支出税 152, 165
施設介護サービス 267
施設整備費補助金制度 293, 294
自然増 213, 234
持続可能性 125, 126, 131, 144
市町村民税非課税基準 178
質の保証 290, 294, 306, 309
疾病管理プログラム 50
児童育成計画 300, 307

索引

児童手当　56, 58, 73, 74, 80, 86, 88, 89, 100
ジニ係数　28, 29, 239
社会福祉関係八法改正　296-298
社会福祉基礎構造改革　303
社会福祉法人　281
社会福祉法人制度　287, 293, 309, 313
社会扶助　66, 68, 76, 77, 83, 88, 89
社会保険型　41, 47, 49, 50, 58
社会保険料　125, 128, 130, 143, 149, 150-155, 170
社会保障支出　81, 82
社会保障の規模　126, 127
社会保障の財源　82
社会連帯　41, 126, 142, 143, 144
住宅手当　88, 89
柔軟な就業　143
受給率　267, 270
障害概念　193-195
障害基礎年金　199, 200
障害者計画　300
障害者プラン　299
障害調整平均寿命　44
消費税　152, 155, 156, 157, 158, 159, 160, 165
傷病手当て　70-72
所得格差　17, 27, 29, 30, 33, 34, 36
所得再分配　135, 136, 143
所得再分配政策　154, 161
所得代替率　17, 21-23, 26, 34, 132
自立支援プログラム　173, 186-187, 198
診療報酬　207-210, 212-214, 218, 219, 221, 234
診療報酬支払制度　50, 56, 58
診療報酬制度　256

す
スウェーデンモデル　65, 76, 84, 85

せ
生活援助　221, 232
生活習慣病の予防　258
生活扶助基準　186
生活保護　233
生活保護制度　188, 189
生活保護制度の在り方に関する専門委員会　173, 185
正規労働者　110
税財源　128
政策貧困ライン　174
税支払いのタイミング　160
制度横断的　126, 127, 131
セーフティ・ネット（安全網）　107
セーフティネット　183, 188, 189, 200
世代間の公平性　17, 18, 33
世代間不公平　17
世代内の公平性　17
積極的労働政策　69, 75, 76
絶対貧困ライン　174
前期高齢者　266
戦後型社会福祉　89
選択の自由　90-92
専門職　109, 111, 114, 205

そ
相対貧困ライン　174
措置　221-223, 231, 232
措置委託制度　309
措置制度　309

た
第1号被保険者　263-266

第1号保険料　269, 274
代替戦略　86, 88, 90, 91
退職金　109, 114
貸付金償還期限　274, 277
短期入所サービス　267

ち

地域子育て支援　300, 302, 307
地方分権改革　306, 307, 309
中立的　140
中立命題　156, 157

つ

通所系サービス　273
積立方式　154, 163, 164, 166-171

て

出来高払い　215

と

等価定理　155, 157
特定施設入所者生活介護　267
共働きモデル　68, 77, 80

な

内生的成長モデル　21

に

2次保健医療圏　274
日本医師会　211, 212
認知症対応型共同生活介護　267
認定審査会　281
認定率　265, 266, 270-272, 281

ね

年金改革　83, 87, 163, 166, 168-170
年金課税　165, 166

年金制度　99, 108, 109, 112-114, 116, 117, 120

は

パフォーマンス　49, 56, 58

ひ

非正規労働者　110
非法定福利厚生　111, 112, 118, 119
貧困の罠　162
貧困比率　175, 196
貧困ライン　174, 175

ふ

賦課方式　163, 168-171
福祉国家　92
福祉国家論　101, 109
福祉の担い手　120
福祉ミックス　290, 293, 294, 297, 302, 305, 308, 309
福祉用具貸与　267, 268
負担・給付構造　144
負担と給付のリンク　171
負担の限界　137, 141
負の所得税　102, 103, 162, 163, 169
普遍主義と選別主義　288, 291
普遍平等　218, 222, 229, 234
普遍モデル　92
フリーアクセス　59
分析的枠組み（analytic framework）　287

へ

ベヴァリッジ報告　99, 112, 113

ほ

保育所制度改革　303
包括払い　216

法定福利　109, 111, 112, 118, 119
訪問系サービス　267
ホームヘルプ事業運営の手引き　301
保険者　219, 228, 232, 233
保険者機能　281, 282
保険者の再編・統合　254
保険料と税　151, 171
母子世帯　186
補助金　209, 212, 219
補助金改革　307, 309, 312
捕捉率　175, 182, 183, 184, 185
ホテルコスト　227, 229, 232, 233, 234

ま

マクロ経済スライド方式　190
慢性期医療　257, 260

み

民営化　88, 91, 92
民間保険　219
民主主義　170

む

無年金障害者　193, 194

も

目的税　170, 171

や

薬価　210, 211

ゆ

有限均衡方式　94
ユニバーサルモデル　94
ユニバーサリズム（普遍主義）　106, 108

よ

要介護度　265, 266
要介護認定　263, 264, 265, 281
要支援　223, 224, 226, 229, 230, 232
予防給付　223, 224, 229

り

リスク構造調整　53, 54, 57
リスク分散　154, 170
利他主義　100
リバタニアリズム　101, 102, 105
リベラリズム　101, 103, 104, 105, 106, 108
利用限度額　265, 271, 272

ろ

老人保健福祉計画　298-300, 305
労働所得税　152, 153, 155-157, 159, 160, 164, 165, 167, 168
老年従属人口指数　18, 19
労務管理上の目的　110
ローレンツ曲線　30

わ

ワークフェアー　103
割当（rationing）　289

執筆者一覧 （執筆順／所属は2005年9月現在）

金子　能宏　国立社会保障・人口問題研究所社会保障応用分析研究部長
Gary Burtless　ブルッキングス研究所主席研究員（John C. and Nancy D. Whitehead Chair in Economic Studies）
府川　哲夫　国立社会保障・人口問題研究所社会保障基礎理論研究部長
Joakim Palme　ストックホルム大学・スウェーデン社会科学研究所教授
伊澤　知法　在スウェーデン日本大使館一等書記官
稲田　七海　国立社会保障・人口問題研究所社会保障応用分析研究部客員研究員
橘木　俊詔　京都大学大学院経済学研究科教授
井堀　利宏　東京大学大学院経済学研究科教授
駒村　康平　東洋大学経済学部教授
池上　直己　慶應義塾大学医学部医療政策管理学教室教授
遠藤　久夫　学習院大学経済学部教授
田近　栄治　一橋大学大学院経済学研究科教授
油井　雄二　成城大学経済学部教授
菊池　潤　一橋大学大学院経済学研究科リサーチアシスタント
平岡　公一　お茶の水女子大学文教育学部／大学院人間文化研究科教授

社会保障制度改革
日本と諸外国の選択

2005年12月7日　初　版
2007年4月27日　第2刷

［検印廃止］

編　集　　国立社会保障・人口問題研究所

発行所　　財団法人　東京大学出版会
　　　　　代表者　岡本和夫
　　　　　113-8654　東京都文京区本郷7-3-1　東大構内
　　　　　電　話 03-3811-8814・振　替 00160-6-59964
印刷所　　株式会社ヒライ
製本所　　誠製本株式会社

© 2005 National Institute of Population and Social
Security Research
ISBN978-4-13-051125-4　Printed in Japan

Ⓡ〈日本複写権センター委託出版物〉
本書の全部または一部を無断で複写複製（コピー）することは，著作権法上での例外を除き，禁じられています．本書からの複写を希望される場合は，日本複写権センター（03-3401-2382）にご連絡ください．